Wolfgang Schäuble   Der Vertrag

Wolfgang Schäuble

Der Vertrag

Wie ich über die deutsche Einheit verhandelte

Herausgegeben und mit einem Vorwort
von
Dirk Koch und Klaus Wirtgen

Deutsche Verlags-Anstalt
Stuttgart

Die Deutsche Bibliothek – CIP-Einheitsaufnahme

Schäuble, Wolfgang:
Der Vertrag : wie ich über die deutsche Einheit
verhandelte / Wolfgang Schäuble. Hrsg. und mit
einem Vorw. von Dirk Koch und Klaus Wirtgen. –
Stuttgart : Deutsche Verlags-Anstalt, 1991
ISBN 3-421-06605-1
NE: Koch, Dirk [Bearb.]

© 1991 Deutsche Verlags-Anstalt GmbH, Stuttgart
Alle Rechte vorbehalten
Lektorat: Ulrich Volz
Typografische Gestaltung: Günter Saur
Satz: Setzerei Lihs, Ludwigsburg
Druck und Bindearbeit: May & Co, Darmstadt
Printed in Germany

Inhalt

Vorwort: Interviews in Langensteinbach
Von Dirk Koch und Klaus Wirtgen 7

Unvollendete Revolution
Die friedliche Überwindung des SED-Staates 13

Von Modrow zu de Maizière
Der Zusammenbruch des kommunistischen
Herrschaftssystems 25

Freie Wahlen
Die Entstehung demokratischer Strukturen 37

Das Tor bleibt offen
Die Bewältigung des Übersiedlerstroms
und die Anerkennung der Oder-Neiße-Grenze 58

Höchste Instanz
Das Verfassungsgericht und die ersten
gesamtdeutschen Bundestagswahlen 79

Spiel mit vielen Bällen
Die Einbindung von Parteien, Ländern und
Interessengruppen 101

Hauptstadt Berlin
Positionsbestimmungen in der ersten
Verhandlungsrunde 123

Günther Krause
Einig über schnelle Einheit 140

Konfliktstrategie
Der Streit um Wahltermine in der
zweiten Berliner Runde 150

Das liebe Geld
Die Bundesländer und die neue Finanzverfassung .. 168

Der Vertrag steht
Entscheidende dritte Runde in Bonn 185

Auf der Zielgeraden
Grundsätzliches Einvernehmen mit der
Opposition und den Ländern 209

Gewissensfragen
Der Streit um Paragraph 218 229

Letzte Hürde
Die Regelung der Eigentumsfrage 251

Erblast
Die Bewältigung der Stasi-Vergangenheit 265

Historische Chance
Deutsche Einheit und europäische
Friedensordnung 284

Zeittafel
Auf dem Weg zur Deutschen Einheit 289

Personenverzeichnis 315

Vorwort

Interviews in Langensteinbach

Am 12. Oktober 1990 wurde Bundesinnenminister Wolfgang Schäuble in Oppenau/Südbaden Opfer eines geistesgestörten Attentäters. An die ersten fünf Tage auf der Intensivstation des Klinikums der Albert-Ludwigs-Universität in Freiburg erinnert sich Schäuble nicht, auch nicht an Helmut Kohls Besuch am 13. Oktober. Schon achtzehn Tage nach jenem Freitag, der das Leben des Wolfgang Schäuble veränderte, ließ der Schwerverletzte noch aus der Freiburger Klinik bei uns im Bonner *Spiegel*-Büro anfragen, was denn jetzt aus dem geplanten Buch werde. Wir hätten doch wohl noch Interesse an unserem Projekt, die Entstehungsgeschichte des Einigungsvertrages zwischen der Bundesrepublik Deutschland und der Deutschen Demokratischen Republik zu beschreiben?

Wir waren, gelinde gesagt, überrascht. Wir hatten bei der Schwere der Verletzungen annehmen müssen, daß wir unser Vorhaben »vergessen« könnten. Am 1. Oktober hatten wir am Rande des CDU-Parteitags in Hamburg mit Schäuble verabredet, gemeinsam zu versuchen, aus der Sicht eines unmittelbar Beteiligten mit frischer Erinnerung ein wichtiges Stück deutscher Geschichte zu »sichern«. Wir wollten nach ausführlichen Tonbandinterviews ein Manuskript erstellen, das er zu überarbeiten habe. Keine Frage: wir standen zu unserer Zusage.

Als Journalisten in der bisherigen Bundeshauptstadt, die seit mehr als zwanzig Jahren im Bonner Büro des *Spiegel* arbeiten, waren wir ja – wie unser Gesprächspartner – fasziniert von den Ereignissen der letzten Monate: wie zwei Staaten, die über Jahrzehnte wie Hund und Katze miteinander umgegangen waren, sich erst annäherten und dann den Versuch einer Verschmelzung wagten; wie schnell, vielleicht zu schnell dieser Prozeß von allen Beteiligten angepackt und vollzogen wurde; und nicht zuletzt: wie die Bürger der DDR im demokratischen Aufbegehren die Vereinigung erst ermöglicht hatten.

Wir verhehlen nicht, daß es ein zweites Motiv gab, dem Innenminister bei dieser Niederschrift zur Hand zu gehen – ein persönliches. Das Attentat auf Wolfgang Schäuble, den wir schon lange als Gesprächspartner schätzten, hatte auch uns erschüttert. Die Anfrage gab uns Gelegenheit, dem schwer Verletzten nach unseren Kräften dabei zu helfen, zurückzufinden in sein Leben, in seine Welt der Politik, seine Gedanken zurückzulenken auf eine große Leistung, die er in den Monaten zuvor erbracht hatte.

Dies ist das Ziel dieser Darstellung: Hier soll einer der Hauptakteure der Deutschen Einigung zu Wort kommen, der eigentliche Vollstrecker, der Manager der Einheit. Wohl ist es so, daß Kanzler Kohl die Vorgaben lieferte, sich im Kaukasus bei Michail Gorbatschow das Plazet abholte, daß Hans-Dietrich Genscher die deutsche Einheit außenpolitisch absicherte, daß ohne die Hilfe von Experten die Wirtschafts-, Währungs- und Sozialunion nicht so schnell zustande gekommen wäre. Vielen erschien es, als liefe ein Film ab – Titel »Deutsche Einigung« –, vor atemlosem Publikum, mit atemlosen Akteuren.

Es gab jedoch einen, der das Drehbuch schrieb: Wolfgang Schäuble, als Innenminister zuständig für einen Beitritt der DDR zur Bundesrepublik gemäß Artikel 23 des Grundgesetzes. Er war es, der sich mit ungewöhnlichem Einsatz in die komplizierten Details der unterschiedlichen Rechts- und Gesellschaftsordnungen einarbeitete; er setzte seine Fachleute auf die Suche nach Lösungen an, probte den Konsens mit der

Opposition. Sogar dann, wenn andere ihm ins Handwerk pfuschten – siehe Wahlrecht, siehe Wahltermin –, forschte er nach Auswegen und fand sie.

Schäuble war es, der – früher auch als der Bundeskanzler und der Bundespräsident – gesamtdeutsche Wahlen kommen sah, der die Einheit durch eine Währungs- und Wirtschaftsunion schon mit der Regierung des SED-Mannes Hans Modrow sichern wollte. Auch wenn er in den eigenen Reihen auf Empörung stieß: Schäuble drängte auf Zusammenarbeit mit Kräften des alten Regimes, um Blutvergießen zu vermeiden. Schäuble war es, der altes DDR-Recht „drüben" für eine Weile weitergelten lassen wollte; bundesdeutsches Recht sollte die Ausnahme sein. Er befürchtete, die Verwaltung würde sonst zusammenbrechen. Er sah das Chaos voraus. Er behielt recht.

Schäubles Erinnerungen können nur seinen Beitrag zum deutschen Einigungwerk beschreiben, nicht das Gesamtpolitikwerk der Einigung, das im Spätsommer 1989 ins Laufen kam. Das Werden des neuen Deutschland in allen Einzelheiten nachzuzeichnen, bleibt Aufgabe der Historiker und ist abhängig von dem Tag, an dem auch die diplomatischen Archive sich öffnen und Auskunft geben über die Sicht der Dinge bei den alliierten Siegermächten. Die Einschränkung mindert Schäubles Beitrag am Geschehen keineswegs.

Und es mindert auch nicht die Glaubwürdigkeit seiner Darstellung, daß er die Gewichte anders verteilt als journalistische Zeitzeugen. Wie das Hamburger Nachrichtenmagazin, auch mit unserer Hilfe, das Geschehen im Jahre 1990 beobachtet und kommentiert hat, ist *eine* Sache; die Sicht des Akteurs ist eine andere. Schäubles Schilderung wird von uns nicht verändert. Es ist *seine* Darstellung, die er uns in vielen Gesprächen in den letzten Monaten gab.

Am 12. November betreten wir zum ersten Mal das streng bewachte Zimmer im Rehabilitationskrankenhaus Karlsbach-Langensteinbach, wohin Schäuble inzwischen verlegt worden ist. Der Patient liegt im Bett. Nur mit Hilfe einer

Hebevorrichtung kann er den Oberkörper leicht anwinkeln. Das Sprechen fällt ihm schwer. Im Mundraum behindern ihn implantierte Haken, mit deren Hilfe der von einer Kugel getroffene Unterkiefer nachts fixiert wird. Schäuble zeigt uns ein Folterwerkzeug aus Metall, das ihm helfen soll, den Öffnungswinkel des Mundes zu vergrößern. Wir setzen uns ans Bett, schließen das Bandgerät an. Die Arbeit beginnt.

Fast drei Stunden beantwortet Schäuble unsere Fragen. Am darauffolgenden Samstag sitzen wir wieder am Bett, drei Stunden lang, ohne Pause. Er will es so. Rasch vergessen wir, daß wir einen Schwerverletzten vor uns haben. Sein Gehirn arbeitet präzise. Das Erinnern an das Ringen um die Einheit und um den Vertrag hilft ihm, so unser Eindruck, wieder Anschluß zu finden an sein bisheriges Leben und Wirken. Das nächste Mal, so hofft er, wird er uns im Rollstuhl empfangen. Erste Versuche habe er bereits hinter sich.

Für Buß- und Bettag verabreden wir ein *Spiegel*-Gespräch. Es ist das erste Interview des Ministers seit dem 12. Oktober, Rückmeldung des Politikers Wolfgang Schäuble. Schäuble hat es geschafft. Er empfängt uns im Rollstuhl, neben ihm am Tisch seine Frau. Sie haben Kaffee getrunken. Rückkehr zur Normalität.

Nach einer halben Stunde – wir bestätigen uns später diese Wahrnehmung – reden wir wie früher mit dem Mann, der vielleicht niemals mehr gehen kann und sich trotzdem auf eine Zukunft einstellt, in der er weiterhin Politik an herausragender Stelle zu gestalten gedenkt. Präzise, knapp, der Schäuble, mit dem wir so manches kontroverse Gespräch als Kanzleramtschef und als Innenminister geführt haben. Er teilt uns mit, daß er Innenminister bleiben wird. Auch die Hoffnung auf seinen Lieblingsjob hat er nicht aufgegeben, auf den Fraktionsvorsitz der CDU/CSU im gesamtdeutschen Parlament.

Seine Antwort klingt aber nicht verbissen: »Wer weiß, was das Leben bringt. Ich habe erfahren an dem 12. Oktober, zwischen 22 Uhr und wenigen Minuten danach, daß vieles an Überlegungen und Planungen ganz schnell anders sein kann."

Es folgen noch viele Gespräche, insgesamt 23 Tonbandspulen lang, ausgeschrieben mehr als 800 Seiten. Längst hat er sich die Vertragsakten ins Krankenzimmer schaffen lassen. Anhand von 42 Entwürfen rekonstruiert er präzise alle Schritte bis zum Vertrag über die deutsche Einheit. Die Protokolle der Kabinett- und Parlamentsausschüsse „Deutsche Einheit" helfen ihm, wichtige Diskussionen nachzuvollziehen. Die Chronologie am Ende dieses Buches ist eine Frucht dieser Arbeit und soll dem Leser Überblick verschaffen, den Zugang zum Geschehen erleichtern.

Mehrmals treffen wir auf einen müden, von der Rehabilitation erschöpften Gesprächspartner. Doch die Beobachtung unserer ersten Langensteinbacher Kaffeerunde wiederholt sich: eine kurze Anlaufphase genügt, und Schäuble ist in seinem Element, der Politik. Es kommt sogar vor, daß wir das Tonbandgerät abschalten wollen und er darauf besteht, noch ein Thema abzuhandeln. Anfangs fürchtete seine Frau, diese Arbeit könne ihn zu stark belasten. Später sagte sie uns, er sei, im Gegenteil, nach den Sitzungen stets aufgemuntert.

Schäuble freute sich über jeden therapeutischen Fortschritt. Richtig grantig konnte er werden, wenn Besucher dem Rollstuhlfahrer Tätigkeiten abnehmen wollten, die er sich selber zutraute, wie das Öffnen und Schließen von Türen.

So hielt er es auch mit der Bearbeitung des Manuskripts, das wir ihm als Ergebnis unserer langen Gespräche vorlegten. Längst war er wieder in den Bonner Streß eingespannt. Koalitionsverhandlungen, Kabinettssitzungen, Tarifrunde im öffentlichen Dienst, Plenardebatten im Deutschen Bundestag, Repräsentation. Die Mediengesellschaft fordert ihren Tribut. Ein Interview produziert die Frage nach dem nächsten. Wolfgang Schäuble immer noch »Kohls bester Mann« *(Frankfurter Rundschau)*?

Anspruch kollidiert mit Rehabilitation. Politische Herausforderung – Therapie oder Versuchung? Tagtäglich mußte der

Minister diese Frage beantworten, sich selber. Was das Buch angeht, gab es für ihn keine Alternative. Er nahm sich die Zeit. »Der Vertrag« ist sein Buch. Er verantwortet jeden Satz. Wir wurden unterstützt von Wighard Härdtl, dem Planungschef des Bundesinnenministeriums.

Rhöndorf, im Frühjahr 1991   Dirk Koch und Klaus Wirtgen

Unvollendete Revolution

Die friedliche Überwindung des SED-Staates

Am 31. August 1990 unterzeichneten Günther Krause, Parlamentarischer Staatssekretär beim Ministerpräsidenten der DDR, und ich als Bundesminister des Innern im Berliner Kronprinzenpalais den Vertrag zwischen der Bundesrepublik Deutschland und der Deutschen Demokratischen Republik über die Herstellung der Einheit Deutschlands.

Dieser Vertrag schafft gesicherte Rechtsgrundlagen für das Zusammenwachsen beider deutscher Staaten und für einheitliche Lebensverhältnisse in den alten und neuen Bundesländern. Gewaltige Gegensätze sind zu überwinden. Die Bundesrepublik – ein föderal gegliederter Rechts- und Sozialstaat, in dem Menschenrechte und sozialer Ausgleich garantiert sind und dessen freiheitliche Grundordnung der Entfaltung des Individuums verpflichtet ist; ein Wohlstandsstaat, der wirtschaftlich und technologisch zur Weltspitze zählt. Die DDR – im August 1990 nur noch Konkursverwalterin einer zentralstaatlichen Diktatur mit ihrem perfekten Bespitzelungs- und Unterdrückungsapparat, militärisch hochgerüstet, wirtschaftlich im Weltmaßstab unterentwickelt, gescheitert an seinen Bürgern, denen die Lust am Sozialismus schon lange vergangen war.

Acht Wochen nach dem Inkrafttreten des Staatsvertrags zur Währungs-, Wirtschafts- und Sozialunion schlossen wir den umfänglichen Einigungsvertrag – im Bundesgesetzblatt füllt er 360 Seiten – ab, der sich zu bewähren hat als Grundlage für die Sanierung der Wirtschaft, der Umwelt, der zerfallenden

Bausubstanz, des veralteten Verkehrs- und Kommunikationswesens und für den Aufbau rechts- und sozialstaatlicher Strukturen.

Als ich mir im Frühjahr 1990 erste Gedanken über einen Einigungsvertrag machte – daß die Einheit bald kommen würde, war mir längst klar –, konnte ich mir nicht vorstellen, ein derart kompliziertes Werk ausarbeiten zu müssen. Ich hielt eine Rahmenregelung für ausreichend; Überleitungsgesetze sollten auf das unbedingt Notwendige beschränkt bleiben. Generell sollte – so damals meine Vorstellung – DDR-Recht weitergelten, nicht nur in Ausnahmen, wie es dann im Einigungsvertrag festgeschrieben wurde. Alles Weitergehende würde die DDR überfordern, auch die Dynamik des Aufholprozesses behindern. Erst nach dem Beitritt der DDR und gemeinsamen Wahlen wäre dann der gesamtdeutsche Gesetzgeber gefordert gewesen.

Die führenden Beamten des Bundesinnenministeriums unterstützten meine Ansicht, und auf DDR-Seite teilte Günther Krause meinen Standpunkt. Krause, der von seinem ganzen Lebensgefühl her, aus seiner Lebenseinstellung heraus mit der DDR nichts im Sinn hatte, wollte die Einheit lieber heute als morgen vollziehen. Doch er glaubte, unserem Ziel sei auf diese Weise besser gedient. Wir beide wollten die Einheit möglichst rasch und möglichst unkompliziert.

Wir haben uns nicht durchgesetzt. Alle anderen Ressorts der Bundesregierung waren dagegen, die Parteien ebenfalls. Ob wir denn, so wurde argumentiert, im vereinten Deutschland sozialistisches Unrecht weitergelten lassen wollten? Das Schlagwort fiel: Ein Volk, ein Recht, eine Wahl, eine Sperrklausel. Die einfachen Parolen sind zwar meistens falsch, aber sie sind eben wirkungsmächtig. Auch Lothar de Maizière war gegen eine bloße Rahmenregelung. Als Ministerpräsident eines Staates, der mit dem Beitritt seine Existenz beendete, wollte er Rechte und Ansprüche seiner DDR-Bürger im vereinten Deutschland durch verbindliche Festschreibungen sichern.

Es konnte nicht ausbleiben, daß der so komplizierte und komplexe Einigungsvertrag einige politisch offene Punkte enthält – ich verweise auf die Abtreibungsproblematik, auf Boden- und Eigentumsfragen. Das war mir immer klar: Wenn wir den Beitritt nicht als Sturzgeburt wollten, sondern vertraglich geordnet, wie von der DDR-Seite stets verlangt, dann mußten wir einen Vertrag erarbeiten, den die DDR unterschreiben konnte und der eine Zweidrittel-Mehrheit in der Volkskammer bekam.

Meine Vorstellungen von einem Einigungsvertrag kreisten stets um das Kernproblem: Die Geschichte hat den Deutschen eine kaum noch für möglich gehaltene Chance eröffnet. Es galt, alles zu tun, was dem Ziel der Einheit förderlich war, und alles zu unterlassen, was dem großen Anliegen abträglich war. So einfach dieser Satz klingt, so schwierig war es zuweilen, auch eigene Parteifreunde von seiner Richtigkeit zu überzeugen.

Manche haben den Charakter der Revolution in der DDR nicht oder nicht rechtzeitig begriffen. Revolutionen, das zeigt die Geschichte, beschleunigen sich, werden mächtiger, reißen dann wie Lawinen alles mit sich. Die deutsche Revolution war, so gesehen, keine »richtige« Revolution. Und das war gut so – im Interesse der Einheit. Wäre Blut geflossen, hätten wir, meiner Ansicht nach, die Vereinigung nicht erreicht.

Die deutsche Revolution war eine unvollendete Revolution. Sie war bewußt legalistisch und verlief unblutig. Träger dieser Revolution waren ohne Zweifel die Bürgerbewegungen, auch die Kirchen. Aber die Revolution fand auch innerhalb der SED statt. Seit Gorbatschows Reformkurs, seit den Erfahrungen in Polen und Ungarn wurde auch manchen führenden Genossen in der SED klar, daß die Lage nicht zu halten war. Deshalb wurde bereits zwölf Tage nach dem Festakt zum vierzigsten Jahrestag der Gründung der DDR Erich Honecker am 18. Oktober 1989 als Generalsekretär der SED abgelöst. Welche Stationen auch immer den Weg von Honecker über Krenz zu Modrow und Gysi, von den erregenden Demonstrationen in Leipzig und dann auch in Ost-Berlin bis zur Streichung der Führungsrolle der SED in der DDR-Verfassung, dem Austritt von CDU und LDP aus dem »Demokratischen Block« und den Gesprächen am Runden Tisch mit der Empfehlung für freie Wahlen zur Volkskammer markierten – jedenfalls bildete sich im Laufe der Entwicklung ein zumindest stillschweigendes Einvernehmen heraus zwischen denjenigen, die an der Spitze der Revolution standen, und denen, gegen die sie sich richtete. Dieses Einvernehmen bestand letztlich darin, den revolutionären Prozeß ohne Blutvergießen abzuwickeln.

Geradezu symbolisch für diese Übereinkunft steht Lothar de Maizière, der als stellvertretender Ministerpräsident der Regierung Modrow durch das Vertrauen der evangelischen Kirche ein Stück Legitimation verschaffen sollte, der dann nach den freien Wahlen Chef der ersten und einzigen frei gewählten Regierung der DDR wurde, die die Einheit in Freiheit verwirklichte, und der zugleich in durchaus freundschaftlich-kollegialen Bindungen zu Gregor Gysi stand, dem neuen Führer der SED bzw. PDS und zugleich seinem Hauptgegenspieler auf dem Weg von den freien Volkskammerwahlen bis zur Vollendung der Einheit Deutschlands. Diese zumindest teilweise Übereinstimmung prägt die Entwicklung in der damaligen DDR und im heute vereinten Deutschland seit dem Herbst 1989.

Eine »richtige« Revolution hätte das alte sozialistische Recht, die Verfassung dieses Zwangsstaates, zerrissen, hätte alles, als Unrecht von Anfang an, für null und nichtig erklärt. Erich Honecker und mit ihm die alte Garde wären vor ein Tribunal gestellt worden. Nichts hätte ihnen die Einlassung geholfen, daß doch alles, was sie getan oder zu verantworten hätten, vom alten DDR-Recht gedeckt gewesen sei.

Die Volkskammer indes hat das alte Recht der DDR bestätigt, indem sie es geändert hat. Sie hat es als damals gültig anerkannt – und damit begonnen, anderes Recht zu schaffen. Diejenigen, die die Revolution getragen haben, wollten die alte Ordnung beseitigen – aber in den Formen eines Rechtsstaates. Deshalb auch beschloß man in der DDR, daß die alte sozialistische Verfassung nur mit einer Zweidrittel-Mehrheit zu ändern sei. Wer hüben und drüben darüber spottete oder gar zur *tabula rasa* zuriet, der hatte weder den Charakter der Revolution verstanden noch die Gefahren erkannt, die radikale Akte für das eigentliche Ziel, die Einheit, heraufbeschworen hätten.

So kam es zur legalistischen Ablösung der alten Herrschaft. Die eine – unschöne – Konsequenz ist, daß wir noch lange zu tun haben werden mit der Aufarbeitung der sozialistischen Vergangenheit, mit der Stasi-Krake, mit dem Vermögen der PDS. (Auch zur Enteignung der PDS hat es ein Gesetz der Volkskammer gegeben, allerdings mit dem Pferdefuß, daß nur nicht rechtmäßig erworbenes Vermögen enteignet werden soll – bei vierzig Jahren Vermögensaufbau der SED wahrlich kein einfaches Unterfangen.) Die andere, solcherlei Nachteile überreich aufwiegende Folge des Wechsels im Rahmen eines Rechtsstaates: Die, gegen die sich die Revolution gerichtet hat, sind gegangen, ohne daß ein Schuß gefallen, ohne daß ein Tropfen Blutes geflossen wäre. Die Einheit – dies ist meine feste Überzeugung – konnte es nur geben und hat es nur gegeben, weil kein Blut vergossen wurde.

Vom 9. November 1989 an, dem Tag, an dem die Mauer fiel, hatte ich die Sorge, es könne zu einer unkontrollierbaren Eskalation kommen. Wie würde sich die Sowjetunion verhalten? Wo lag deren Reizschwelle? Ich hatte Angst, daß die Sowjets noch nicht soweit gewesen wären, auch noch den Ausbruch von Gewalttätigkeiten hinzunehmen. Sie hatten ja schon vieles »geschluckt«: die Demos, den Fall der Mauer. Es gehörte nicht viel Phantasie dazu, sich die unabsehbaren Risiken für und durch die sowjetischen Streitkräfte in Deutschland vorzustellen.

Seit Öffnung der Mauer lagen die Nerven in Moskau bloß. Die Sowjetunion war von der Regierung in Ost-Berlin weder konsultiert noch informiert worden. Ein Versehen der DDR-Führung hatte die Massen auf die Straßen gebracht – die Freizügigkeit hatte ja noch gar nicht so früh verkündet werden sollen. Immer wieder gab es Hinweise und Warnungen auch an die Bonner Adresse, es dürfe nichts passieren, was die sowjetischen Streitkräfte in die deutschen Auseinandersetzungen hineinziehen würde.

Der Zehn-Punkte-Plan des Bundeskanzlers, mit dem er im November 1989 einen weiten zeitlichen Rahmen für die deutsche Einheit über konföderative Strukturen der beiden deutschen Staaten zog, diente dem Ziel, die Entwicklung zu stabilisieren. Das Signal des Zehn-Punkte-Planes war eindeutig: Niemand in Ost und West werde überfordert, niemand vor vollendete Tatsachen gestellt. Die Bundesregierung verlangte nichts Unmögliches. Sie sei bereit, den Weg zur deutschen Einheit in geordnete Bahnen zu bringen, ihn für alle Seiten, insbesondere für die sowjetische, erträglich zu halten.

Und noch eine andere Funktion hatte Helmut Kohls Vorstoß. Auch wenn die zehn Punkte später durch den direkten, schnellen Weg zur Einheit überholt wurden, so zeitigten sie dennoch eine überaus wichtige Wirkung: Den Menschen in Ost und West, vor allem auch im Westen, wurde zum ersten Mal ein Weg zur Einheit aufgezeigt, den sie für begehbar hielten. Damit gewann der Gedanke der Einheit für viele erstmals eine realistische Perspektive. Nicht zuletzt deswegen war es zum damaligen Zeitpunkt richtig, die zehn Punkte zu formulieren. Wir wußten ja, und die Deutschen in der DDR hatten diese Lektion auch gelernt: Nur mit Duldung der Sowjetunion, nicht gegen sie, konnte der eingeschlagene Weg fortgesetzt werden. Dies war der alles entscheidende Punkt.

Viele, auch in Bonn, haben sich bis zum Durchbruch beim Treffen von Helmut Kohl und Michail Gorbatschow im Sommer 1990 im Kaukasus nicht vorstellen können, daß die Sowjetunion den Verlust ihres wichtigsten Verbündeten und damit den Zerfall des Warschauer Paktes, den Verlust ihres westlichen Vorfeldes in Europa, wirklich widerstandslos hinnehmen würde. Diese Ungewißheit hat ihren Teil dazu beigetragen, daß die Auseinandersetzungen auch von Seiten der revolutionären Bürgerbewegungen auf einem Niveau geführt wurden, das unnötige Provokationen der UdSSR ausschloß.

Die Einheit mußte auf einigermaßen geordnetem Weg errungen werden, aber sie mußte auch schnell kommen. Mit dieser Widersprüchlichkeit galt es, fertigzuwerden. Ich wußte durch meine Kontakte zur alten DDR-Führung, wie dort gedacht wurde: Ist die Mauer erst einmal offen, gibt es kein Halten mehr; die Freiheit ist ein ansteckender Bazillus. Für das System des totalitären Sozialismus blieb die bundesrepublikanische Ordnung von Recht und Freiheit eine ständige Herausforderung, ja, sie wurde als eine permanente Aggression empfunden, auch und gerade in den hohen Zeiten der Entspannungspolitik. Ich erinnere mich an entsprechende Bemerkungen aus der alten SED-Führung, die sich gegen Sozialdemokraten richteten, die nicht sehen wollten, daß der real existierende Sozialismus ohne jede Chance auf Zustimmung durch die Bevölkerung und damit existenziell angewiesen blieb auf Mauer und Stacheldraht und auf die Existenzgarantie durch die Anwesenheit der Roten Armee.

Die ehemaligen Herren der DDR gaben sich keinen allzu großen Illusionen über die Legitimität der deutschen Teilung hin, selbst wenn sie nun schon vierzig Jahre andauerte. Die Geschichte kann zwar auch Teilungen Legitimität verschaffen – die Teilung des Habsburger Reiches und die Abtrennung Österreichs waren ja auch einmal erzwungen worden. Aber diese Teilung war nicht verbunden mit einem gravierenden politischen, sozialen, wirtschaftlichen Gefälle. Die deutsche Teilung dagegen hatte nicht die Chance der Legitimität, weil das demokratische, rechtsstaatliche, soziale und wirtschaftliche Gefälle zu groß war. Die früheren Machthaber der DDR haben dies letztlich immer gewußt; in dieser Hinsicht waren sie realistischer als ein Teil der westdeutschen Sozialdemokraten. Als die Mauer fiel, war ich deshalb einer der ersten, die nachdrücklich die Frage stellten, ob es denn je noch zu Bundestagswahlen in der alten Bundesrepublik kommen werde.

Kennzeichnend für die allgemeine Unsicherheit dieser Wochen und Monate war, daß die meisten das damals kaum Vorstellbare nicht zu denken wagten. Die Probleme schienen zu gewaltig: Würde die Sowjetunion tatenlos zusehen? Aus London, auch aus Paris kam wenig Ermutigung für die Deutschen, die Chance der Einheit rasch und entschlossen zu ergreifen – im Gegenteil. Ähnliche Zurückhaltung bis hin zu offener Ablehnung war aus anderen europäischen Hauptstädten zu hören. Die wirtschaftlichen Sorgen, die in zwei Weltkriegen begründete Angst saßen tief. Ein vereintes Deutschland wurde, seiner Wirtschaftskraft wie seiner Bevölkerungszahl wegen, als bedrohlich empfunden. Daß ein vereintes Deutschland die polnische Westgrenze in Frage stellen könnte, wurde wider besseres Wissen als Argument gebracht. Dabei hatten die Regierungen in Bonn und Ost-Berlin doch keinen Zweifel daran gelassen, daß sie den Preis der Einheit entrichten würden: den Verzicht auf die vormals deutschen Gebiete jenseits von Oder und Neiße.

Einzig die amerikanische Regierung war dem Anliegen der deutschen Einheit zu jedem Zeitpunkt ohne Wenn und Aber zugetan. Sie stellte zwar auch Fragen zur Endgültigkeit der deutsch-polnischen Grenze. Aber sie war vollauf zufriedengestellt, als ich bei einem Besuch Washingtons im Februar 1990 eine entsprechende Grundgesetzänderung verbindlich zusagte. Der Bundeskanzler hatte mich, da ich mich in vier Jahren als Kanzleramtsminister auch um die deutsch-deutschen Angelegenheiten kümmern mußte, in den engeren Kreis seiner Ratgeber gezogen und mit mir schon im November 1989 über die Frage diskutiert, wie schnell wohl die Einheit kommen werde. Meine Meinung war, sie werde binnen Jahresfrist erreicht sein, allen Widrigkeiten zum Trotz. Ich war überzeugt und sagte es dem Kanzler auch, daß dies eigentlich nur darauf hinauslaufen könne. Helmut Kohls Antwort hat mir gefallen: »Wenn es so kommt, ist es gut.« Allerdings dürfe er nicht derjenige sein, der dränge. Die Menschen in der DDR müßten die Drängenden sein; Bonn dürfe die Entwicklung nur flankieren. Er müsse Rücksicht nehmen auf das Ausland, auf die Zwei-plus-Vier-Gespräche der Siegermächte mit den beiden deutschen Staaten.

Wir brauchten wahrlich keinen Druck zu machen. Die Leute »drüben« hatten keine Geduld. Die Einheit mußte schnell kommen, sonst gab es kein Halten mehr. Es mußte versucht werden, Ordnung in das heranziehende Durcheinander zu bringen.

Wenige Tage vor der Reise Helmut Kohls nach Dresden – er war dort für den 19. Dezember 1989 zu seinem ersten Treffen mit dem DDR-Ministerpräsidenten Hans Modrow verabredet – saßen wir in größerem Kreis zum Gedankenaustausch im Kanzleramt zusammen. Der Bundeskanzler hatte gebeten, daß wir uns Gedanken machen sollten, welche nächsten Schritte auf dem Weg zur deutschen Einheit zu ergreifen wären. Rudolf Seiters, Horst Teltschik und Rupert Scholz waren neben anderen Mitarbeitern des Kanzleramts anwesend. Ich schlug vor, der Regierung Modrow sofort eine Währungs- und Wirtschaftsgemeinschaft anzubieten. Nur so seien die Übersiedlerzahlen unter Kontrolle zu bringen. Anders sei es mit noch so vielen Hilfsprogrammen nicht zu schaffen. Wenn es darum ginge, die Revolution drüben im Interesse der Einheit in geordnete Bahnen zu leiten, dürfte man vor schnellen, großen Schritten nicht zurückschrecken, argumentierte ich, auch wenn die Partner in der Nachfolge der SED-Herrschaft stünden. Freie Wahlen seien ja in Sicht, die Ablösung der PDS-Herrschaft so gut wie sicher. Linie des Kanzlers war es, die Lage drüben nicht anzuheizen, sondern zu versuchen, die Lage so zu beeinflussen, daß sie für alle, auch die alten Kräfte, tragbar blieb. Das Angebot an Modrow sollte in diese Richtung gehen.

Mein Vorschlag wurde reserviert aufgenommen. Im Kern gab mir die Gesprächsrunde zwar recht, aber die meisten fanden, der richtige Zeitpunkt für eine solche Initiative sei noch nicht gekommen. Der Schritt schien noch zu groß, und man schreckte noch davor zurück, das Undenkbare bereits zu denken. Im nachhinein ist durchaus zu bedenken, ob Modrow der geeignete Partner gewesen wäre, blickt man auf seine zweifelhafte Rolle bei der schleppenden Auflösung der Stasi oder bei der Sicherung des PDS-Vermögens.

Die weitere Entwicklung der Übersiedlerzahlen erwies, daß meine Anregung, die Währungs- und Wirtschaftsunion schon zu einem früheren Zeitpunkt einzuführen, dennoch nicht ganz falsch war. Die Tausende, die Woche für Woche nach Westen drängten und ihr Überbrückungsgeld erhielten, ließen die freundliche Stimmung des 9. November in der Bundesrepublik umschlagen. Meinungsumfragen zeigten, daß bis zu achtzig Prozent der Westdeutschen die Übersiedler mehr und mehr als Last empfanden. Das Eingliederungsgeld wurde kritisiert, weil es einen zusätzlichen Anreiz für die Deutschen in der DDR gäbe. Bei den Bürgermeistern, die kaum mehr wußten, wo sie die Landsleute aus der DDR unterbringen sollten, hieß es: Die spinnen in Bonn; die wissen nicht, was draußen los ist.

Auch in der CDU kippte die Stimmung. Die Sorge wuchs, die Wiedervereinigung könnte von einer nationalen zu einer sozialen Frage werden. Man fühlte sich im Hintertreffen – in einem Wahljahr dieser Größenordnung ein schwer erträglicher Gedanke. Unter dem Einfluß elektronischer Medien erlebten wir einmal mehr den viel schnelleren Wechsel von Stimmungen, stärkere Schwankungen der öffentlichen Meinung als in früheren Zeiten, Hysterie und Freudenstürme. Die Tränen der Rührung nach dem 9. November haben Oskar Lafontaine schon zwei Wochen danach nicht mehr daran gehindert, sehr erfolgreich Ressentiments gegen die Übersiedler zu schüren. So schnell geht das. Ich habe die Meinung vertreten, das Anliegen – der Wiedergewinn der Einheit und der Freiheit für sechzehn Millionen Deutsche in der DDR – sei von so überragender Bedeutung, daß die sicherlich auch wichtigen sozialen Themen darüber nicht dominieren könnten. Mit dem Anliegen der Einheit würden wir die Wahlen gewinnen – eine Ansicht, die auch Helmut Kohl teilte, Heiner Geißler aber, so im CDU-Bundesvorstand, sehr besorgt in Frage stellte.

Die Revolution unvollendet halten, unblutig halten, weil nur so der Sache der Einheit zu dienen war – der Leitgedanke bestimmte auch mein Verhalten gegenüber der Ost-CDU. Von Anfang an habe ich es für falsch gehalten, daß die West-CDU, jedenfalls wichtige Köpfe ihrer Führung, lange Zeit auf große Distanz zur Ost-CDU achteten. Ich habe die Ost-CDU stets für unseren natürlichen Partner gehalten, obwohl und gerade weil sie eine der Parteien des sogenannten Demokratischen Blocks war, die das SED-System mitgetragen haben – bot sich uns doch in der Ost-CDU eine gesellschaftliche Kraft, die das ihre dazu beitragen konnte, den revolutionären Prozeß in jenen Bahnen zu halten, die zum Ziel der Einheit führten.

Die Ost-CDU war zwar in ihrer Führung korrumpiert, in ihrer Basis aber bestand sie zu drei Vierteln aus Mitgliedern, die auch im Westen in der CDU gewesen wären. Es sind, soziologisch gesehen, die gleichen Leute wie bei uns. Wenn sich in der DDR jemand einigermaßen mit den Verhältnissen arrangieren, aber nicht aus der Kirche austreten wollte, blieb ihm nur der Weg in die CDU. Als SED-Mitglied mußte man die Kirche verlassen, als CDU-Mitglied nicht – und war dennoch in einer gesellschaftlich relevanten Organisation mit allen Möglichkeiten, die das vor allem auch in beruflicher Hinsicht eröffnete. Ein nicht unerheblicher Teil der evangelischen Kirche drüben hatte sich in der Ost-CDU engagiert. Für die Christlich-Demokratische Union bot sich hier, wenn man in Einheitskategorien dachte, eine historische Chance. In der West-CDU ist die evangelische Kirche wenig verankert. Mich als Protestanten hat das stets gestört.

Natürlich war die CDU als Blockpartei in der DDR belastet, und es war ungeheuer schwer einzuschätzen, wie sich dieses Handicap bei freien Wahlen auswirken würde. Umgekehrt schien mir nicht vorstellbar, beim demokratischen Neubeginn in der DDR als CDU Deutschlands an denjenigen vorbeizugehen, die von ihrer Grundstruktur genauso Christliche

Demokraten waren wie wir in vierzig Jahren Bundesrepublik. Hinzu kam, daß ich den Namen CDU auch in der DDR für völlig unverzichtbar hielt, weil nur damit eine volle Identifizierung mit uns und insbesondere mit dem Bundeskanzler Helmut Kohl möglich sein würde.

Die Phase einer gewissen Orientierungslosigkeit der West-CDU dauerte bis Januar 1990. Dabei war die Sorge nicht unerheblich, die Wählerschaft der DDR könne sich zur Sozialdemokratie hin orientieren. Die SPD hatte ja wegen der Zwangsvereinigung von SPD und KPD zur SED die Chance einer Neugründung der SPD und damit der Übertragung des Namens und des damit verbundenen politischen Potentials aus der Bundesrepublik in die DDR ohne den Nachteil einer Vergangenheit als Blockpartei. Viele in der West-CDU befürchteten deshalb, die Einheit könne zum Nachteil der Wahlchancen der CDU gereichen – eine Vermutung, die wegen der konfessionellen Struktur Mitteldeutschlands seit über vierzig Jahren in vielen Köpfen herumgeisterte. Auch das Pfeifkonzert, mit dem der erste Auftritt von Kanzler Kohl in Berlin nach dem Fall der Mauer begleitet wurde, schien ungute Ahnungen zu bestätigen. So machte nicht nur in der CDU/CSU-Bundestagsfraktion die Anspielung zunehmend die Runde, Churchill habe den Zweiten Weltkrieg gewonnen und anschließend die Wahlen verloren. Ich habe solchen Kleinmütigen immer entgegnet: Hätte er es denn besser umgekehrt machen sollen?

Von Modrow zu de Maizière

Der Zusammenbruch
des kommunistischen Herrschaftssystems

Nach der Volkskammerwahl am 18. März 1990 war klar, daß die Währungsunion, an deren Vorbereitung ich als Innenminister nicht unmittelbar beteiligt war, bald kommen mußte. Und der triumphale Wahlsieg der von der Ost-CDU geführten »Allianz für Deutschland« überzeugte mich vollends davon, daß auch die staatliche Einheit nicht mehr lange auf sich warten lassen würde. Der Weg zur Einheit konnte nach meiner Vorstellung nur über den Beitritt nach Artikel 23 des Grundgesetzes führen. Die Alternative – die Ausarbeitung einer neuen Verfassung nach Artikel 146 – würde viel zu lange dauern und Unsicherheit und Instabilität in beide Teile Deutschlands, aber auch zumindest in das europäische Umfeld hineintragen. Die frei gewählte Volkskammer der DDR würde indes einen Beitritt zur Bundesrepublik Deutschland nicht beschließen, ohne vorher wenigstens in Grundfragen zu wissen, was die Vereinigung für die beitretende DDR mit sich bringen würde. Deshalb hielt ich den Abschluß eines Einigungsvertrages zur Vorbereitung einer Beitrittsentscheidung der DDR für nahezu unausweichlich, jedenfalls für den verläßlichsten Weg, um die Einheit rasch zustande zu bringen.

Wir hatten im Innenministerium schon früh damit begonnen, darüber nachzudenken, wie für das vereinte Deutschland gemeinsames Recht geschaffen werden könnte. Zu diesem Zweck haben wir uns die Saar-Verträge und die Überleitungsgesetzgebung aus den fünfziger Jahren genau angeschaut. Ein fundamentaler Unterschied zum Saar-Beitritt bestand jedoch darin, daß es damals einen Vertragspartner außerhalb des zu vereinigenden Gebiets gab, nämlich Frankreich, das auch nach Vollzug des Beitritts für die Einhaltung der zuvor getroffenen Vereinbarungen eintreten konnte und würde. Einen solchen dritten Vertragspartner gab es für den Beitritt der DDR nicht. Auch dies verstärkte die Wahrscheinlichkeit, daß bestimmte Grundfragen vor dem Beitritt durch einen Vertrag mit einer fortwirkenden Bindung geregelt werden mußten. Wie diese Bindungswirkung für die Zeit nach Erlöschen der selbständigen Existenz der DDR gesichert werden konnte, das hat in den anfänglichen Überlegungen vor allem der DDR-Vertreter eine erhebliche Rolle gespielt. Mein Argument lautete immer, daß mit der Ratifizierung ein Einheitsvertrag Gesetzeskraft auch im vereinten Deutschland erlangen würde und daß über seine Einhaltung dann das Bundesverfassungsgericht wachen würde.

Von diesen Beweggründen für die DDR abgesehen, war es nahezu unerheblich, ob die Überleitungsgesetzgebung – also die Schaffung einheitlichen Rechts für das vereinte Deutschland – vor einem Beitritt durch eine vertragliche Vereinbarung, die der Ratifizierung durch die Parlamente bedurfte, geschaffen wurde oder nach dem Beitritt durch einen gesamtdeutschen Gesetzgeber.

In jedem Fall war der Innenminister innerhalb der Regierung federführend zuständig, weil es ja weder um äußere Angelegenheiten noch um besondere Beziehungen zwischen den beiden Staaten in Deutschland, sondern um die Schaffung der inneren Ordnung für eine um das beitretende Gebiet erweiterte Bundesrepublik Deutschland ging. Mir kam dies nicht ungelegen, weil ich mich in den viereinhalb Jahren als Chef des Bundeskanzleramtes mit der DDR, mit den Problemen der deutschen Teilung und mit Wegen zu ihrer Überwindung intensiv befaßt hatte. Die deutsche Frage war mir persönlich sehr ans Herz gewachsen.

So begann ich, über Wege und Methoden nachzudenken, wie wir einen Einigungsvertrag am besten zustande bringen würden. Dabei beschäftigten mich vor allem Verfassungsfragen und politisch neuralgische Punkte. In einigen wenigen Punkten schienen Änderungen des Grundgesetzes fast unvermeidlich. Dazu bedurfte es einer Zweidrittel-Mehrheit im Bundestag und im Bundesrat. Schon deshalb war es erforderlich, die Opposition in die Verhandlungen einzubinden und die teilweise unterschiedlichen Interessen von Bund und Ländern ausreichend zu berücksichtigen.

Zugute kam uns nun, daß wir nicht nur, zumindest seit Jahresanfang 1990, eine Währungs- und Wirtschaftsunion angepeilt hatten, sondern daß wir auch die Vision einer politischen Vereinigung beider deutscher Staaten niemals aus den Augen verloren hatten und sie spätestens seit dem 9. November 1989, der Öffnung der Berliner Mauer und der innerdeutschen Grenze, für realistisch hielten. Wer sich an die Reden einiger führender Sozialdemokraten aus diesen Tagen erinnert, kann manche Irrungen der innenpolitischen Diskussion des Jahres 1990 aus dieser grundsätzlich anderen Erwartungshaltung leicht erklären.

Wir fühlten uns in unseren Hoffnungen ermutigt, als Präsident Gorbatschow schon vor seinem Treffen mit Ministerpräsident Modrow am 30. Januar 1990 in Moskau wissen ließ, die Sowjetunion habe prinzipiell nichts gegen eine Vereinigung der beiden deutschen Staaten einzuwenden. Und auch in Ost-Berlin zeigte sich Bewegung. Am 28. Januar beschloß der »Runde Tisch«, die bis dahin noch für den 6. Mai geplanten ersten freien Volkskammerwahlen auf den 18. März vorzuziehen. Die Verantwortlichen in Ost-Berlin erkannten also, daß die Lage in kurzer Zeit zu dramatischen Veränderungen drängte.

Nach seiner Rückkehr aus Moskau legte Modrow am 1. Februar einen Plan für den Weg zur Einheit Deutschlands vor, nach dem sich die Vereinigung Deutschlands in vier Schritten vollziehen sollte – für den SED-Ministerpräsidenten der DDR alles andere als ein selbstverständlicher Vorschlag. Auch er zeigte, daß selbst der SED klar wurde, daß ihr Herrschaftsanspruch ebenso wie die Eigenständigkeit der DDR dabei waren, sich aufzulösen. Folgerichtig trennte sich die SED wenige Tage später von ihrem alten Parteinamen und firmiert seither ausschließlich unter PDS. Damit rückte sie vom Dogma der Zweistaatlichkeit und des monopolistischen Machtanspruchs ab. Auch wenn sich damit die Einheitssozialisten noch lange nicht in aufrechte Demokraten verwandelt hatten, blieben dies doch hoffnungsvolle Zeichen dafür, daß sich in der DDR nachhaltige Änderungen vollzogen.

Der Vorschlag Modrows litt daran, daß er militärische Neutralität als Voraussetzung der Deutschen Einheit nannte. Unter diesem Vorzeichen lief die politische Auseinandersetzung über seinen Plan. Für uns waren politische wie militärische Neutralität eines vereinten Deutschland völlig inakzeptabel, weil dies die Stabilität in Europa gefährdet hätte. Aber abgesehen davon entsprach das Vereinigungsmodell des damaligen DDR-Ministerpräsidenten in substantiellen Punkten bemerkenswert weitgehend dem Zehn-Punkte-Programm Helmut Kohls vom 28. November 1989. Beide Staaten sollten zunächst Souveränitätsrechte auf gemeinsame Organe einer deutsch-deutschen Konföderation übertragen, die wiederum eine Vorstufe eines einheitlichen Staates in einer Föderation oder einem »Deutschen Bund« darstellen könnte.

All dies waren gewaltige Fortschritte, gemessen an den jahrzehntelang vertretenen SED-Positionen. Gleichwohl schien Zurückhaltung geboten. Immerhin mochten diese Initiativen lediglich dazu dienen, den Machtverlust der SED/PDS zu verhindern oder wenigstens zu retten, was noch zu retten war. Schließlich standen die ersten freien Wahlen in der DDR am 18. März bevor.

Allerdings hatte sich das Ansehen des Hoffnungsträgers der SED/PDS in beiden Teilen Deutschlands seit dem Dezember 1989 dramatisch verschlechtert. Insbesondere ständig neue Enthüllungen über ungebrochene Stasi-Aktivitäten und das offene Eintreten Modrows für ein Fortbestehen dieses Unterdrückungsapparats ließen Hoffnungen, Modrow arbeite wirklich auf freiheitlich-demokratische Veränderungen in der DDR hin, rasch zunichte werden. Die Erwartungen an den Gegenbesuch Modrows am 13. Februar waren in Bonn deshalb sehr viel geringer als noch beim ersten Zusammentreffen Kohls mit Modrow am 19. Dezember 1989 in Dresden.

In der Einschätzung der außenpolitischen Lage fühlten wir uns inzwischen merklich sicherer. Gorbatschow hatte bei den Gesprächen mit Bundeskanzler Kohl, den der Außenminister nach Moskau begleitete, am 10. Februar erklärt, daß »die Deutschen selbst die Frage der Einheit der deutschen Nation lösen und selbst ihre Wahl treffen müssen, in welchen Staatsformen, zu welchen Zeitpunkten, mit welchem Tempo und zu welchen Bedingungen sie diese Einheit realisieren werden«. Dabei stimmten die Gesprächspartner überein, daß die Lösung der deutschen Frage in die gesamteuropäische Architektur und den Gesamtprozeß der West-Ost-Beziehungen eingebettet sein mußte.

Von Modrow selbst, von seiner inzwischen umgetauften Partei und auch von seiner Übergangsregierung erwarteten wir substantielle Beiträge zur Lösung der Probleme in der DDR wie der deutschen Frage nicht mehr. Die anhaltend hohen Übersiedlerzahlen belegten, daß auch in der DDR das Vertrauen in Modrow, am Anfang seiner Regierungszeit zumindest dem Schein nach teilweise vorhanden, dramatisch geschwunden war. Deswegen konzentrierten wir unsere Erwartungen auf die ersten freien Wahlen zur Volkskammer am 18. März und die sich daraus ergebende demokratisch legitimierte Vertretung für die DDR. Dabei war zu jenem Zeitpunkt der Wahlsieg der »Allianz für Deutschland« noch keineswegs abzusehen. Alle Experten, auch die Meinungsforschungsinstitute, sagten der Sozialdemokratischen Partei einen triumphalen Sieg voraus.

Wie auch immer: Erst eine demokratisch legitimierte politische Führung in der DDR konnte nach Überzeugung des Bundeskanzlers der Partner für eine wirklich durchgreifende wirtschaftliche und finanzielle Hilfe der Bundesrepublik sein.

Deswegen lehnte er Forderungen, Modrow anläßlich seines Besuchs am 13. Februar noch eine finanzielle Soforthilfe in der Größenordnung von fünfzehn Milliarden DM zu gewähren, kategorisch ab. Diese Forderungen kamen nicht nur aus der DDR, sie wurden auch von der SPD nachhaltig unterstützt. Und herbe Kritik aus den Reihen der Opposition trug uns dann auch der bewußt kühle und distanzierte Empfang des DDR-Ministerpräsidenten am 13. Februar ein.

Der Verdruß in der Union über Modrow und seine Regierung machte bei vielen nicht halt vor dem stellvertretenden Ministerpräsidenten und Vorsitzenden der Ost-CDU, Lothar de Maizière, den führende Unionspolitiker mehrfach öffentlich aufforderten, aus der Regierung Modrow auszuscheiden. Die Ost-CDU und mit ihr deren – wenngleich neu gewählter – Vorsitzender stellten für die Union und für Helmut Kohl schon lange ein ernstes Problem dar. Die Partei war in all ihrer Bedeutungslosigkeit als Mitglied des »Demokratischen Blocks« doch eingebunden in die politische Verantwortung für die DDR. Trotz der Auswechslung der politischen Führung im Zuge der Veränderungen in der DDR, wurden deshalb die Chancen der Ost-CDU bei freien Wahlen zur Volkskammer durchaus unterschiedlich und strittig beurteilt.

Umgekehrt wußten jedenfalls Eingeweihte im Westen seit langem, daß unterhalb der von der SED korrumpierten Führung der Ost-CDU in der Mitgliederschaft dieser Partei ganz ähnliche Strukturen wie bei uns im Westen vorhanden waren. Die Tradition der Gründerzeit nach dem Zweiten Weltkrieg hatte sich an der Basis durchaus noch erhalten. Wahrscheinlich waren nicht unerhebliche Teile der Mitglieder der Ost-CDU im Vergleich sogar stärker kirchlich – und das heißt im wesentlichen protestantisch – gebunden als bei uns im Westen. Ein Grund dafür lag schon darin, daß es für viele kaum Entwicklungsmöglichkeiten in der DDR gab, ohne einer der gesellschaftlich verantwortlichen Organisationen anzugehören. Die Mitgliedschaft in der SED setzte den Austritt aus der Kirche voraus, die Mitgliedschaft in der CDU nicht. In ihrer

Gewissensnot sahen sie hier einen Ausweg, den notwendigen Tribut an die existierenden Verhältnisse zu leisten, ohne aus der Kirche austreten zu müssen.

Lothar de Maizière war für uns bis zu seiner Bestellung zum stellvertretenden Ministerpräsidenten und zu seiner Wahl zum CDU-Vorsitzenden am 16. Dezember politisch ein unbeschriebenes Blatt. Er hatte sich bis dahin außerhalb der Kirchenleitung von Berlin-Brandenburg nicht engagiert. De Maizière erschien vielen in Bonn – vielleicht nicht einmal zu Unrecht – als ein Vertreter jener Kreise in den evangelischen Kirchen, die – Stichwort »Kirche im Sozialismus« – versuchten, kirchliches Leben unter den Bedingungen des totalitären Sozialismus zu erhalten und dazu gegebenenfalls im Alltag auch Kompromisse zu schließen. Das Sich-Abfinden mit dem Leben im real existierenden Sozialismus, oft noch – wie bei Lothar de Maizière – ergänzt durch eine sehr mangelhafte Kenntnis dessen, was im »kapitalistischen Westen« entgegen aller sozialistischen Propaganda Wirklichkeit war, beeinflußte ganz zwangsläufig das Denken und die Sprache dieser Menschen. Ganz gewohnheitsmäßig redete man beispielsweise von »sozialistischen Errungenschaften« und war überzeugt, daß viele bessere soziale Regelungen der DDR gegebenenfalls in ein vereintes Deutschland würden hinübergerettet werden müssen.

Ich habe mich dagegen gewehrt, solche Verhaltensweisen oder Sprachgewohnheiten leichthin zu kritisieren. Welche Alternative war denn den Menschen, etwa in meiner Generation, geblieben, die seit vierzig Jahren in der DDR lebten, wenn sie sich nicht vor dem Mauerbau im August 1961 für die Flucht in den Westen oder danach für den Weg über offene Opposition und Verfolgung bis hin zum Freikauf durch die Bundesregierung entscheiden wollten? Und hatten sich nicht alle, im Westen wie in Mitteldeutschland, mit der Einsicht abgefunden, daß für eine konkret vorhersehbare Zeit eine grundlegende Änderung der Verhältnisse in der DDR und eine Überwindung der Teilung Deutschlands nicht möglich seien?

Was also wollte ein vergleichsweise wohlhabender Bundesbürger kritisieren, wenn ein Deutscher in der DDR versuchte, sich mit seinem Leben in diesem Teil Deutschlands und den gegebenen Verhältnissen zu arrangieren und im übrigen sich auch ein Stück weit mit diesem Staat zu identifizieren? Meine Erfahrungen aus der Zeit im Bundeskanzleramt von 1984 bis 1989, aber auch bei manchen Begegnungen im Rahmen meiner evangelischen Kirche hatten mich jedenfalls zu dieser Einstellung gebracht.

Natürlich hat mich auch als Innenminister die Entwicklung in Deutschland und die Person von Lothar de Maizière nach seiner Ernennung zum stellvertretenden Ministerpräsidenten ganz persönlich interessiert. So habe ich den mir aus meiner Tätigkeit im Kanzleramt gut vertrauten Konsistorialpräsidenten Manfred Stolpe, den heutigen Ministerpräsidenten von Brandenburg, gebeten, mich mit de Maizière bekanntzumachen. Wir trafen uns am 3. Dezember 1989 im Büro von Stolpe, einige wenige Persönlichkeiten aus der Kirchenleitung waren zugegen.

Uns alle überraschte, daß Lothar de Maizière eine Dame zu dem Gespräch mitbrachte, die zunächst keiner kannte, die sich dann aber als die damalige Wirtschaftsministerin der DDR, Christa Luft, herausstellte. Ich habe mir auch im nachhinein nicht allzu viele Gedanken über die Frage gemacht, warum der CDU-Politiker zu dieser Begegnung eine der SED angehörende Kollegin mitbrachte. Vielleicht dachte er, daß wir über wirtschaftliche Hilfe der Bundesrepublik sprechen könnten. Aber dazu hatte ich keinerlei Mandat oder Zuständigkeit; mir ging es um eine ganz private Begegnung. Vielleicht hat er sich aber auch gar nichts Besonderes dabei gedacht, zum Gespräch mit dem Innenminister der Bundesrepublik Deutschland eine Kollegin aus seiner Regierung mitzubringen. Jedenfalls war es ein Zeichen dafür, daß diese erste persönliche Begegnung sich ohne jede besondere Vertraulichkeit, eher mit einer beachtlichen Reserve vollzog.

Dabei gewann ich aus diesem Gespräch einen guten Eindruck von de Maizière. Für mein Gefühl schien er in der gegebenen Situation gerade von seiner zurückhaltenden Art her durchaus geeignet. Die Menschen hatten wohl nach vierzig Jahren die Glatten, Lauten satt. Das zeigte ja auch die Erfahrung mit Krenz, der nach dem Sturz Honeckers versucht hatte, mit einer Offensive des Lächelns neues Vertrauen zu gewinnen. Sein plumpes und aufdringliches Verhalten ließ diesen Versuch jedoch in Lächerlichkeit zusammenbrechen. Lothar de Maizière jedenfalls erschien mir als ein ausgesprochen nachdenklicher, aber zugleich selbstbewußter Mann, der sich zäh für die Interessen der Menschen in der DDR einsetzte. Vielleicht hat er ihnen das Gefühl vermittelt, daß sie auch bei einem raschen Weg zur Einheit sich selbst nicht aufgeben müßten, sondern respektierter Bestandteil einer größeren deutschen Einheit würden.

Lothar de Maizière hat mir später erzählt, daß er seine Parteifreunde vor seiner Wahl gewarnt habe: Ein Vorsitzender müsse organisieren können, Verhandlungen leiten und führen, und reden können müsse er auch noch. Mitreißende öffentliche Auftritte seien seine Sache jedoch nicht. Das andere würde er wohl können. Wenn sie einen hätten, der alles beherrsche, sollten sie lieber den nehmen.

Ich denke, daß er mit dem offenen Bekenntnis auch seiner schwächeren Seiten erst recht Vertrauen gewonnen hat. Jedenfalls wurde er am 16. Dezember 1990 auf dem Sonderparteitag der Ost-CDU zum Vorsitzenden gewählt, und zu jenem Zeitpunkt sprach sich die Partei dann schon für die soziale Marktwirtschaft und für die deutsche Einheit aus. Bei unserer ersten Begegnung im Büro von Manfred Stolpe hätte de Maizière dies wohl noch kaum für möglich und richtig gehalten. Ich führe dies nicht auf eine opportunistische Anpassung, sondern vielmehr auf einen raschen Lernprozeß zurück. Er mußte erfahren, was der Sozialismus tatsächlich für die Menschen bedeutete und auch, was in der angeblich so »kalten« Bundesrepublik Deutschland Wirklichkeit und was nur gegnerische Propaganda war.

De Maizière hat bis in die letzten Tage einer selbständigen DDR hinein wie kein zweiter Politiker dort das Vertrauen der Menschen auf sich gezogen und zugleich den Menschen auf diesem schnellen Weg zur Einheit und in manches Ungewisse auch Vertrauen gegeben. Er war längst nicht der schüchterne Mensch, wie ihn viele vom Fernsehen her zu kennen glaubten, sondern selbstbewußt, fest in seinen Ansichten, die er sich nicht rasch, sondern manchmal fast zögernd bildete. Ihn von einmal gefaßten Ansichten abzubringen, war alles andere als leicht. Diese Erfahrung machte ich, als ich ihn im Laufe des Sommers 1990 davon zu überzeugen suchte, daß die Einheit schnell kommen müsse. Er hatte sich in den Gedanken verbissen, daß sich die DDR erst aus eigener Kraft in Ordnung bringen müsse und daß erst danach eine Vereinigung beider deutscher Staaten in Frage kommen könne. Und als er durch die Wahlen am 18. März zum Regierungschef der DDR berufen worden war, machte er sich dies auch ganz persönlich zur Aufgabe. Es ging ihm dabei vor allem um die Würde der Deutschen in der DDR, für die vierzig Jahre ihres Lebens ja nicht völlig umsonst gewesen sein könnten.

Es fiel ihm schwer, sich zu der Einsicht durchzuringen, daß die DDR es aus eigener Kraft 1990 nicht mehr schaffen konnte, daß ihr die Zeit dazu nicht gegeben war. Die Unterschiede zwischen beiden Teilen Deutschlands waren dafür ebenso zu groß wie die Gemeinsamkeit der Deutschen in beiden Teilen. Denn die Folge dieser Gemeinsamkeit, der Zugehörigkeit zu einer Nation war eben, daß es für die Menschen in der DDR im eigenen Land eine so ungleich bessere Alternative gab, die man wählte, wenn man nicht durch Gewalt daran gehindert wurde. Das Ausbluten der DDR und ein völliger Zusammenbruch waren also nur durch die rasche Vollendung der Einheit zu verhindern, nachdem die Mauer, die die Deutschen gewaltsam teilte, gefallen war.

Diese Einsicht war übrigens nach meiner Kenntnis unter den früheren Machthabern der DDR durchaus verbreitet, die insofern die Lage realistischer sahen als viele Linke im Westen. Das war auch der Grund für meine Überzeugung schon im Dezember 1989, daß die Einheit sich rasch vollenden würde, daß auch die Währungs- und Wirtschaftsunion allein die Lage nur für einige Monate stabilisieren könnte und die staatliche Einheit alsbald folgen müßte. Die Vier Mächte haben, wie die Zwei-plus-Vier-Verhandlungen zeigten, dies schließlich auch akzeptiert, ebenso wie unsere europäischen Nachbarn – die einen früher, die anderen später.

Lothar de Maizière war eher bei den späteren. Aber ich denke bis heute, daß sein Engagement für das, was die DDR nach Abzug des real existierenden Sozialismus war, nicht nur den Menschen in der DDR, sondern auch uns allen im vereinten Deutschland dauerhaft zugute kommt.

Insgesamt hat Lothar de Maizière, der lange überlegt hatte, ob er überhaupt in die Politik einsteigen solle, sich als Anwalt seiner Landsleute verstanden, und er hat diese von ihm so gesehenen Pflichten ungewöhnlich ernst genommen.

De Maizière hat sich hohe Verdienste um das Gelingen der unblutigen Revolution in der DDR und um ihre Weiterführung in die Einheit Deutschlands in Frieden und Freiheit erworben. Daran ändern auch die Behauptungen einer Verwicklung mit der Stasi nichts. Entsprechende Gerüchte gab es schon früh, nach meiner Erinnerung in der Endphase des Wahlkampfes zur Volkskammerwahl und kurz danach. Für mich galt und gilt de Maizières Versicherung, er habe bei seinen Stasi-Kontakten im Rahmen seiner anwaltlichen Tätigkeit keinem Menschen geschadet, kein Geld angenommen, keine Verpflichtungserklärung unterschrieben. Ich sehe auch heute keinen Grund, einen Mann unter den Umständen, unter denen de Maizière wie viele andere in der DDR leben mußte, zu verurteilen. Ich habe sehr früh davor gewarnt, die Vergangenheit des totalitären Sozialismus in der DDR mit den selbstgerechten Maßstäben unserer westlichen Demokratie aufarbeiten zu wollen. Ein solcher Schnüffel- und Überwachungsstaat läßt in vielen Fällen die Grenzen zwischen Opfern und Tätern fast verwischen. Wenn man in Bonn in den

Wochen um den Jahreswechsel 1990/91 miterlebt hat, wie Lothar de Maizière unter der Last stand, praktisch seine Unschuld beweisen zu müssen, wie in Presseorganen windige Figuren aus dem hauptamtlichen Stasi-Bereich zu glaubwürdigen Kronzeugen hochstilisiert wurden und wie ein Mann wie Modrow als Bundestagsabgeordneter völlig unbehelligt von solchen Vorwürfen blieb – dann konnte man schon viel Bitterkeit empfinden über das, was dieser Unrechtsstaat auch noch nach seinem Ende weiter nachwirkend anrichtet.

Freie Wahlen

Die Entstehung demokratischer Strukturen

Im Frühsommer zeichnete sich ab, daß die Vier Mächte die Einheit nicht mehr aufhalten würden. Zugleich wurde sichtbar, daß die DDR auch nach der Wirtschafts-, Währungs- und Sozialunion die sozialistische Hinterlassenschaft aus eigener Kraft weder wirtschaftlich-finanziell noch sozialpolitisch meistern konnte. Nun erst begann sich de Maizière in Richtung auf eine Vollendung der Einheit noch im Jahr 1990 zu bewegen. Bis dahin hatte er sich auf Terminvorstellungen nicht festlegen lassen und jedenfalls nicht den Eindruck erweckt, als strebe er einen Vereinigungstermin vor 1992 oder 1993 an. Ich wies darauf hin, gesamtdeutsche Wahlen seien 1990 – spätestens Anfang 1991 – auch noch bei einer sehr späten Festlegung auf solche Wahlen möglich. Gegebenenfalls wären auf der Grundlage formal getrennter, inhaltlich weitgehend übereinstimmender Wahlgesetze in der Bundesrepublik und in der DDR gleichzeitig – zum Zeitpunkt der ohnedies anstehenden Bundestagswahlen – Wahlen für ein gesamtdeutsches Parlament abzuhalten.

Meine Vorstöße zielten nicht zuletzt auf den DDR-Ministerpräsidenten, der sich noch nicht auf die Vollendung der staatlichen Einheit und damit auf die Durchführung gesamtdeutscher Wahlen festgelegt hatte. Für de Maizière stand, nachdem er sich auf den Beitritt gemäß Artikel 23 des Grundgesetzes als Weg zur deutschen Einheit festgelegt hatte, unverrückbar fest, daß ein Einigungsvertrag, also die vorherige verbindliche Festlegung der Grundbedingungen eines Beitritts zwischen zwei gleichberechtigten Partnern, notwendige Voraussetzung für einen Beitritt der DDR sei.

Am 22. Januar 1990 habe ich Lothar de Maizière zum zweiten Mal getroffen, in einem Besprechungsraum des Flughafens Berlin-Tegel. Die Initiative war dieses Mal von ihm ausgegangen, zu meiner großen Überraschung. Über das Büro von Eberhard Diepgen, bei dem sein Neffe als Pressesprecher tätig war, hatte mich seine Anfrage erreicht. Ich sagte sofort zu.

Lothar de Maizière stand angesichts der wachsenden Schwierigkeiten in der DDR als stellvertretender Ministerpräsident und im Hinblick auf die völlig ungewisse Ausgangssituation für den Wahlkampf zum 18. März als CDU-Vorsitzender offensichtlich stark unter Druck. Er rauchte eine Zigarette nach der anderen. »Warum redet Kohl mit allen anderen, nur nicht mit mir?« war seine erste Frage. »Will die CDU wirklich im Wahlkampf an uns vorbeigehen?«

Ich war positiv berührt, weil de Maizière offensichtlich jetzt die Partnerschaft mit der West-CDU suchte, während er bei unserer Begegnung in Stolpes Büro noch sehr zurückhaltend gewesen war. Offensichtlich begann er eine Vorstellung dafür zu entwickeln, daß der Wahlkampf in der DDR wesentlich von den Bonner Parteien und Politikern mit beeinflußt werden würde – wobei wir uns wohl alle im Januar noch nicht vorstellen konnten, in welchem Ausmaß das dann tatsächlich der Fall war. De Maizière wollte also jetzt für den bevorstehenden Wahlkampf die Unterstützung der CDU der Bundesrepublik Deutschland.

In meiner Partei waren die Meinungen zu diesem Zeitpunkt noch geteilt, welche Gruppierungen in der DDR man in diesem Wahlkampf unterstützen sollte – die Ost-CDU oder den Demokratischen Aufbruch oder die DSU. Demokratischer Aufbruch und DSU hatten den Charme, neue, aus der Revolution hervorgegangene, unbelastete politische Gruppierungen zu sein, in denen sich Persönlichkeiten mit einem beachtlichen politischen und moralischen Potential zeigten. Die

Frage, ob sie in der Lage sein würden, über punktuelle örtliche Initiativen hinaus in kurzer Zeit politisch wirksam zu werden, war allerdings offen. Die Ost-CDU besaß eine flächendeckende Organisation, und sie fußte bei allen Belastungen aus der Vergangenheit als Blockpartei in ihrer Mitgliedschaft auch auf der Tradition der christlich-demokratischen Bewegung. Im übrigen trug sie den Namen, der unverzichtbar war, wenn die West-CDU ihre politische Kraft in den ersten freien Wahlen in der DDR voll zur Geltung bringen wollte. Dies war ja der entscheidende Vorteil der Sozialdemokraten, denen die Zwangsvereinigung mit der Kommunistischen Partei zur SED im Jahre 1946 die Möglichkeit einer Neugründung als Sozialdemokratische Partei in der DDR während der Revolution eröffnet hatte.

Eine Reihe abweisender Äußerungen gegen die Ost-CDU und auch gegen Lothar de Maizière persönlich, selbst aus dem Konrad-Adenauer-Haus, hatten ihn, wie das Gespräch zeigte, tief getroffen. Auch in seiner Partei, sagte er, gäbe es Leute, die ihn aufforderten, die Regierung Modrow zu verlassen. Er werde aber nicht zurücktreten, weil er als stellvertretender Ministerpräsident am ehesten die für ihn wichtigste Aufgabe erfüllen könne, nämlich sein Land ohne Blutvergießen bis zur Wahl am 18. März zu bringen. Davon lasse er sich nicht abbringen, auch nicht durch noch so viel Druck aus Ost oder West. Was nach den Wahlen passiere, sei dann nicht mehr so wichtig. Angesichts der aktuellen Zuspitzung der Lage in der DDR sei das Entscheidende, ohne eine katastrophale Entwicklung den Wahltag zu erreichen.

Ich habe de Maizière entgegnet: »Ich verstehe Sie zum ersten Teil, also zu dem, was Sie dazu sagen, den 18. März ohne Blutvergießen zu erreichen. Und ich werde in Bonn für Ihre Position um Verständnis werben. Aber was Sie zum zweiten Teil gesagt haben, das geht meines Erachtens so nicht. Sie sind Parteiführer, und damit tragen Sie auch Verantwortung für Wahlergebnisse und für das, was durch Wahlen und nach Wahlen eintreten wird. Wenn Sie sagen, das interessiere Sie nicht, dann dürfen Sie sich nicht wundern, daß ein Politiker von der Art Helmut Kohls nicht sehr begeistert ist. Der denkt nun einmal immer an die Zukunft, auch an die Macht und an die Durchsetzbarkeit der für richtig erkannten Politik. So wichtig es ist, die freien Wahlen am 18. März ohne Blutvergießen und ohne dramatische Zuspitzungen zu erreichen, so wichtig ist auch, was für ein Ergebnis in diesen ersten freien Wahlen erreicht wird. Schließlich wird das die entscheidende Weichenstellung für den weiteren Weg der DDR und für den weiteren Weg Deutschlands sein.« De Maizière hörte sehr gespannt zu und äußerte dann, daß er das einsehe.

Im Anschluß daran haben wir lange über die Probleme in der DDR und des Wahlkampfes gesprochen, auch darüber, welche Möglichkeiten der Zusammenarbeit es für die CDU mit den neuen oppositionellen Gruppen wie dem Demokratischen Aufbruch und der DSU geben könnte. Ich habe de Maizière zugesagt, mich in Bonn weiterhin für seine Position und für die Ost-CDU zu verwenden. Auch aus heutiger Sicht war dieses Vier-Augen-Gespräch auf dem Flughafen Tegel für mich keine Zeitverschwendung. Es hat mich jedenfalls darin bestärkt, im Bundesvorstand meiner Partei noch einmal für das Zusammengehen mit der Ost-CDU zu werben. Daß daraus durch Indiskretionen Zeitungsmeldungen wurden, der Innenminister habe sich in dieser Frage gegen den Bundesvorsitzenden Kohl und den Generalsekretär Rühe gestellt, hat uns nicht weiter berührt. Die Unsitte ist in Bonn leider weit verbreitet, auch aus internen Sitzungen das für die eigene Auffassung jeweils für günstig Gehaltene nach draußen zu tragen.

Mit Helmut Kohl hatte ich schon im Dezember über diese Fragen lange und intensiv gesprochen. Wir verbrachten einen Abend gemeinsam mit Rudolf Seiters und Walter Wallmann in »Ginos Pizzeria« neben dem Konrad-Adenauer-Haus. Die hessische CDU hatte schon unmittelbar nach Öffnung der Grenze intensive Kontakte zu den Parteifreunden im benachbarten Thüringen aufgenommen. Wallmann und ich drängten darauf, so schnell wie möglich mit der Ost-CDU zusammenzugehen. Wallmann argumentierte vor allem mit den Erfahrungen aus den Begegnungen mit den Parteifreunden in Thüringen. Ich vertrat meine Ansicht, daß an der Basis der Mitgliedschaft die Ost-CDU auch nach über vierzig Jahren der Teilung unserer West-CDU strukturell sehr ähnlich geblieben sei. Gemeinsam hoben wir darauf ab, daß die stärkere Verankerung der Ost-CDU in der evangelischen Kirche in der DDR auch eine Chance für die gesamtdeutsche CDU sein würde, in sich zu einem ausgewogeneren und entspannteren Verhältnis der Konfessionen zu kommen.

Der Bundeskanzler verhielt sich eher rezeptiv, hörte mehr zu, als daß er selbst argumentierte. Ich schloß daraus, daß er sich noch keine abschließende Meinung gebildet hatte. Sonst pflegt er auch im kleinsten Kreis sehr offensiv für seine Sicht der Dinge zu werben.

Helmut Kohl war damals – und zumindest heute muß ich ihm recht geben – davon überzeugt, daß die Ost-CDU alleine und ohne deutliche Veränderungen bei Personen und Programm nicht mit Aussicht auf Erfolg zu den Wahlen antreten könne. Umgekehrt sah er genauso deutlich, daß die von ihm geführte CDU Deutschlands in der DDR unter Umgehung der Ost-CDU schwerlich einen erfolgreichen Wahlkampf führen könnte. Er wußte damals noch nicht, was er von Lothar de Maizière zu halten hatte. Auch ihn störte, daß dieser noch durchaus positiv von den sozialistischen Errungenschaften der DDR reden konnte. Und er war sich nicht sicher über die Rolle, die de Maizière in und für die Regierung Modrow spielte. Diese Frage gewann im weiteren Fortgang der Entwicklung beim rasch verfallenden Ansehen Modrows in beiden Teilen Deutschlands an Bedeutung. De Maizière war zwar stellvertretender Ministerpräsident, leitete aber kein großes Ressort. Er war für Kirchenfragen zuständig. Als Modrows Stellvertreter sollte er der Regierung Vertrauen in kirchlichen Kreisen verschaffen.

In den Jahren der Teilung, jedenfalls seit sich die Evangelische Kirche in Deutschland teilen mußte und sich die Kirchenleitungen in der DDR für den Weg der »Kirche im Sozialismus« entschieden hatten, war die Beurteilung der Rolle der evangelischen Amtskirchen in der DDR im Westen durchaus differenziert. Der Einsicht, daß in einem für absehbare Zeit als unabänderlich angesehenen totalitären System die Kirche sich auf den Boden dieser »Tatsachen« stellen mußte, um wenigstens begrenzte Verbesserungen für die Menschen zu erreichen und zu wenn auch beschränkter Seelsorge fähig zu sein, stand die Auffassung gegenüber, daß man sich als Kirche mit einem totalitären und vom Grundansatz her kirchen- und glaubensfeindlichen Regime niemals gemein machen dürfe. Im übrigen sprach gegen den Weg der »Kirche im Sozialismus« die Erfahrung, daß die Zahl der Kirchenbesucher oder derjenigen, die ihre Kinder zur Konfirmation statt zur sozialistischen Jugendweihe schickten, auf diese Weise nicht gesteigert wurde. Die katholische Kirche mit ihrer sehr viel strikteren Abgrenzung gegenüber allem, was mit der weltlichen Macht zu tun hatte, hielt ihre allerdings sehr viel kleineren, regional begrenzten Gemeinden in der DDR geschlossener.

Hinzu kamen die erwähnten Berichte angeblicher oder tatsächlicher Überläufer, die beim Bundesnachrichtendienst, gelegentlich auch beim Bundesamt für Verfassungsschutz de Maizière und andere verdächtigten, für die Staatssicherheit gearbeitet zu haben. Auch wenn diese Meldungen immer vage blieben, sorgten sie doch für eine gewisse Unruhe.

Solche Meldungen betrafen auch den damaligen Generalsekretär der Ost-CDU, Martin Kirchner, der sich als Repräsentant einer sehr viel entschiedeneren Abgrenzung zu allem, was mit dem Sozialismus zu tun hatte, darstellte und sich damit ein Stück weit als Gegengewicht zu de Maizière profilierte. Kirchner, aus Thüringen stammend, verfügte über viele Kontakte gerade zur hessischen CDU, und er hatte nichts dagegen, als möglicher künftiger Vorsitzender der Ost-CDU und damit als Alternative zu de Maizière gehandelt zu werden. Ich habe meine Freunde, so Rudolf Seiters und Volker Rühe, davor gewarnt, sich allzusehr mit ihm einzulassen, weil ich nicht nur wegen der Überläuferberichte ein ungutes Gefühl hatte. Auch Helmut Kohl ging, nachdem er Kirchner einmal empfangen hatte, auf Distanz zu ihm und bewies einmal mehr seine spontane Menschenkenntnis, als er nach der Begegnung sagte: »Das ist kein Parteivorsitzender, er hat nicht das Zeug dazu.«

Einige in Bonn erwarteten mit Spannung einen nicht nur von Kirchner groß angekündigten Mißtrauensantrag im Präsidium der Ost-CDU gegen de Maizière, der unter anderem mit dem Verbleiben von de Maizière in der Regierung Modrow begründet wurde. Als sich der Vorsitzende mit acht zu zwei Stimmen gegen diesen Antrag durchsetzte, war für jeden aufmerksamen Beobachter in Bonn klar, wie die wirklichen Gewichte in der Ost-CDU verteilt waren. Auch Helmut Kohl wußte von da an genau, wer das Sagen in dieser Partei hatte. Zu diesem Zeitpunkt kannte er Persönlichkeiten wie meinen späteren Verhandlungspartner Günther Krause oder den künftigen Chef von de Maizières Amt des Ministerpräsidenten und sächsischen CDU-Vorsitzenden Klaus Reichenbach noch nicht.

Helmut Kohl stand in der Frage, welchen Gruppen in der DDR die CDU Deutschlands im Wahlkampf zum 18. März ihre Unterstützung geben solle, im Januar 1990 unter erheblichem Druck. Die meisten Beobachter, auch Meinungsforschungsinstitute gingen davon aus, daß die SPD auf einen fulminanten Wahlsieg zusteuere. Gruppierungen, die der Bonner Koalition parteipolitisch nahestanden, konnten sich danach allenfalls eine Außenseiterchance in der Größenordnung von bis zu insgesamt 25 Prozent der Stimmen ausrechnen. Kohl selbst hatte sich zu der Einsicht durchgerungen, daß es gelingen müsse, die verschiedenen neuen oppositionellen Gruppierungen möglichst mit der Ost-CDU zusammenzubringen. Nur durch eine solche Konzentration der Potentiale aus der Ost-CDU und neuer revolutionärer Gruppen sah er eine hinreichende Wahlchance für gegeben an. Zudem konnte die Ost-CDU durch solche Bündnisse über die

Erneuerung ihres Führungspersonals und -programms hinaus ein Stück von dem Ballast ihrer Vergangenheit als Blockpartei abwerfen.

Zwischen dieser Einsicht und der Verwirklichung des Ziels lagen indes beinahe Welten: Die verschiedenen Beteiligten in der DDR zeigten zunächst nicht die geringste Neigung, miteinander zusammenzugehen. Im übrigen kannten sich die meisten der innerhalb kurzer Zeit zu Handelnden in der DDR gewordenen Personen gar nicht. So verging die Zeit, weil Kohl sich weder auf den einen noch auf den anderen festlegen, sondern alle miteinander zusammenbringen wollte. Diese Zeit schien vielen im Westen angesichts der vermuteten Übermacht der Sozialdemokraten und der kurzen bis zum 18. März verbleibenden Spanne als unwiederbringlich verloren. Aber Kohl erreichte sein Ziel doch. Dabei muß man sich daran erinnern, daß die Bereitschaft zur Zusammenarbeit unter den verschiedenen Gruppen in der DDR, die zum Teil zum alten Establishment zählten und zum Teil genau im Widerstand gegen dieses Establishment sich gegründet hatten, alles andere als groß war. Aber mit jedem Tag, um den die Wahl am 18. März näherrückte, wurde den Beteiligten klarer, daß alle Gruppierungen auf Unterstützung aus dem Westen angewiesen waren. Insofern hatten die Sozialdemokraten mit ihrer Gründung einer SPD in der DDR durchaus auch Schrittmacherdienste für andere geleistet.

In der ersten freien Wahl in der DDR würden die politischen Gruppierungen aus der Bundesrepublik Deutschland eine maßgebliche Rolle spielen, und ohne Unterstützung aus dem Westen würden die Wahlchancen in der DDR für die meisten gering sein. Dabei war mit Unterstützung keineswegs nur die materielle und organisatorische Hilfestellung gemeint, sondern wichtiger noch war die politische Unterstützung im Sinne der Zugehörigkeit zu einer aus dem freien Teil Deutschlands bekannten politischen Formation. Mit diesem Pfund, daß die Unterstützung der CDU Deutschlands für denjenigen, der sie in der DDR bekommen würde, eine wesentliche Bedeutung haben würde, wucherte Helmut Kohl, und schließlich gelang es ihm in einer Besprechung am 5. Februar in Berlin, die Vorsitzenden de Maizière, Ebeling (DSU) und Schnur (DA) zur Gründung des Wahlbündnisses »Allianz für Deutschland« zu veranlassen. Welche Leistung von ihm persönlich dahintersteckte, dieses Bündnis zustande gebracht zu haben, wird allein daran deutlich, daß sich die Beteiligten aus der DDR bei dieser Gelegenheit zum ersten Mal persönlich kennenlernten.

Der Demokratische Aufbruch zum Beispiel, der insbesondere im Raum Berlin engagiert war, hatte in Bonn innerhalb der Union gewichtige Fürsprecher. Dies galt sowohl für den damaligen Vorsitzenden Wolfgang Schnur, der kurze Zeit später wegen seiner erheblichen Stasi-Belastungen aus dem politischen Leben ausschied, als auch für dessen Stellvertreter Rainer Eppelmann, der sich seit Jahren im kirchlichen Protest gegen die in der DDR herrschenden Verhältnisse hervorgetan und auch in Bonn viele Bekannte und Freunde hatte. Auch für Rainer Eppelmann war noch im Januar, wie ich heute von ihm weiß, die Vorstellung unerträglich, gemeinsam mit der Blockpartei CDU in den Wahlkampf zu ziehen.

Der Demokratische Aufbruch hat, auch wenn er in seiner Breitenwirkung bei den Wählern in der DDR nicht das erreichte, was sich manche versprachen, der CDU wichtige zusätzliche Elemente vermittelt und seit dem Zusammenschluß mit der CDU Persönlichkeiten hervorgebracht, auf die die Union stolz sein kann. Die stellvertretende Regierungssprecherin von Lothar de Maizière und heutige Bundesministerin für Frauen und Jugend, Angela Merkel, stammt ebenso aus dem Demokratischen Aufbruch wie der sächsische Sozialminister Hans Geisler, der auf dem CDU-Parteitag in Hamburg am 1. Oktober 1990 mit der zweithöchsten Stimmenzahl als Beisitzer in den Bundesvorstand gewählt wurde. Auch Rainer Eppelmann, der sicherlich von manchen als ein exotischer Typ in der Politik empfunden wird, zähle ich zu den Bereicherungen nicht nur meiner Partei, sondern des politischen Lebens im vereinten Deutschland und unseres Parlaments insgesamt.

Eine zusätzliche Nuance ergab sich für unsere Bonner Diskussionen durch die DSU. Aufgrund nachbarschaftlicher Beziehungen hatte sich die CSU vor allem um die Entwicklung in Sachsen und besonders in Leipzig gekümmert. Natürlich wollte auch die CSU angesichts der dramatischen Entwicklung in der DDR und gerade in Leipzig im Herbst 1989 nicht untätig bleiben. So wurde unter der Patenschaft der CSU-Landesgruppe aus verschiedenen lokalen politischen Bündnissen die DSU gegründet – wobei viele eigentlich an die Gründung einer CSU in Sachsen oder in der DDR gedacht hatten.

Das Thema »CSU in der DDR« berührte natürlich die Grundbedingungen der Parteiengemeinschaft von CDU und CSU, und manche sahen schon die Gefahr eines neuen Kreuth heraufziehen. Das Nebeneinander zweier christlich-demokratischer bzw. christlich-sozialer Parteien in der Bundesrepublik Deutschland war immer nur erträglich durch die regionale Beschränkung der CSU auf Bayern und den gleichzeitigen Verzicht der CDU, dort selbst politisch aktiv zu werden. Schon ein oberflächliches Studium der deutschen Parteiengeschichte belegt schnell, daß die Ausgestaltung der CSU als einer eigenständigen bayerischen Regionalpartei der christlich-demokratischen Politik in Bayern eine stärkere Position gegeben hat und bis heute gibt, als es je ein Landesverband einer einheitlichen christlich-demokratischen oder christlich-sozialen Bundespartei könnte. Eine Ausdehnung der CSU in die DDR, also außerhalb Bayerns, mußte diese Grundbedingung in Frage stellen. Umgekehrt war das Problem für die CSU, daß ein Verzicht auf politische Betätigung in der DDR für die CSU im Ergebnis eine Verminderung des prozentualen Anteils in gesamtdeutschen Wahlen bedeuten mußte.

Selbstverständlich wurden auch die Argumente vorgetragen, die wir schon anderthalb Jahrzehnte zuvor aus der Diskussion über eine vierte Partei kannten, daß nämlich zwei christlich-demokratische Parteien mit leicht unterschiedlichen Akzenten in einem stärkeren Maße das Stimmenpotential ausschöpfen könnten als eine, zumal diese in der besonderen Situation der DDR noch den Spagat zwischen Blockpartei und neuen revolutionären Gruppen leisten mußte. In der CDU hat man von dem Argument des »Getrennt marschieren, vereint schlagen« nie viel gehalten, und ich bin auch heute fest davon überzeugt, daß ein solcher Weg allenfalls in schwedische Verhältnisse einer Zersplitterung des bürgerlichen Lagers auf mehrere, für sich relativ unbedeutende Parteien führen und die Mehrheitsfähigkeit christlich-demokratischer Politik entscheidend und dauerhaft schwächen würde.

Nun hatten wir in der Bundesrepublik in jenen Monaten in der Union gewiß andere Sorgen, als ein neues Kreuth vorzubereiten; aber auch dieser Teil des Problems war ein Gesichtspunkt für Helmut Kohl, mit aller Kraft auf die Bündelung aller in Frage kommenden Gruppierungen in der DDR für die Wahl und damit auf die Schaffung des Wahlbündnisses »Allianz für Deutschland« zu drängen.

Ich erinnere mich noch gut des Gründungsparteitages der DSU in Leipzig am 18. Februar 1990. Helmut Kohl hatte mich kurzfristig gebeten, dort zusammen mit Eberhard Diepgen die CDU Deutschlands zu vertreten, weil er den Eindruck vermeiden wollte, die Bonner Regierung und deren CDU-Teil distanziere sich von der neuen Partei. So flog ich am Sonntag noch nach Leipzig, obwohl ich am nächsten Tag nach Washington und New York reisen mußte, um vor der Sonderkonferenz der Vereinten Nationen zur Drogenproblematik zu sprechen. Der Parteitag fand in der Leipziger Oper statt. Ich sah diesem Auftritt mit gemischten Gefühlen entgegen, weil ich wußte, daß allenfalls Details vage abgesprochen waren, und ich es gewöhnlich vermeide, mich ungebeten als Grußredner aufzudrängen.

Mit Helmut Kohl hatte ich nicht mehr sprechen können. CDU-Organisationsleiter Schumacher hatte mir den Tip mit auf den Weg gegeben, ich solle mich vor Ort am besten an Pfarrer Ebeling halten. Man muß sich daran erinnern, daß

Telefonverbindungen in die damalige DDR kurzfristig praktisch überhaupt nicht herzustellen waren, so daß die Kommunikation oft sehr schwierig war. Ebeling galt in der Führung der DSU als derjenige, der gegen eine alleinige Ausrichtung der DSU auf die CSU und statt dessen für eine enge Zusammenarbeit auch mit der CDU eintrat, während andere in der DSU-Führung eindeutig eine CSU in der DDR wollten. Ebeling selbst hat gelegentlich davon gesprochen, daß die DSU der Fraktionsgemeinschaft von CDU und CSU entspreche. Er wurde von der CDU nach Kräften unterstützt und besaß wohl auch die besten Kontakte; das Adenauer-Haus hatte ihm sogar ein Auto zur Verfügung gestellt.

Ebeling war der erste der Redner, wenn man von dem Grußwort des Leipziger Opern-Intendanten Udo Zimmermann absieht. Er beeindruckte besonders auch die Besucher aus dem Westen. Sein pastoraler Stil hatte so gar nichts von unserer politprofessionellen Redeweise an sich, und er kam ganz ohne die bei uns gängigen Schlagworte aus. Meine Frau, die mich nach Leipzig begleitet hatte und unter den Zuhörern im Parkett saß, war von Ebeling und seiner Rede sehr angetan, was im Westen selten der Fall ist.

Da sich Theo Waigel verspätete, war ich nach Ebeling der nächste Redner. Ich wurde freundlich aufgenommen. Während ich noch sprach, betrat der CSU-Vorsitzende den Saal und wurde stürmisch begrüßt. Seine Partei hatte die gesamte Veranstaltung organisiert. Schon beim Betreten des Saals fühlte man sich in eine CSU-Veranstaltung versetzt. Farben und Design der Tagungsunterlagen zeigten die Handschrift unserer bayerischen Schwester, und die CSU-Spitze war fast vollständig auf dem Podium vertreten. Auch die Verpflegung der Parteitags-Teilnehmer war aus München organisiert worden: Lufthansa-Catering versorgte Delegierte und Gäste. Wer anders hätte es denn auch machen sollen im Februar 1990? Ich fand das alles ganz eindrucksvoll arrangiert, die CSU hatte beachtliche Arbeit geleistet.

Zum Schluß sangen alle das Deutschlandlied. DSU-Generalsekretär Diestel, der spätere Innenminister in der Regierung de Maizière, hatte den Text der dritten Strophe des Deutschlandlieds für alle Delegierten und Besucher verteilen lassen. Erläuternd meinte er zu mir: »Sonst singen die alle die erste Strophe, das ist die einzige, die sie kennen.« Zum ersten Mal erlebte ich, wie bei einer Veranstaltung in der DDR gemeinsam unsere Nationalhymne gesungen wurde. Es hat mich tief bewegt.

Leipzig bestätigte, daß die Partnerschaft zwischen DSU und CSU eng und kräftig war. Die CSU hatte rasche und wirksame Aufbauhilfe geleistet, und die DSU war dankbar dafür. Auch die regionale Ausrichtung nach Bayern war stark in den Teilen der DDR, in denen die DSU 1990 einigermaßen erfolgreich wirkte, also im Süden vor allem von Sachsen und Thüringen. Die Klarheit und Entschiedenheit, mit der die CSU nach der Einschätzung ihrer Anhänger politische Positionen zu formulieren pflegt, entsprach ganz offensichtlich den Erwartungen der großen Mehrzahl der Delegierten auch der DSU. Sie waren im übrigen getragen von der Überzeugung und dem Selbstbewußtsein, im Gegensatz zur CDU unbelastet zu sein, also die Revolution in der DDR zu verkörpern. In der DSU gab es auch gar keinen Zweifel, daß man die Einheit Deutschlands so früh wie möglich und ohne Wenn und Aber sowie die Übertragung der Verhältnisse der Bundesrepublik Deutschland einschließlich unseres Grundgesetzes ohne jede Einschränkung und ohne jede Bedenklichkeit wünschte.

Aus all dem wuchs der DSU auf diesem Gründungsparteitag in Leipzig und auch in den verbleibenden vier Wochen bis zur Volkskammerwahl am 18. März ein beachtliches Maß an Selbstbewußtsein und Offensivkraft zu. Allerdings stärkte dies nicht gerade die Bereitschaft, sich für das gemeinsame Wahlbündnis »Allianz für Deutschland« zu engagieren. In Leipzig wurde als Wahlziel die Erringung der absoluten Mehrheit für die DSU verkündet, und im Wahlkampf wurde der Gedanke der »Allianz für Deutschland« über weite Strecken fast nur von der westdeutschen CDU hochgehalten, während sich vor Ort, gerade auch in Sachsen, die Partner dieser Allianz mehr untereinander als mit den politischen Gegnern stritten. So blieb die »Allianz« auch ein einmaliges Unternehmen zur Volkskammerwahl am 18. März.

Dafür hat sie ihren Zweck erfüllt. Sie erlaubte der CDU den Einsatz ihrer vollen politischen Kraft im Wahlkampf, und sie ermöglichte es, daß Helmut Kohl der eigentliche Wahlkämpfer und dann auch der eigentliche Wahlsieger wurde. Auseinandersetzungen in der CDU zwischen solchen, die mit der Ost-CDU gemeinsame Sache machen wollten, und jenen, die dies ablehnten und statt dessen die Zusammenarbeit mit Gruppen wie dem Demokratischen Aufbruch oder der DSU bevorzugten, waren durch die »Allianz für Deutschland« unterbunden.

Der Wahlkampf in den wenigen Wochen von Februar bis Mitte März wird den allermeisten Beteiligten völlig unvergeßlich bleiben. Nicht nur die Kundgebungen mit Helmut Kohl, die Hunderttausende von Menschen bei zum Teil eiskaltem Wetter auf die Straße lockten, waren für uns etwas in ihrer Eigenart nie Erlebtes und wahrscheinlich auch niemals Wiederholbares. Jeder einzelne, der in diesem Wahlkampf die DDR erstmals oder von einer ganz neuen Seite kennenlernte, war überwältigt von dem Maß an Vertrauen und Hoffnung, das die Menschen in Mitteldeutschland uns aus der Bundesrepublik Deutschland entgegenbrachten.

Die Sozialdemokraten haben meines Erachtens in diesem Wahlkampf wie im ganzen Jahr 1990, dem Jahr der Deutschen Einheit, nicht begriffen, daß die Deutschen in ihrer großen Mehrheit die Einheit wollten. Die Bürger in Mitteldeutschland wollten bei allen kritischen Fragestellungen natürlich viel lieber so leben wie wir im Westen. Deshalb mußte bei der Bevölkerung der DDR derjenige gewinnen, der Einheit, Freiheit, soziale Marktwirtschaft und solidarische Hilfe glaubwürdig vertrat. Ich hatte deshalb nach der Öffnung der Mauer anfangs vermutet, daß die SPD ihre sich abzeichnende Entscheidung für den Kanzler-Kandidaten Oskar Lafontaine noch einmal korrigieren würde, weil ich mir zu keinem Zeitpunkt vorstellen konnte, daß Lafontaine in einem solchen Jahr ein erfolgversprechender Kanzler-Kandidat war.

Die Tatsache, daß im Wahlkampf die westdeutschen Parteien und die westdeutschen Politiker, allen voran Bundeskanzler Helmut Kohl, die entscheidende Rolle spielten, beeinflußte auch die Kräfteverteilung innerhalb der »Allianz für Deutschland«. Hinzu kam, daß die CDU flächendeckend vertreten war und einen organisatorischen Unterbau hatte, während DA und DSU sich nur auf wenige Stützpunkte mit zum Teil sehr engagierten Mitarbeitern verlassen konnten. Für denjenigen, der den Wahlkampf in der DDR aktiv miterlebt hat, war deshalb das Wahlergebnis am 18. März lange nicht so überraschend, wie es nach den vorhergegangenen Meinungsumfragen oder auch nach den Gesichtern mancher Fernseh-Korrespondenten am Wahlabend schien.

Das Wahlergebnis belegte zunächst, daß die Union, entgegen vielen Legenden seit der Adenauer-Zeit, auch in der DDR unter günstigen Vorzeichen wie in der Bundesrepublik in die Größenordnung von bis zu fünfzig Prozent der Wählerstimmen vordringen konnte. Es belegte zum zweiten, daß die Sozialdemokraten unter Oskar Lafontaine keine für die Menschen in der DDR nachvollziehbare Konzeption für die Probleme der Menschen und für das Anliegen der deutschen Einheit hatten; sie mußten bei dem Versuch, Ängste und Neid, die sich bei vielen Menschen im Zusammenhang mit dem Prozeß der deutschen Einheit auch regten, für sich zu nutzen, die Stimmenanteile mit der SED-Nachfolgerin PDS teilen. Und drittens zeigte das Wahlergebnis, daß die Wähler der »Allianz für Deutschland« im wesentlichen die CDU nach westdeutschem Vorbild und den Bundeskanzler Helmut Kohl wollten. Das Wahlergebnis blieb so für den Demokratischen Aufbruch, der allerdings durch die Affäre um seinen früheren Vorsitzenden Wolfgang Schnur in der Endphase des Wahlkampfes noch empfindlich geschwächt worden war, weit unter den Erwartungen seiner Anhänger. Daraus zog der DA dann auch im weiteren Verlauf des Jahres 1990 die Konsequenz, die mit der Integration in die Fraktion der CDU begann und sich mit dem Eintritt in die CDU Deutschlands vollendete.

Auch für die DSU und für viele in der CSU war das Wahlergebnis eine herbe Enttäuschung. Die 6,3 Prozent, bezogen auf die ganze DDR, und die Tatsache, daß auch in den DSU-Hochburgen im Süden die CDU besser als die DSU abschnitt, waren der Beginn eines Erosionsprozesses, der über die Kommunalwahlen am 6. Mai und die Landtagswahlen am 14. Oktober dazu führte, daß sich die DSU mit der Bundestagswahl am 2. Dezember aus dem politischen Leben praktisch wieder verabschiedete. Vielleicht wird noch einige Zeit in der CSU darüber diskutiert werden, ob diese Entwicklung hätte vermieden werden können, wenn man die politische Kraft der CSU auf die DDR nicht auf dem Umweg über die DSU, sondern direkt über eine CSU in den fünf neuen Ländern übertragen hätte. Auch aus der Sicht der CDU wird eine solche Betrachtungsweise nicht völlig von der Hand zu weisen sein, obwohl die entscheidende politische Persönlichkeit im Jahre 1990 – nicht nur im Unionsbereich – eben Bundeskanzler Helmut Kohl war. Daran hätte auch eine CSU in der DDR nichts geändert. Aber der entscheidende Gesichtspunkt, der eine solche Lösung unmöglich machte, bleibt ebender, daß mit einer solchen regionalen Ausweitung der CSU die Grundlagen der Gemeinschaft von CDU und CSU verlorengegangen wären. Zudem hätte die CSU damit ihre Identität als bayerische Partei auf Dauer ebenfalls verspielt. Insofern mag man das Schicksal der DSU, auch das Engagement vieler in der CSU, das zur Gründung der DSU geführt hatte, vor dem Hintergrund der Verdienste um die revolutionäre Entwicklung in der DDR durchaus als tragisch empfinden; das Ergebnis bleibt aus heutiger Sicht, weil der Lösungsansatz falsch war, dennoch unvermeidlich.

Diese Überlegungen belegen, wie ungeheuer wichtig es für die weitere Entwicklung nicht nur in der DDR war, daß es

Helmut Kohl Anfang Februar gelungen war, die »Allianz für Deutschland« mit allen Schwierigkeiten und Einschränkungen zu gründen und damit die Voraussetzungen für den triumphalen Wahlsieg am 18. März zu schaffen.

Am 7. Februar, drei Tage vor Kohls Moskau-Reise und sechs Tage vor dem Gegenbesuch von Ministerpräsident Modrow, beschloß die Bundesregierung, einen Kabinettausschuß »Deutsche Einheit« unter Vorsitz des Bundeskanzlers einzurichten. Stellvertreter wurde Kanzleramtsminister Rudolf Seiters. Ständige Mitglieder waren der Außenminister, der Innenminister, der Justizminister, der Finanzminister, der Wirtschaftsminister, der innerdeutsche Minister, der Arbeitsminister und der Umweltminister. Sechs Arbeitsgruppen wurden eingerichtet, die sich mit den Finanzfragen und der Währungsunion, der Wirtschaftsreform und der Infrastruktur in der DDR, der Angleichung der Arbeits- und Sozialordnung sowie der Bildung und Ausbildung, mit außen- und sicherheitspolitischen Fragen, mit Rechtsfragen, Staatsstrukturen und mit öffentlicher Ordnung beschäftigen sollten. Der Prozeß zur deutschen Einheit gewann auf der Regierungsebene wie insgesamt innenpolitisch an Fahrt.

Die von mir geleitete Arbeitsgruppe »Staatsstrukturen und öffentliche Ordnung« stand zunächst in ihrer aktuellen Bedeutung im Schatten der Arbeitsgruppen für Finanz- und Wirtschaftsfragen und für auswärtige Politik. Dort mußten die Wirtschafts- und Währungsunion wie die Zwei-plus-Vier-Gespräche der beiden deutschen Staaten mit den vier Siegermächten des Zweiten Weltkrieges, die beim Außenminister-Treffen in Ottawa am 13. Februar beschlossen worden waren, vorbereitet werden. Für mich war die Gründung des Kabinettausschusses und die Einsetzung dieser Arbeitsgruppe Anlaß, im Innenministerium unter der Leitung von Ministerialrat Schnapauff einen eigenen Arbeitsstab »Deutsche Einheit« zu etablieren, die zunächst mit rund zwanzig Mitarbeitern besetzt wurde. Dieser Stab sollte sich später als eine Art Keimzelle für den Vertrag zur deutschen Einheit erweisen. Es war ein großartiges Team, wie ich überhaupt auf die Leistung des Innenministeriums in den Monaten der Verhandlungen über den Einigungsvertrag – mit den Staatssekretären Kroppenstedt und Neusel, aber auch dem hervorragenden Leiter unserer Verfassungsabteilung, Ministerialdirektor Eduard Schiffer, an der Spitze – heute noch stolz bin.

Meine Vorgabe für den Arbeitsstab lautete, daß wir – ohne den Weg zur oder den Zeitpunkt der deutschen Einheit schon zu kennen – dafür arbeiten mußten, im Falle des Falles nicht unvorbereitet zu sein. Dabei habe ich es für unerheblich gehalten, ob die Einheit durch einen Einigungsvertrag vorbereitet werden würde oder ob sie unmittelbar nach der Volkskammerwahl, etwa bei einer wie immer begründeten krisenhaften Zuspitzung, plötzlich und rechtlich unvorbereitet zustande kommen würde. In jedem Fall war eine Überleitung des Rechts der Bundesrepublik Deutschland auf die DDR, gegebenenfalls in Stufen mit Einschränkungen und Vorbehalten, zu leisten, unabhängig davon, ob diese Überleitung im voraus per Vertrag vereinbart oder danach als Überleitungsgesetzgebung vom Gesetzgeber zu beschließen war. Für diese Überleitung war das Innenministerium federführend zuständig, und deswegen mußten wir uns darauf vorbereiten. Schließlich habe ich meinen Mitarbeitern auch gesagt, daß man gedanklich immer die schnellstmögliche Entwicklung zugrunde legen sollte. Hätte man sich auf die schnellere Entwicklung vorbereitet, war man es zugleich auch für die langsamere Variante.

Persönlich war ich seit dem Herbst 1989 davon überzeugt, daß jede Entwicklung in der DDR und im noch geteilten und sich vereinigenden Deutschland im Zweifel immer schneller als langsamer sich vollziehen würde, weil solchen revolutionären Prozessen eine Tendenz der Beschleunigung innewohnt. Im übrigen war ich auch davon überzeugt, daß die Einheit in Frieden und Freiheit, also auch mit Zustimmung der Vier Mächte und unserer europäischen Nachbarn, mit höherer Wahrscheinlichkeit in einer raschen Entwicklung zu erreichen wäre als in einem Prozeß, der sich vielleicht über

Jahre oder gar ein Jahrzehnt hinziehen würde. Deshalb habe ich mich schon Ende 1989 an den Gedanken gewöhnt, daß wir im Dezember 1990 bei der Bundestagswahl nicht mehr das Parlament für die alte Bundesrepublik, sondern ein gesamtdeutsches wählen würden und daß die staatliche Einheit Deutschlands sich 1990 vollenden würde.

Diese Überzeugung ließ für mich keinen Zweifel daran zu, daß die deutsche Einheit auf dem Weg des Beitritts der DDR zur Bundesrepublik nach Artikel 23 des Grundgesetzes vollzogen würde. Nur dieser Weg bot die Chance für die notwendige Beschleunigung. Im übrigen war ich von Anfang an zutiefst davon überzeugt, daß nicht nur die große Mehrheit der Menschen in der Bundesrepublik, sondern vielleicht noch mehr die der Bürger in der DDR nicht das Bedürfnis nach einer grundlegend neuen Verfassung für das vereinte Deutschland hatte, sondern daß ganz im Gegenteil die Mehrzahl der Menschen in der DDR das Grundgesetz und die auf seiner Basis Wirklichkeit gewordene Lebens-, Sozial- und Wirtschaftsordnung der Bundesrepublik Deutschland und nichts anderes wollte. Würde der Weg zur deutschen Einheit über die Schaffung einer neuen Verfassung gemäß Artikel 146 des Grundgesetzes beschritten, so nähmen, fürchtete ich, die Instabilitäten politischer, wirtschaftlicher und sozialer Art in beiden Teilen Deutschlands derart dramatisch zu, daß am Ende die Einheit sogar daran scheitern könnte. Allein die Ankündigung, das Grundgesetz im Prinzip zur Disposition zu stellen durch die Einsetzung einer verfassunggebenden Versammlung und eine anschließende Volksabstimmung nach Artikel 146 hätte die wirtschaftliche Lage der Bundesrepublik Deutschland nachhaltig verschlechtert, weil die sich daraus ergebende Unsicherheit über den künftigen Standort und Weg dieses zu vereinigenden Deutschlands zu einer großen Zurückhaltung in- wie ausländischer Investoren geführt hätte.

Mit einem der damals führenden Sozialdemokraten in der DDR, Markus Meckel, dem späteren Außenminister der Regierung de Maizière, habe ich wenige Tage vor der Volkskammerwahl ein im *Spiegel* veröffentlichtes Streitgespräch geführt, in dem es genau um diese Fragen ging. Meckel hatte ein breites Bündel von Ideen und Vorstellungen, was alles am Grundgesetz verändert werden sollte. Dagegen wies ich ihn darauf hin, daß es nach meiner Überzeugung bei der Revolution in der DDR nicht in erster Linie um eine Veränderung des Grundgesetzes oder der Ordnung in der Bundesrepublik gegangen sei, sondern um eine Überwindung der katastrophalen Folgen des totalitären Sozialismus in der DDR. »Nach meiner Einschätzung«, so habe ich damals gesagt, »gibt es eine deutliche Mehrheit in der Bevölkerung der DDR, die nach dem Grundgesetz, jedenfalls nach den Grundstrukturen von Demokratie und Freiheit leben will, die sie von der Bundesrepublik her kennt.«

Natürlich konnte ich meine persönliche Auffassung über den weiteren Gang der Dinge in Deutschland, die ja auch in der Bundesrepublik, selbst innerhalb der Koalition, damals keineswegs unumstritten war, nicht einfach zur Grundlage der Arbeit des Arbeitsstabs im Innenministerium machen. Deshalb mußte materiell die Überleitung für jede denkbare Entwicklung in gleicher Weise vorbereitet werden. Ich habe auch Wert darauf gelegt, daß die von mir geleitete Arbeitsgruppe »Staatsstrukturen und öffentliche Ordnung« in engem Kontakt mit den Bundesländern arbeitete. In der ersten Sitzung mit einer von den Ländern auf der Ebene der Chefs der Staats- und Senatskanzleien eingesetzten entsprechenden Arbeitsgruppe »Verfassungsfragen« am 1. März 1990 habe ich den Bundesländern ein Diskussionspapier mit einigen grundlegenden Positionsbeschreibungen für eine Überleitungsgesetzgebung übergeben. Dieser frühe und intensive Kontakt hat die späteren Arbeiten am Einheitsvertrag sicherlich sehr gefördert.

Im Kabinettausschuß haben wir am 5. März einen ersten Bericht gegeben, und danach arbeiteten die Ressorts, erfreulicherweise ohne jede öffentliche Begleitmusik, intensiv an den unendlich vielen Fragen einer künftigen Überleitungsgesetzgebung. Als es dann wirklich zu Verhandlungen über einen Einigungsvertrag kam, brachten wir innerhalb weniger Wochen ein umfassendes Vertrags- und Regelungswerk zustande. Einen solchen Erfolg hatten die meisten Beobachter in dieser kurzen Zeit für nahezu unmöglich gehalten.

Das Tor bleibt offen

Die Bewältigung des Übersiedlerstroms und die Anerkennung der Oder-Neiße-Grenze

Eines der außen- wie innenpolitisch komplizierten Probleme bei der Vollendung der deutschen Einheit mußte die Grenzfrage werden. Von ganz wenigen Ausnahmen abgesehen, konnte sich eigentlich niemand in Deutschland eine Illusion darüber machen, daß spätestens mit der Vollendung der Einheit die Oder-Neiße-Grenze als endgültige Grenze zwischen Polen und einem vereinten Deutschland anerkannt werden mußte. Zwischen der Einsicht und der Bereitschaft, das Notwendige auch zu vertreten, besteht in der Politik indes nicht selten ein Unterschied. Mir war bewußt, daß es vor allem für jene, die aus den Gebieten jenseits der Oder-Neiße stammten, die dort ihre Heimat aufgeben mußten, von denen vielleicht noch Verwandte dort lebten, nicht leicht sein würde, diesen Schritt zu ertragen. Aber klar war auch, daß der Weg zu einer Anerkennung der Oder-Neiße-Grenze mit möglichst geringen innenpolitischen Auseinandersetzungen verbunden bleiben mußte. Jede dieser innenpolitischen Diskussionen barg im Zweifel die Gefahr in sich, den Widerstand im Ausland gegen den Prozeß der deutschen Einheit zu verstärken. Und schließlich würden die innenpolitischen Auseinandersetzungen über die Anerkennung der Oder-Neiße-Grenze allemal zu Lasten der Union gehen.

Ich habe versucht, meinen Beitrag zur Lösung dieser Probleme zu leisten. Zum einen war ich an der Vollendung der Einheit interessiert, zum anderen als Innenminister für die Vertriebenen, für die Aussiedler und damit auch für die Deutschen in den Ostgebieten verantwortlich. Um diese Operation erfolgreich zu bewältigen, mußten wir an dem unauflösbaren Zusammenhang zwischen Vollendung der staatlichen Einheit und Anerkennung der Grenzfrage festhalten, durfte aber auch der Bundeskanzler dem massiven Druck aus dem Ausland wie von seiten der Opposition und Teilen der Koalition zu einer Auflösung dieses Zusammenhangs nicht nachgeben. Nur wenn man die Anerkennung der Oder-Neiße-Grenze als einen notwendigen Preis für die Rückgewinnung einer – wenn auch beschränkten – deutschen Einheit begreifen konnte, war er für die direkt Betroffenen wirklich zumutbar. Andererseits mußte jeder Zweifel ausgeschlossen werden, daß mit der Einheit die Grenzfrage auch gelöst sein würde. Sonst wäre die Einheit unerreichbar geblieben.

Am 20. Februar traf ich in Washington mit dem amerikanischen Außenminister Baker zusammen. Aus Anlaß der schon erwähnten Sondervollversammlung der Vereinten Nationen über Drogenprobleme war ich in die Vereinigten Staaten gereist und hatte den Besuch in New York mit einem eintägigen Aufenthalt in Washington verbunden. Dort führte ich eine Reihe von Gesprächen, insbesondere über unsere Zusammenarbeit bei der Drogenbekämpfung. Aber natürlich waren manche meiner Gesprächspartner noch mehr als an der Drogenproblematik an der Entwicklung in Deutschland interessiert. James Baker kam sehr rasch auf den Punkt und wollte wissen, wie wir Deutsche es mit der Oder-Neiße-Grenze im Falle einer Wiedervereinigung halten wollten. Er fragte: »Warum machen sich die Deutschen solche Schwierigkeiten?« Er konnte wohl nur unzureichend verstehen, warum wir eine rechtlich bindende Erklärung jetzt noch nicht abgeben wollten.

Ich erklärte ihm, daß wir eine Aussage zur Grenze nur im Zusammenhang mit der Vereinigung abgeben könnten, nicht früher. Aber ich fügte auch hinzu, daß es überhaupt keinen Zweifel gäbe, daß wir zu diesem Zeitpunkt eine klare Grenzgarantie aussprechen würden. Darauf fragte mich Baker, was denn dann mit dem Artikel 23 des Grundgesetzes geschehen solle. Ich fand es zunächst erstaunlich, wie gut der amerikanische Außenminister über Details unseres Grundgesetzes informiert war, zumal diese Frage damals in der öffentlichen Diskussion in Deutschland noch keine Rolle spielte.

Man muß sich dabei daran erinnern, daß der frühere Artikel 23 aufzählte, daß das Grundgesetz zunächst im Gebiet der ursprünglichen Länder der Bundesrepublik Deutschland galt. »In anderen Teilen Deutschlands«, so Artikel 23, »ist es nach deren Beitritt in Kraft zu setzen.« Bei diesem Wortlaut war die Sorge leicht verständlich, daß auch andere Gebiete, die irgendwann einmal früher zu Deutschland gehört hatten, den Beitritt einfach beschließen könnten. In besonderer Weise bezog sich diese Sorge natürlich auf die Gebiete, die zu Deutschland in den Grenzen von 1937 gehört hatten.

Ich antwortete Baker, daß wir bei den im Zuge der Vollendung der deutschen Einheit notwendigen Änderungen unseres Grundgesetzes den Artikel 23 streichen würden. Denn das Offenhalten einer Beitrittsmöglichkeit weiterer Gebiete zum Wirkungsbereich des Grundgesetzes würde ja dem Anliegen, mit der deutschen Einheit eine dauerhafte Friedensordnung in Europa zu schaffen, widersprechen. Baker sah mich einen Moment überrascht an und meinte dann, daß er diese Antwort sehr befriedigend finde.

Als ich im anschließenden Pressegespräch über diesen Teil meiner Unterredung mit Baker berichtete, war die Überraschung unter den Journalisten groß. Meine Aussage mußte in Bonn einige Wellen schlagen, hatte ich doch wohl als erstes Regierungsmitglied eine verfassungsrechtliche Absicherung der Grenzregelung angekündigt. Aber ich war guten Mutes, weil niemand die Möglichkeit haben durfte, die Ernsthaftigkeit unserer Absichten zur Grenzfrage in Zweifel zu ziehen.

In den folgenden Wochen und Monaten redete ich oft vor Vertriebenen. Mir lag daran, gerade in diesem schwierigen Jahr meine Position als zuständiger Innenminister und die der Regierung vor den Betroffenen zu vertreten und den Menschen das Gefühl zu vermitteln, daß wir sie in ihren Sorgen und ihrer Betroffenheit nicht alleine ließen.

Man muß bei den Vertriebenen in ihrer Reaktion auf die Grenzfrage unterscheiden. Eine große Zahl stammt nicht aus den heute polnischen Gebieten. Die Rußlanddeutschen, die Sudetendeutschen oder die Rumäniendeutschen hatten mit unserer Politik des Jahres 1990 keine Schwierigkeiten. Für sie war entscheidend, daß wir unsere Solidarität für die Aussiedler und für die Menschen in den Vertreibungsgebieten trotz allen öffentlichen Drucks nicht aufgaben und weiter an ihr festhielten. Ich denke an eine Veranstaltung der Banater Schwaben im August 1990 in Ulm. Der Vorsitzende rief mir vor zwanzigtausend Menschen zu: »Sie haben immer gesagt, das Tor bleibt offen – und Sie haben Wort gehalten.« Nach all den Auseinandersetzungen mit der Opposition, aber auch in den eigenen Reihen, mit Ländern, Landkreisen und Gemeinden, die erklärten, mit der Unterbringung der Aus- und Übersiedler nicht mehr fertig zu werden, hat mir, ich gestehe es, deren minutenlanger Beifall ausgesprochen gutgetan.

Bis heute bin ich fest davon überzeugt, daß unsere Politik, den Menschen in den Aussiedlungsgebieten zu helfen, damit sie ihre Heimat nicht verlassen müssen, sie aber aufzunehmen, wenn sie doch kommen, richtig ist – auch wenn sie gelegentlich unter heftigen öffentlichen Beschuß kommt. Erstens denke ich, daß nationale Verantwortung unteilbar ist; die Menschen in den Ost- und in den Aussiedlungsgebieten tragen ungleich schwerer an der gemeinsamen deutschen Vergangenheit im Dritten Reich und Zweiten Weltkrieg als wir in der so wohlhabenden Bundesrepublik Deutschland. Zweitens bin ich überzeugt, daß sich die Fähigkeit zur Solidarität gerade dann beweisen muß, wenn sie – scheinbar oder tatsächlich – unpopulär ist. Die »Luftherrschaft über den Stammtischen« – ein geflügeltes Wort in der innenpolitischen Diskussion des Jahres 1990 – erringt man nach meiner Überzeugung nicht durch Anpassung an den Dunst, sondern indem man für bessere Luft auch über Stammtischen sorgt. Drittens würde jede Andeutung, daß die Bundesrepublik Deutschland die Grenze zu schließen beabsichtige, eine solche Torschlußpanik und einen Massenexodus auslösen, daß im Ergebnis das Gegenteil des Beabsichtigten erreicht würde.

Jedenfalls hat mir unsere Aus- und Übersiedlerpolitik geholfen, übrigens auch bei den Vertriebenen aus Pommern und Schlesien. Denen habe ich immer ganz offen erklärt: »Wir tun alles für die Vertriebenen und für die Menschen in der alten Heimat. Aber die einzige wirkliche Chance, für die Menschen aus und in den Ostgebieten etwas zu erreichen, liegt eben heute darin, ein neues Verhältnis zu Polen zu erreichen, dafür zu sorgen, daß Grenzen nicht mehr trennen, sondern überwunden werden.« Erstmals seit über 40 Jahren konnte sich die Lage in Europa zum Besseren wenden. »Aber sie kann nur besser werden«, habe ich gesagt, »wenn wir über Grenzen nicht mehr streiten. Deswegen müssen wir sie anerkennen. Erst wenn jeder Zweifel auch an der Oder-Neiße-Grenze beseitigt ist, können wir auch mit den Polen über eine Verbesserung der Lebensverhältnisse in der alten Heimat wirklich reden und dafür sorgen, daß diese Grenze nicht mehr so trennt.«

Wir haben im Sommer 1990 gemeinsam mit dem Auswärtigen Amt und dem Bund der Vertriebenen angefangen, sehr diskret, aber durchaus mit Kenntnis der polnischen Behörden, Hilfen für die Deutschen in den Ostgebieten zu organisieren. Einsichtige Vertriebenen-Funktionäre wußten zu würdigen, daß wir auf diese Weise die Lebenssituation der deutschen Minderheit in Polen erheblich verbessert haben.

Ich bin überzeugt, daß die schnelle Lösung der Grenzfrage auch ein wichtiger Beitrag zum inneren Frieden in unserem Land war. Die politischen, wirtschaftlichen und sozialen Folgen von vierzig Jahren totalitärem Sozialismus in einem Teil Deutschlands und die sich daraus ergebenden Unterschiede zwischen den fünf neuen und den elf alten Bundesländern, die Wechselbäder zwischen Erwartungen und Enttäuschungen bei den Menschen in der früheren DDR, die ihre Maßstäbe natürlich an den Verhältnissen im Westen bilden, die Bereitschaft der Menschen im Westen zu helfen und gleichzeitig die Enttäuschung, daß immer neue, größere Forderungen aus dem Osten gestellt werden – all dies und vieles mehr schuf ein nicht zu unterschätzendes Potential für innere Auseinandersetzungen mit der Gefahr der Radikalisierung.

Die Grenzdiskussion hätte die Spannungen vermehren können, und ich bin froh, daß es uns gelang, dies zu vermeiden. Dabei waren Spannungen zwischen den Deutschen in der damaligen DDR und deren polnischen Nachbarn nicht zu übersehen. Die Gründe dafür sind gewiß vielfältig, aber in jedem Fall muß das deutsch-polnische Verhältnis dauerhaft wesentlich besser werden, als es die unmittelbaren nachbarschaftlichen Beziehungen an Oder und Neiße bis heute noch sind. Das Treffen des Bundeskanzlers mit dem damaligen polnischen Ministerpräsidenten Mazowiecki in Frankfurt an der Oder Ende 1990 spiegelte diese Stimmung in der Grenzregion wider. Sowenig man davon überrascht sein durfte – hier wurde noch einmal deutlich, wieviel Arbeit auf diesem Feld noch vor uns lag und liegt.

Ich hatte dem amerikanischen Außenminister auch meine Einschätzung mitgeteilt, daß es möglicherweise schon bald nach den Volkskammerwahlen keine DDR mehr geben könnte. Es sei denkbar, daß die neu zu wählende Volkskammer, beispielsweise wenn sie aufgrund der Mehrheitsverhältnisse zu einer schnellen Regierungsbildung nicht in der Lage wäre, den Beitritt der DDR zur Bundesrepublik ohne weitere Voraussetzungen erkläre. Ich habe Baker auch darauf hingewiesen, daß die Bundesbürger dabei nicht mitzuentscheiden hätten, weil der Artikel 23 des Grundgesetzes weder eine Volksabstimmung noch eine Zustimmung der Bundesrepublik zum Beitritt, der durch eine einseitige Erklärung erfolge, voraussetze.

Auch in Bonn setzte sich die Auffassung, daß der Weg über Artikel 23 der realistische und wünschenswerte sei, rasch durch. Zunächst gab es bei vielen Sozialdemokraten klare Präferenzen für eine verfassunggebende Versammlung, also den

Weg über Artikel 146. Auch bei Freien Demokraten fand der Gedanke Sympathie, wobei man zugeben muß, daß nach der Systematik des Grundgesetzes durchaus Argumente für Artikel 146 sprachen. Für mich war diese Betrachtungsweise allerdings ein klassischer Beleg dafür, daß geschriebener Verfassungstext und Verfassungswirklichkeit sich nach Jahrzehnten durchaus unterscheiden können und daß man zur Interpretation einer Verfassung immer auch die Verfassungswirklichkeit einbeziehen muß.

Da wir uns über die Haltung der Freien Demokraten nicht ganz klar waren, wollte der Bundeskanzler die Frage in einem Koalitionsgespräch klären. Wir erlebten eine Überraschung. Genscher, Mischnick und Graf Lambsdorff reagierten geradezu beleidigt und verwahrten sich gegen die Unterstellung, sie hätten jemals einen anderen Weg zur deutschen Einheit als den über Artikel 23 bevorzugt. Sie wollten das Grundgesetz für Gesamtdeutschland und sonst gar nichts. Unsere Freude darüber, daß es in dieser Frage keinerlei Differenzen in der Koalition gab, wurde noch durch die Tatsache verstärkt, daß ein Infragestellen des Grundgesetzes bei der großen Mehrheit der Bevölkerung und der Wähler in der Bundesrepublik Deutschland ganz offensichtlich alles andere als Zustimmung fand. So dauerte es gar nicht lange, bis sich auch die SPD offiziell klar für den Weg zur Einheit nach Artikel 23 des Grundgesetzes aussprach. Ihre Stellvertretende Vorsitzende und rechtspolitische Sprecherin, Herta Däubler-Gmelin, die viele von uns nicht zu akzeptierende Ideen für ein neues Grundgesetz entwickelte, sprach sich klar für den Beitritt nach Artikel 23 aus.

Den Sozialdemokraten fiel diese Entscheidung nicht leicht. Sie suchten immer neue Wege, um doch zu den gewünschten Verfassungsänderungen zu kommen. Schließlich plädierten sie dafür, beide Wege zur deutschen Einheit zeitlich hintereinander zu schalten – eine Position, die uns bis in die Endphase der Verhandlungen zum Einigungsvertrag und darüber hinaus beschäftigte. Aber – und das war im Augenblick das

Entscheidende – keine der tragenden politischen Kräfte in der Bundesrepublik wollte sich in ihrer Treue zum Grundgesetz und seiner grundsätzlichen Ordnung in Frage gestellt sehen.

Jetzt also lag die Entscheidung bei den Menschen in der DDR. Sie standen vor ihren ersten freien Wahlen. In ihren Köpfen und Herzen trugen sie die sichere Erwartung, daß sie den totalitären Sozialismus abwählen würden. Damit hatten sie nach vierzig Jahren kommunistischer Diktatur Optionen wie niemals zuvor. Wenn sie in dieser Situation bei der Wahl gesagt hätten, sie wollten die Einheit nicht – dann hätten wir diese Entscheidung akzeptieren, uns um andere Lösungen kümmern müssen.

Doch an eine solche Wende mochte ich im Februar 1990 schon lange nicht mehr glauben. Deswegen beschäftigte ich mich auch nicht mehr ernsthaft mit konföderativen Strukturen und anderen Hilfskonstruktionen. Ich wollte den Beitritt nach Artikel 23 und damit die Einheit so schnell wie möglich.

Dazu zwang uns auch der Übersiedlerstrom, der mich als Innenminister in eine der kritischsten Situationen meiner damals noch kurzen Amtszeit brachte. Seit dem Bau der Berliner Mauer am 13. August 1961 waren die Menschen in der DDR praktisch eingesperrt gewesen. Kein Wunder also, daß mit der Öffnung der Mauer am 9. November 1989 der Übersiedlerstrom nicht etwa abebbte, sondern sich zunächst dramatisch steigerte. Angesichts der ungeklärten Verhältnisse schien vielen Menschen in der DDR der Weg in den »goldenen Westen« aussichtsreicher zu sein, als auf bessere Zeiten zu warten. Hunderttausende kamen in wenigen Wochen in den Westen. Wie listenreich die Geschichte sein kann: Als die Zahl der Übersiedler aus der DDR 1961 auf über dreißigtausend monatlich anschwoll, sah sich der Ostblock schließlich veranlaßt, die Berliner Mauer zu bauen. Als die Zahl im Herbst 1989 noch wesentlich größer war, gab dies letztlich den Ausschlag dafür, daß die Mauer wieder eingerissen wurde.

Aber der Übersiedlerstrom ließ keine Zeit. In der Bundesrepublik wuchsen die Probleme der Unterbringung täglich, und die DDR drohte buchstäblich auszulaufen. Es waren vor allem junge Menschen, leistungsfähige und leistungswillige, die sich kurzfristig dafür entschieden, ihre Heimat aufzugeben und sich eine neue Existenz im Westen aufzubauen. Die Chancen, die DDR wirtschaftlich und sozial, aber auch politisch zu stabilisieren, wurden in diesem Strom von Tag zu Tag geringer. Die Vorstellung, bei dieser Entwicklung anstelle einer schnellen, Klarheit schaffenden Entscheidung für die Einheit etwa den Weg über eine Jahre in Anspruch nehmende verfassunggebende Versammlung zu gehen, wie es Artikel 146 erfordert hätte, läßt mich noch heute schaudern. Wenn überhaupt Aussicht bestand, diese dramatische Entwicklung unter Kontrolle zu bringen, dann nur dadurch, daß die Menschen in der DDR möglichst rasch verläßlich wußten, wohin die weitere Reise ginge. Nur über eine Perspektive der Hoffnung mit einem nicht zu weiten zeitlichen Horizont bis zur Angleichung der Lebensverhältnisse in beiden Teilen Deutschlands würde ein nachhaltiges Abebben des Übersiedlerstroms zu erreichen sein. Es war deshalb im weiteren Verlauf wichtig, daß die am 18. März gewählte Volkskammer darauf verzichtete, sich für die DDR zunächst eine neue Verfassung zu geben. Die Abgeordneten mußten so rasch wie möglich daran gehen, den Beitritt zur Bundesrepublik Deutschland vorzubereiten.

Mit den von Tag zu Tag wachsenden Schwierigkeiten vor allem der Städte, Gemeinden und Landkreise bei der Unterbringung der Übersiedler war auch in der Bundesrepublik die Willkommensfreude längst umgeschlagen. Während im September und Oktober 1989 die Menschen, die über Ungarn oder Prag in den Westen gekommen waren, überschwenglich begrüßt und gefeiert wurden, verschlechterte sich jetzt die Stimmung zusehends. Oskar Lafontaine sah eine Chance, Widerstand in der Bevölkerung gegen die ihm ohnedies nicht sympathische Entwicklung zur Einheit zu mobilisieren, und er nutzte diese Chance ebenso gekonnt wie skrupellos.

Mit seiner Ausgangsthese, daß die Übersiedler in der DDR

fehlten und in der Bundesrepublik eher zuviel wären, hatte er ja recht. Deshalb kam seine Schlußfolgerung, daß die Übersiedler gefälligst in der DDR bleiben sollten, bei den Menschen auch an. Das Argument, daß man den Deutschen in der DDR die Freiheit, ihre Heimat zu verlassen, schon wieder beschneiden wollte, wog gegenüber den Sorgen angesichts der befürchteten Auswirkungen der Übersiedlerströme, so paradox es war, weniger schwer. Auch dabei bestätigte sich die alte politische Erfahrung, daß die Ängste der Menschen vor Problemen um so größer sind, je weniger sie unmittelbar davon berührt sind. Ich habe in jenen aufregenden Wochen Gesprächspartner, die mir Vorhaltungen machten wegen meiner mangelnden Bereitschaft, von uns aus den Übersiedlerstrom zu stoppen, oft gefragt, ob sie denn persönlich in irgendeiner Weise durch die Übersiedler Nachteile erlitten hätten. Auch nicht einer wußte davon zu berichten.

In solcher Stimmung wird leicht unterstellt, andere genössen Vorteile, die einem selbst verweigert würden. Hierin lag das Demagogische in Lafontaines Argumentation. Er behauptete, die Deutschen in der DDR könnten und würden alle in den Westen wechseln, unabhängig davon, ob sie hier Wohnung und Arbeit fänden. Das nach wie vor geltende Aufnahmeverfahren sorge dafür, daß sie untergebracht würden. Deshalb müsse das Aufnahmeverfahren geändert werden. Danach könne man eben von Leipzig nach Frankfurt auch nur noch umziehen wie von München nach Hamburg, und das Problem des Übersiedlerstroms sei beendet.

Die Argumentation war bestechend, wenngleich sachlich vollkommen falsch; aber sie verfing bei der großen Mehrheit der Bevölkerung, auch bei vielen Anhängern, ja, bei führenden Politikern der Union. Die Wirklichkeit sieht so aus: Im Geltungsbereich des Grundgesetzes herrscht Freizügigkeit für alle Deutschen, und deswegen kann niemand daran gehindert werden, von München nach Hamburg, auch nicht von Leipzig nach Frankfurt umzuziehen. Im Geltungsbereich des Grundgesetzes besteht aber auch die Sozialstaatsverpflichtung und das Gebot des Schutzes der Menschenwürde, was letztlich und zum Glück dazu zwingt, daß jeder Mensch, egal aus welchen Gründen ihm eine Wohnung nicht zur Verfügung steht, im Wege der Obdachlosenfürsorge untergebracht werden muß. Und wer – wiederum aus welchen Gründen auch immer – über ausreichende Mittel zur Bestreitung des eigenen Lebensunterhaltes nicht verfügt, hat letztlich einen Rechtsanspruch auf Sozialhilfe. Das Aufnahmeverfahren also stellte nicht den Anreiz für die Menschen in der DDR zum Übersiedeln dar. Die Beseitigung des Aufnahmeverfahrens hätte auch nicht die Möglichkeit eröffnet, unerwünschte Übersiedler wieder in die DDR zurückzuschicken – eine Absicht, die zwar von den Befürwortern der Abschaffung heftig bestritten wurde, die sich aber in Wahrheit dahinter verbarg. Jedenfalls liefen die Erwartungen der überwiegenden Mehrheit der Bevölkerung darauf hinaus.

Das Aufnahmeverfahren war im Grunde seit jeher nichts anderes als ein besonderes, typisiertes Verwaltungsverfahren zur Bewältigung von Massenproblemen. Wer in München Arbeitsplatz und Wohnung aufgab und in Hamburg arbeits- und obdachlos wurde, konnte nicht zwangsweise von Hamburg nach München zurückgeschickt werden. Der Unterschied war, daß niemand in München für eine ungewisse Zukunft in Hamburg Wohnung und Arbeitsplatz aufgibt, während dies die Menschen in der DDR eben wegen der katastrophalen Verhältnisse taten. Aber in so aufgeheizten Zeiten haben sachliche Argumente gegen Polemik auf kurze Sicht wenig Chancen. Als Oppositionspolitiker konnte Lafontaine mit Aussicht auf Zustimmung sagen: Wer keine Wohnung hat, muß wieder zurück. Als verantwortlicher Innenminister hätte ich keinen gegen seinen Willen wieder nach Hause schicken können.

Jede andere Entscheidung hätte ich auch politisch für völlig unvertretbar gehalten. Wäre im Westen die Freiheit beschnitten worden, die sich die Deutschen in der DDR durch eine friedliche Revolution nach Jahrzehnten der Unterdrückung gerade erworben hatten, so wäre dies im Ergebnis ein ebenso großes Debakel für unsere Freiheitsordnung geworden, wie es die Entwicklung im Jahre 1989 für den Sozialismus war. Im übrigen wurde der Übersiedlerstrom eine starke Triebkraft für die rasche Vollendung der Einheit Deutschlands. Ich vermute, daß Oskar Lafontaine dies genauso sah. Diejenigen, die in der DDR nach der Revolution an einem eigenständigen Staat mit einem reformierten sozialistischen System festhielten, mußten erkennen, daß ihnen die Menschen einfach wegliefen. Die DDR war nach über vierzig Jahren wegen des ungeheuren Gefälles in nahezu allen Lebensbereichen – politisch und rechtsstaatlich, wirtschaftlich, sozial und ökologisch – aus eigener Kraft nicht mehr am Leben zu erhalten. Die innere Verbundenheit mit der Bundesrepublik Deutschland nach Jahrzehnten der Teilung war einfach zu groß, als daß die Menschen in der DDR noch bereit gewesen wären, einen Weg weiterer jahrzehntelanger Entbehrungen zu gehen. Sie suchten schnelle Hilfe bei ihren Landsleuten im Westen, und sie hatten Anspruch darauf.

Das erste Wochenende nach dem 9. November 1989 hatte zur Einheit der Deutschen einen ganz wichtigen Beitrag geleistet. Millionen Menschen aus der DDR kamen nach Öffnung der Mauer und der innerdeutschen Grenze zum ersten Mal in den Westen. Auf den Straßen und in den Einzelhandelsgeschäften, bei den Banken und Sparkassen, die das Begrüßungsgeld auszahlten, in den Gaststätten, überhaupt in den Zentren der Städte und Gemeinden, die nicht allzu fern von der DDR entfernt lagen, ging es einigermaßen chaotisch zu. Aber das vorherrschende Gefühl der Deutschen aus Ost und West, die sich an jenem Wochenende in millionenfachen Begegnungen fanden, war das der Freude, der freundschaftlichen Aufnahme und der Zusammengehörigkeit.

Millionen Besucher haben dieses Gefühl am Ende des Wochenendes mit in die DDR zurückgenommen. Und auch die elektronischen Medien haben dieses Bild vermittelt. Entgegen der jahrzehntelangen Propaganda vom Klassenfeind zeigte sich, daß die Deutschen im Westen zur Einheit bereit geblieben waren.

Wir hatten im Innenministerium dieses Wochenende in intensiven Kontakten mit Ländern und den kommunalen Spitzenverbänden, mit Hilfsorganisationen und vielen anderen sorgfältig vorbereitet, um den erwarteten Besucherstrom möglichst reibungslos bewältigen zu können, und es ging am Ende noch besser, als ich erhofft hatte. Selten war ich auf die Deutschen in der Bundesrepublik Deutschland so stolz wie an und nach jenem Wochenende.

Auch im Ausland, bei den Vier Mächten wie bei unseren übrigen Nachbarn in Europa, war mit dem Hinweis auf den Übersiedlerstrom und die täglichen Zahlen am leichtesten und am überzeugendsten zu erklären, daß die deutsche Einheit nicht von einer übermütig gewordenen Bundesrepublik, sondern von den Menschen in der DDR im Wege einer friedlichen Revolution erzwungen wurde und daß sie niemand aufhalten konnte, der nicht den Eisernen Vorhang und die ihn bedingende Ost-West-Konfrontation aufleben lassen wollte. Auch aus dieser Überlegung wäre eine von der Bundesrepublik veranlaßte Beendigung des Übersiedlerstroms – so überhaupt möglich – meines Erachtens falsch gewesen.

Kein Deutscher kann sich darüber wundern, daß die Euphorie unserer Nachbarn über die sich abzeichnende deutsche Einheit anfangs durchaus begrenzt blieb. Aber im Lichte der täglichen Übersiedlerzahlen setzte sich rasch überall in Europa und auch in der Welt, jedenfalls soweit es darauf ankam, die Einsicht durch, daß diese Einheit unvermeidlich sei und daß sie wohl auch im europäischen Interesse lag, eben weil sich damit der Eiserne Vorhang endgültig hob. Ich habe, um diese Entwicklung im Denken unserer europäischen Nachbarn zu beschreiben, oft den Straßburger Gipfel der Europäischen Gemeinschaft vom Dezember 1989 mit dem Sondergipfel der EG im April 1990 in Dublin verglichen. In Straßburg hatte Helmut Kohl einen der schwierigsten Gipfel seiner Amtszeit zu bewältigen, weil seine Partner voller Fragen und

Skepsis über die Entwicklung in Deutschland waren, jedenfalls teilweise nur von geringer Freude erfüllt. Um eine Zuspitzung zu vermeiden, wurde das Treffen Anfang April in Irland verabredet, und als die Teilnehmer dort wieder zusammenkamen, sah man schon an den Fernsehbildern beim Aussteigen aus den Flugzeugen, daß der ursprüngliche Anlaß dieses Sondergipfels, nämlich die Probleme der Entwicklung in Deutschland zu beraten, entfallen war. Statt dessen herrschte inzwischen gemeinsame Freude nicht nur über den Weg zur Einheit in Deutschland, sondern über die sich damit verbindenden Perspektiven für Europa.

Das Eingeständnis der Bundesrepublik, mit den Übersiedlern – übrigens auch mit den Aussiedlern – nicht mehr fertigwerden zu können, hätte bei vielen außerhalb Deutschlands Zweifel an der Fähigkeit und Entschlossenheit der Deutschen genährt, ihre Einheit zu vollenden – und vielleicht auch Hoffnungen, daß diese Einheit doch nicht unvermeidlich sei.

Jedenfalls kam für mich eine Maßnahme nicht in Betracht, die den Eindruck erweckt hätte, wir wollten in der Bundesrepublik die Übersiedler nicht mehr aufnehmen. Die Ursachen für den Übersiedlerstrom lagen in der DDR, und dort mußten sie beseitigt werden. Das konnte nur durch eine möglichst rasche Überwindung der Folgen von vierzig Jahren totalitärem Sozialismus gelingen. Deshalb mußten wir den Weg über die Wirtschafts- und Währungsunion so schnell wie möglich gehen. Das war für mich einer der Gründe, warum ich diesen Vorschlag in internen Beratungen schon vor dem Besuch von Bundeskanzler Kohl in Dresden gemacht hatte, und deshalb war ich so froh, als wir Anfang Februar im Kabinettausschuß »Deutsche Einheit« förmlich beschlossen, der DDR die Wirtschafts- und Währungsunion anzubieten.

Der Streit um die Beibehaltung des Aufnahmeverfahrens für Übersiedler aus der DDR reichte tief in unsere eigenen Reihen hinein. Der Druck aus CDU und CSU wurde von Woche zu Woche stärker, doch irgend etwas auf dem Verwaltungswege oder gesetzgeberisch zu unternehmen, um den

Übersiedlerstrom zu bremsen. Lafontaines Position, der durch seinen beachtlichen Wahlerfolg Ende Januar im Saarland zusätzlich gestärkt wurde, fand zeitweilig in den Meinungsumfragen eine Zustimmung von bis zu achtzig Prozent. Davon konnte auch die Union nicht unberührt bleiben. Jeder Kommunal- und Landespolitiker – von den Bundestagsabgeordneten ganz abgesehen – wurde immer stärker mit der Unruhe in der Bevölkerung konfrontiert. CDU und CSU würden als Volksparteien miserabel funktionieren, wenn sie eine solche Unruhe nicht zur Kenntnis genommen hätten. In jedem Wahlkreis, in jedem Kreis- und Ortsverband wie im Präsidium der CDU Deutschlands wurde über das heiße Eisen debattiert, und unionsgeführte Landesregierungen kündigten Initiativen im Bundesrat zur gesetzlichen Beendigung des Aufnahmeverfahrens an.

In besonderen Nöten war der niedersächsische Ministerpräsident Ernst Albrecht. Er stand vor schwierigen Landtagswahlen, und sein Land hatte eine besonders lange Grenze zur damaligen DDR. Wir haben in internen Beratungen heftig miteinander gestritten, so sehr wir uns ansonsten persönlich schätzen. Auf meine Vorhaltungen hin erwiderte er, daß er in dieser Hinsicht auch kein besonders gutes Gefühl bei seiner Politik habe, aber es gehe nun einmal nicht anders. Man könne bei einem solchen Problemdruck nicht gegen die übergroße Mehrheit der Bevölkerung Politik machen, und die Menschen im Westen hätten nun eben einmal keinerlei Verständnis mehr dafür, daß die Deutschen aus der DDR noch immer wie Flüchtlinge behandelt würden, obwohl doch in der DDR nach der erfolgreichen Revolution und nach der Öffnung der innerdeutschen Grenze Fluchtgründe wirklich nicht mehr gegeben seien.

In der CDU/CSU-Fraktion war die Stimmung gespalten. Bei den Kollegen von der CSU, die im Herbst auch Landtagswahlen vor sich hatten, wuchs die Neigung, die Aufnahme von Übersiedlern zu beenden. Im CDU-Teil der gemeinsamen Fraktion blieb die Stimmung aus meiner Sicht bemerkenswert ambivalent; bemerkenswert deshalb, weil in den Ländern und der Partei die Stimmung völlig eindeutig war, nämlich gegen meine Politik des Offenhaltens gerichtet. Allerdings machte ich in jenen Wochen auch die Erfahrung, daß ich mich immer mit meinem Standpunkt durchsetzte, wenn ich die Chance hatte, vor einem Parteigremium oder in einer öffentlichen Veranstaltung zu reden und über die Übersiedlerpolitik zu diskutieren. Den Grund habe ich darin gesehen, daß der gegenteilige Standpunkt nur mit schlechtem Gewissen vertreten werden konnte – was Ernst Albrecht ja ausdrücklich einräumte. Nach meiner Auffassung kann ein politischer Standpunkt in einer Kontroverse auch gegen anfängliche Mehrheiten sich dann durchsetzen, wenn er von Überzeugung und die Alternative von schlechtem Gewissen begleitet und wenn er entsprechend offensiv vertreten wird. Als einziger unter allen Ministerpräsidenten von CDU und CSU unterstützte meinen Standpunkt in jenen kritischen Wochen nur noch Lothar Späth, der mir – hoffentlich nicht nur aus heimatlicher Verbundenheit – die Stange hielt.

In nicht unerhebliche Schwierigkeiten brachte die Auseinandersetzung den Bundeskanzler. Er stand in der Sache immer hinter mir. Aber natürlich konnte eine solche Lage ihn als Parteivorsitzenden und Regierungschef nicht unberührt lassen. Am Anfang eines ungewöhnlich schwierigen Wahljahres voller Unwägbarkeiten mußte er in einer zentralen Frage der politischen Auseinandersetzung eine von nicht einmal zwanzig Prozent der Bevölkerung geteilte Position gegen den sozialdemokratischen Herausforderer halten. Zugleich wußte er, daß die große Mehrheit auch der eigenen Partei bis in die Reihen des Präsidiums die von der Regierung vertretene Position nicht teilte. Das erfordert von einem Parteivorsitzenden und Regierungschef schon ungewöhnlich viel Überzeugung in der Sache und zugleich Zuversicht, die politischen Schwierigkeiten auch überwinden zu können.

Die Diskussion spitzte sich um so mehr zu, je näher der 18. März heranrückte. Viele, vor allem in der Führung der

Union, meinten offensichtlich, der Innenminister rede nur bis zum Wahltag in der DDR davon, daß die Türen zur Bundesrepublik Deutschland offenblieben, um dann nach Schließung der Wahllokale in einem Überraschungsakt zur Vermeidung einer panikartigen Torschlußreaktion blitzartig das Aufnahmeverfahren abzuschaffen. Ich hatte indes bei den verschiedensten Gelegenheiten geäußert, daß ich das nicht tun würde. In der Woche vor dem 18. März gab ich in der Kabinettsitzung noch einmal einen Bericht über die Entwicklung im Übersiedlerbereich, und die Ministerrunde beschloß erneut die Zustimmung zu den Grundsätzen meiner Konzeption. Ausdrücklich gab ich dabei zu Protokoll, daß diese Entscheidung des Kabinetts Gültigkeit habe nicht nur bis zum Wahltag in der DDR, sondern auch für den Zeitraum danach.

Viele meiner Freunde haben diese Aussagen offensichtlich nicht allzu ernst genommen. Anders kann ich mir bis heute nicht den Streit erklären, der am Tag nach der Volkskammerwahl im CDU-Präsidium auszutragen war. Ich hatte, obwohl nicht Mitglied dieses Führungszirkels, an der Sitzung teilzunehmen, weil die Frage der Aufnahmeverfahren eine zentrale Rolle spielte. Dort vertrat ich unverändert meine Position: Beseitigung der Ursachen des Exodus in der DDR und danach, sobald materiell entbehrlich geworden, Verzicht auf das Aufnahmeverfahren. Die Überraschung und Erbitterung insbesondere bei den Ministerpräsidenten war beträchtlich. Es war dem Parteivorsitzenden Helmut Kohl zu verdanken, daß es nicht zu einer Abstimmung kam. Ich hätte an diesem Tag verloren. Eine Mehrheit für das Festhalten am Aufnahmeverfahren sah ich jedenfalls im CDU-Präsidium nicht mehr, obwohl etwa Norbert Blüm ganz unverbrüchlich an meiner Seite stand.

Die Entscheidung fiel dann am 20. März in einem Koalitionsgespräch. Erwähnt werden muß in diesem Zusammenhang die verdienstvolle Rolle der Freien Demokraten und vor allem Hans-Dietrich Genschers. Spätestens seit den Gesprächen in Moskau, der Konferenz in Ottawa und den beginnenden Zwei-plus-Vier-Gesprächen war Genscher davon überzeugt, daß außenpolitisch die Voraussetzungen für eine Vollendung der deutschen Einheit noch 1990 erreicht werden könnten. Wir hatten uns beide oft vergewissert, entschiedene Befürworter eines schnellen Wegs zur Einheit zu sein, zumal ja auch niemand wissen konnte, ob es die Chance zur Einheit in Deutschland auch noch nach 1990 geben würde. Genscher und mit ihm die FDP sah wohl wie ich, daß die Übersiedlerzahlen ein wichtiges Argument waren, um den Weg zur Einheit außenpolitisch abzusichern.

Aus diesen wie anderen Gründen – Hans-Dietrich Genscher und Wolfgang Mischnick haben die Tatsache, ihre Heimat in Halle und Dresden zu haben, niemals verleugnet – war die FDP jedenfalls in der Übersiedlerdiskussion immer an meiner Seite. Dabei muß man natürlich berücksichtigen, daß der innerparteiliche Druck in den großen Parteien von CDU/CSU, auch in der SPD, von seiten der Kommunalpolitiker aus Städten, Gemeinden und Landkreisen in dieser Frage sehr viel stärker war als in der FDP. Wie auch immer, die Verlegung der Entscheidung in ein Koalitionsgespräch war für die von mir vertretene Position hilfreich, weil ich damit zusätzliche Verbündete gewann. Der Hinweis von Genscher, daß der außenpolitische Rahmen für die deutsche Einheit bis zum Jahresende zu erreichen sei, stärkte meine These, daß wir mit der angespannten Übersiedlerproblematik nicht mehr allzulange würden leben müssen, wenn wir jetzt nicht die Nerven verlören.

In der Koalitionsrunde konzentrierte sich die Diskussion auf die Frage, ob wir ein Ende des Aufnahmeverfahrens terminlich festlegen sollten. Der Grundsatz, daß die Ursachen in der DDR zu beseitigen und erst danach das Aufnahmeverfahren abzuschaffen sei, war unbestritten. Nach dem Ergebnis der Volkskammerwahl war die rasche Schaffung einer Wirtschafts- und Währungsunion wesentlich näher gerückt. Ich war in die Verhandlungen mit dem Vorsatz gegangen, kein Datum festzulegen, schon weil ich mit der Nennung eines

Termins in einer Art Torschlußreaktion ein kurzfristiges weiteres Ansteigen der Übersiedlerzahlen befürchtete. Im übrigen ging ich davon aus, daß wir uns auf ein Datum zur Verwirklichung der Wirtschafts- und Währungsunion jedenfalls öffentlich noch nicht festlegen würden.

Meine Position wurde auch dadurch ein wenig gestärkt, daß am Montag nach der Wahl die Übersiedlerzahlen zum ersten Mal deutlich zurückgegangen waren: 1539 nach jeweils rund 2700 an den vorangegangenen Montagen. Also gab es meines Erachtens eine gute Chance, das Vertrauen der Menschen in der DDR zu stärken und auf diese Weise eine wachsende Zahl von der Entscheidung zum Verlassen der Heimat abzubringen.

Der Vorsitzende der CSU-Landesgruppe im Bundestag, Wolfgang Bötsch, mochte den Verzicht auf eine terminliche Festlegung nicht akzeptieren. Nach den zurückliegenden Wochen und Monaten sei in dieser Frage der Bevölkerung kein »Irgendwann« oder ein »Wenn, dann« zuzumuten; unverzichtbar sei ein präziser Termin. Ich hatte vorgeschlagen, die baldmögliche Schaffung einer Wirtschafts- und Währungsunion anzukündigen und für den Zeitpunkt dieser Einführung dann die Abschaffung des Aufnahmeverfahrens. Auch der Bundeskanzler trat für die Festlegung eines konkreten Termins ein. Daraufhin schlug ich vor, ein Datum zu nennen, das zugleich die Einführung der Währungsunion und die Abschaffung des Aufnahmeverfahrens bedeute.

Zu meiner Überraschung war das die Lösung. Die Bonner Koalition verständigte sich zwei Tage nach der Volkskammerwahl auf einen »Fahrplan zur deutschen Einheit«. Am 1. Juli sollte die Wirtschafts- und Währungsunion eingeführt werden, so daß Deutsche in der DDR einen noch zu bestimmenden Teil ihrer Ostmarkbestände in die begehrte D-Mark zu einem noch festzulegenden Umtauschkurs einwechseln könnten. An diesem Tag sollten auch die Notaufnahmelager für DDR-Übersiedler, weil dann entbehrlich, geschlossen und die wenigen noch verbleibenden Sonderhilfen gestrichen werden. Das war eine mutige Entscheidung, weil man herkömmlicherweise Währungsreformen nicht mehr als drei Monate vorher verbindlich ankündigt und weil im übrigen zu jenem Zeitpunkt in der Führung der Koalition noch nicht die gemeinsame Erwartung bestand, daß es schon 1990 gelingen würde, auch die staatliche Einheit zu vollenden. Daß eine Wirtschafts- und Währungsunion ohne alsbald folgende staatliche Einheit ein schwer zu übersehendes Risiko war, muß auf der anderen Seite den Beteiligten klar gewesen sein.

Jedenfalls hatte Helmut Kohl im Koalitionsgespräch einen Weg gefunden, den Frieden in den eigenen Reihen wieder herzustellen. Ernst Albrecht oder Wolfgang Bötsch konnten endlich auf einen Termin für die Abschaffung des Aufnahmeverfahrens verweisen, der im übrigen nur wenige Tage später lag als der frühestmögliche bei normaler Beratung einer entsprechenden Initiative aus dem Bundesrat. Zugleich hatten wir Wort gehalten, daß wir nicht über eine Beseitigung des Aufnahmeverfahrens irgendwelche – und seien es auch nur psychologische – Barrieren für die Freizügigkeit der Menschen in der DDR aufbauen würden. Ich hatte in den ganzen Wochen der Auseinandersetzung niemals mit Rücktritt gedroht, weil ich derartige Gesten nicht für angemessene Mittel der Politik halte. Aber ich war fest entschlossen, persönliche Konsequenzen zu ziehen, wenn eine Entscheidung zustande gekommen wäre, die mich gegenüber den Deutschen in der DDR hätte wortbrüchig erscheinen lassen.

Ich bin sicher, daß Helmut Kohl ziemlich genau wußte, was in mir los war. Ich habe das in der Sitzung des CDU-Präsidiums am Montag wie in dem Koalitionsgespräch am Dienstag gespürt. Vor diesem Termin im Kanzleramt hätte es jedermann in Bonn für undenkbar gehalten, daß wir bereits zwei Tage nach der Volkskammerwahl ein konkretes Datum für den Vollzug der Wirtschafts- und Währungsunion nennen würden. Helmut Kohl hat es getan, um die innere Geschlossenheit wieder herzustellen, und im Nachhinein hat es sich als richtig erwiesen, zumal es dem Finanzministerium und der Bundesbank gelang, spekulative Entwicklungen auf dem Weg zum 1. Juli weitestgehend zu vermeiden. Wahrscheinlich hat sogar die Festlegung des Termins zur Vermeidung von Spekulationen einen Beitrag geleistet.

Die Entscheidung der Koalition und die entsprechende Ankündigung der Regierung wurde von der Opposition beinahe pflichtgemäß kritisiert. Hans-Jochen Vogel sagte voraus, daß bis zum 1. Juli die Zahl der Übersiedler noch weiter dramatisch ansteigen würde. Das Gegenteil war der Fall. Schon am Tag nach unserer Entscheidung ging die Übersiedlerzahl weiter zurück, und sie sank von da an kontinuierlich bis Ende Juni. Am Freitag, den 29. Juni 1990, dem letzten Tag, an dem es in der Bundesrepublik Deutschland noch ein Verfahren zur Registrierung von Übersiedlern aus der DDR gab, wurden noch 14 Übersiedler registriert. Zum Vergleich: in der Zeit bis zum 18. März wöchentlich mehr als 15 000.

Selten ist eine so umstrittene Entscheidung so eindrucksvoll in ihrer Richtigkeit bestätigt worden. Die Menschen in der DDR hatten Vertrauen und Hoffnung gefaßt. Hoffnung, daß eine schnelle Vollendung der deutschen Einheit auch für sie in ihrer Heimat in absehbarer Zeit substantielle Verbesserungen ihrer Lebensverhältnisse mit sich bringen würde, und Vertrauen darauf, daß die Union als maßgebliche Regierungspartei in beiden Teilen Deutschlands diese Einheit rasch zustande bringen wolle. Natürlich hatten wir Glück, aber das ist ja nicht verboten. Ich glaube immer noch, daß das Volk mit einer Regierung besser fährt, die Glück hat, als mit dem Gegenteil. Ich bin auch heute noch ganz sicher, und wahrscheinlich würde mir nicht einmal mehr Oskar Lafontaine widersprechen, der seit langem – wie alle Sozialdemokraten – dieses Thema aus verständlichen Gründen meidet, daß jede andere Alternative den Übersiedlerstrom nicht so schnell hätte versiegen lassen.

Höchste Instanz

Das Verfassungsgericht und die ersten gesamtdeutschen Bundestagswahlen

Die Lösung des Übersiedlerproblems war nur ein Teilaspekt der größeren Aufgabe, die beiden deutschen Staaten zu vereinigen. Das Ergebnis der Volkskammerwahl verbesserte die Chancen, dieses Ziel bald zu erreichen, entscheidend und gab der Entwicklung weitere Dynamik. In der Koalitionsvereinbarung vom 12. April legten sich in Ost-Berlin die Partner des Regierungsbündnisses von CDU, DSU, DA, Liberalen und SPD auf den Beitritt nach Artikel 23 als Weg zur Vollendung der Einheit Deutschlands fest. Die Frage des Zeitpunktes blieb offen, wobei klar war, daß die Koalition in der DDR auf der vertraglichen Regelung grundlegender Fragen vor ihrer Beitrittsentscheidung bestehen würde.

Der Zeitpunkt des Beitritts war innen- wie außenpolitisch mit vielfältigen komplizierten Problemen verbunden, und zwar besonders deshalb, weil die zehnte Legislaturperiode des Deutschen Bundestages in absehbarer Zeit zu Ende ging und fällige Neuwahlen in dem Zeitraum zwischen Mitte November und Mitte Januar zu erfolgen hatten. Regierung, Fraktionen des Bundestages und große gesellschaftliche Gruppen, die informativ bei der Festlegung eines Wahltermins zu beteiligen sind, hatten sich bereits im vorangegangenen Sommer auf den 2. Dezember 1990 als geeigneten Wahltermin verständigt. Der Vorschlag an den Bundespräsidenten, über den die Bundesregierung noch zu beschließen hatte, war eigentlich eine reine Formalie. Aber seit die Entwicklung in der DDR sich immer mehr beschleunigte, zögerte ich, die entsprechende

Kabinettvorlage zur Beschlußfassung einzureichen, weil ich möglichst lange alle Optionen offenhalten und eine einseitige, Mißverständnisse verursachende Festlegung vermeiden wollte.

Diese Terminlage schuf ganz ungewöhnliche Diskussionen. Das historische Anliegen, die staatliche Einheit Deutschlands zu vollenden, war einzubinden in die Zustimmung der Vier Mächte, die seit über vierzig Jahren für Deutschland und Berlin als Ganzes Verantwortung trugen. Damit sollte eine die Nachkriegsordnung überwindende bessere Struktur in Europa geschaffen werden. Solche Vorstellungen verknüpften sich zwangsläufig mit Überlegungen der politischen Parteien, zu welchem Zeitpunkt ihre jeweiligen Wahlchancen am günstigsten seien, oder mit der Diskussion über die Möglichkeit, den Bundestag vorzeitig aufzulösen, wenn es zu einem Einheitstermin kommen sollte, der nicht in zeitlichem Zusammenhang mit der fälligen Neuwahl des Bundestags stand. Im übrigen war die Frage offen, zu welchem Zeitpunkt und unter welchen Voraussetzungen in der Volkskammer die notwendige Entscheidung für einen Betritt erreicht werden könnte, und ob dazu eine Zweidrittel-Mehrheit erforderlich wäre oder eine einfache Mehrheit ausreichte. Außerdem war das Parlament gerade erst konstituiert und die Regierung gebildet, und nun sollten die ganz neu in die Verantwortung gekommenen Politiker Parlament und Regierung, ja der ganzen Staatlichkeit der DDR schon wieder die Grundlagen entziehen.

Nur wenn man sich diese Gemengelage klarmacht, kann man die vielschichtige Diskussion noch verstehen, die in der Bundesrepublik über Fragen des Wahlrechts und des Wahltermins stattfand – eine Diskussion, die wohl im Ergebnis von vielen Menschen nicht verstanden wurde und zum Ansehen der politischen Parteien nicht allzuviel Positives beigetragen hat.

Aus meiner Sicht förderte der mit der fälligen Bundestagswahl gegebene Terminzwang die Notwendigkeit einer raschen Entscheidung zur deutschen Einheit. Aber natürlich durften die Menschen in der DDR und ihre gewählten Vertreter nicht überfordert und nicht unter Druck gesetzt werden. Grundsätzlich gab es ja auch die Möglichkeit, den Bundestag zum vorgesehenen Termin neu zu wählen, und irgendwann später entweder für eine Übergangszeit um Vertreter der inzwischen beigetretenen DDR zu ergänzen oder – allerdings unter den bekannten verfassungsrechtlichen Schwierigkeiten – den Bundestag vorzeitig aufzulösen, um die Wahl eines gesamtdeutschen Parlaments zu ermöglichen. Aber die Vorstellung, nach Vollendung der staatlichen Einheit etwa für einen Zeitraum von drei und mehr Jahren einen um von der Volkskammer zu entsendende Vertreter ergänzten Bundestag zu haben und nicht ein Parlament, das aus allgemeinen Wahlen in ganz Deutschland hervorging, schien nicht nur dem Bundeskanzler angesichts der geschichtlichen Bedeutung absurd. Umgekehrt konnte die Vorstellung, im Dezember 1990 den Bundestag zu wählen, um ihn wenige Monate später bei Vollendung der deutschen Einheit wieder aufzulösen, auch nicht zu Begeisterungsstürmen veranlassen. Daraus ergab sich für mich die Gefahr, daß die Vollendung der Einheit verzögert werden könnte, wenn es nicht gelang, sie schon im zeitlichen Zusammenhang mit den notwendigen Bundestags-Neuwahlen Wirklichkeit werden zu lassen.

Ich habe zunächst ein langes Gespräch mit Hans-Dietrich Genscher geführt, weil die Klärung der außenpolitischen Fragen notwendige Voraussetzung für einen geordneten Weg zur deutschen Einheit war. Genscher blieb bei seiner Einschätzung, daß der Zwei-plus-Vier-Prozeß bis Ende September unter Dach und Fach sei, und er informierte mich auch, daß der KSZE-Gipfel, dem das Ergebnis der Zwei-plus-Vier-Verhandlungen präsentiert werden solle, vor Jahresende stattfinden sollte. Wir stimmten beide darin überein, die Vollendung der Einheit im Jahre 1990 auch anzustreben, wenn die außenpolitischen Voraussetzungen bis dahin hergestellt wären.

Nun kam es darauf an, frühzeitig die Weichen richtig zu

stellen. Auch für die verantwortlichen Politiker in der DDR war die Schaffung der außenpolitischen Rahmenbedingungen für den Beitritt zur Bundesrepublik eine notwendige Voraussetzung und gegebenenfalls auch ein Argument, das ihnen gegen eine schnelle Beitrittsentscheidung genommen werden konnte. Überdies mußten, wie gesagt, die innerstaatlichen Grundbedingungen eines vereinten Deutschland in einem Vertrag vorher geregelt sein. Eine wichtige Aufgabe bestand darin, die Bindungswirkung eines solchen Vertrags über den Zeitpunkt der Vereinigung hinaus zugunsten des Beitrittsgebiets und seiner Menschen sicherzustellen. Schließlich war zu beachten, daß sich in der DDR auch nach dem 18. März jene Entwicklung fortsetzte, die ich immer als »unvollendete Revolution« bezeichnet habe. Die neugewählte Volkskammer ging davon aus, daß die alte DDR-Verfassung noch in Kraft sei und mit Zweidrittel-Mehrheit abgeschafft oder geändert werden müsse; daß das in der DDR bisher geltende Recht, selbst wenn es diese Bezeichnung so ganz nicht verdiente, nicht automatisch ungültig geworden, sondern gegebenenfalls auch zu ändern sei; und daß schließlich eine Entscheidung über den Beitritt zumindest die Qualität einer Verfassungsänderung haben müsse, also eine Zweidrittel-Mehrheit in der Volkskammer erfordere.

Im Frühjahr 1990 ging ich davon aus, daß wir den Zeitraum bis Anfang Dezember – dem Termin des KSZE-Gipfels – zur Schaffung der Voraussetzungen für einen Beitritt der DDR wohl benötigen würden. Um dennoch die Wahl eines gesamtdeutschen Parlaments schon in dem Zeitraum zu ermöglichen, in dem der Bundestag neu gewählt werden mußte, entwickelte ich das Modell, daß am gleichen Tag Wahlen zu einem gesamtdeutschen Parlament in den beiden noch getrennten Teilen Deutschlands abzuhalten wären. Der Wahlmodus müßte weitgehend unserem Bundestags-Wahlrecht entsprechen, wobei die Vollendung der staatlichen Einheit sich zeitgleich oder zeitnah vollziehen würde. Ein solches gemeinsames Wahlrecht konnte nach meiner Auffassung sowohl durch eine vertragliche Regelung, also eine Art Wahlunion, wie auch dadurch geschaffen werden, daß die Volkskammer der DDR in eigener Entscheidung ein unserem Wahlrecht möglichst identisches oder weitestgehend entsprechendes Wahlrecht schaffen würde.

Mit drei Modellen für die Wahl eines gesamtdeutschen Parlaments ausgerüstet, suchte ich die öffentliche Diskussion. Mir ging es vor allem darum, für den Gedanken einer solchen Wahl und damit für die Vollendung der Einheit noch im Jahr 1990 zu werben. Die Wahl Ende 1990 würde also möglich sein, wenn die DDR so frühzeitig den Beitritt erklärte, daß die Vorbereitung einer gesamtdeutschen Wahl bis Dezember noch möglich blieb; zweitens durch Abschluß einer Art Wahlvertrag; schließlich drittens durch parallele, formal noch getrennte Wahlen aufgrund einer eigenen entsprechenden Gesetzgebung der DDR.

Mit dem Modell der getrennten Wahl habe ich vor allem auf jene gezielt, die in der DDR wie in der Bundesrepublik aus außenpolitischen oder anderen Erwägungen eine Entscheidung für die staatliche Einheit noch im Sommer nicht für möglich hielten. Gegen solche Bedenken bot das Modell einen Weg, die Entscheidung über die Einheit und die Erklärung des Beitritts bis zum Jahresende zurückzustellen und dennoch zu einer gesamtdeutschen Wahl zu kommen. Im übrigen hatte dieses Modell immerhin den Charme, daß man die Abwicklung im einzelnen hätte so gestalten können, daß sich die staatliche Einheit durch und in der Wahl eines gesamtdeutschen Parlaments vollzogen hätte. Lothar de Maizière wie Günther Krause waren lange Anhänger dieses Modells, wobei de Maizière zunächst überhaupt für den Gedanken einer Wahl noch im Jahr 1990 gewonnen werden mußte. Gerade dazu hat dieses Modell einen wesentlichen Beitrag geleistet, selbst wenn die Entwicklung am Ende einen ganz anderen Verlauf nahm.

Daß alles im Sommer doch anders kam, lag wesentlich daran, daß sich die Parteien nicht nur für die Frage des Wahltermins, sondern auch für die Ausgestaltung des Wahlrechts, im wesentlichen der Sperrklausel, interessierten. Nach unserem über Jahrzehnte gefestigten, verfassungsrechtlich unbestrittenen und nach der Auffassung der großen Mehrheit auch bewährten Wahlrecht nimmt an der Verteilung der Mandate eine Partei nur teil, wenn es ihr gelingt, mindestens fünf Prozent der Stimmen zu erringen – von der Ausnahme einmal abgesehen, daß sie drei Direktmandate erringt.

Die Frage dieser Fünf-Prozent-Klausel für die erste gesamtdeutsche Wahl wurde zu einer der heftigeren Kontroversen des Jahres 1990. Auf der einen Seite gab es die Auffassung, insbesondere bei kleineren politischen Gruppen, für die erste gesamtdeutsche Wahl die Fünf-Prozent-Klausel generell zu beseitigen. Das stieß bei den etablierten Parteien auf entschiedenen Widerstand. Sie befürchteten, meines Erachtens zu Recht, daß die Fünf-Prozent-Klausel, einmal nicht angewendet, auf Dauer in ihrer politischen Durchsetzbarkeit gefährdet würde. Allerdings hatte es bei der Wahl zur Volkskammer am 18. März eine der Fünf-Prozent-Hürde entsprechende Sperrklausel nicht gegeben, weil man in der DDR der Überzeugung war, daß auch kleinere, in den revolutionären Wochen spontan entstandene Gruppen eine Chance auf Vertretung im Parlament haben müßten, selbst wenn sie in der DDR noch nicht so gleichmäßig vertreten waren, daß sie fünf Prozent der Stimmen insgesamt erringen konnten. Wenn man sich daran erinnerte, daß es am Anfang der Bundesrepublik Deutschland die später bewährte Fünf-Prozent-Klausel auch noch nicht gab, dann durfte man diesen Einwand nicht zu leicht nehmen.

Die in diesem Argument zum Ausdruck kommende Problematik wurde dramatisch verschärft, wenn bei einer gemeinsamen Wahl Voraussetzung für den Einzug ins Parlament der Erwerb von fünf Prozent der Stimmen in Gesamtdeutschland sein sollte. Es lag auf der Hand, daß ein solches Minimum allenfalls von den seit langem etablierten und bundesweit organisierten Parteien erreicht werden konnte. Bei dem Modell getrennter Wahlen, hätte sich bei der Fünf-Prozent-Klausel im

Bundesgebiet nichts geändert, und eine entsprechende Sperrklausel in der DDR wäre logischerweise allenfalls auf das Gebiet der DDR und die dort abgegebene Stimmenzahl zu beziehen gewesen, so daß die Chancen für politische Gruppierungen, die nur in der DDR bisher tätig waren, erhalten blieben.

Die Interessenlage der Parteien in der Bundesrepublik in dieser Frage war sehr eindeutig. SPD und FDP wollten eine Fünf-Prozent-Klausel bezogen auf ganz Deutschland, ohne jeden Abstrich. Die FDP hatte in den zurückliegenden Jahrzehnten immer dann bei Wahlen besonders gut abgeschnitten, wenn Befürchtungen aufkamen, daß sie an der Fünf-Prozent-Hürde scheitern könnte. Offenbar wünscht ein nicht unerheblicher Teil der Wählerschaft ein Ausscheiden der FDP aus dem parlamentarischen Leben nicht. Die Sozialdemokraten dagegen wollten um nahezu jeden Preis verhindert sehen, daß die SED-Nachfolgeorganisation PDS in einem gesamtdeutschen Parlament vertreten sein würde. Eine Spaltung des sozialistischen Lagers kann verständlicherweise nicht im Interesse der SPD liegen.

Angesichts der Tatsache, daß die alte SED in der DDR über zwei Millionen Mitglieder und auch sonst eine Menge Nutznießer hatte, war es nicht überraschend gewesen, daß die PDS am 18. März 16,4 Prozent der Stimmen errungen hatte. Es mußte also damit gerechnet werden, daß sie auch bei einer gesamtdeutschen Wahl im Gebiet der DDR deutlich über fünf Prozent der Stimmen erringen würde. Eine Chance, sie aus einem gesamtdeutschen Parlament herauszuhalten, hätte also nur bestanden bei einer auf das gesamte Wahlgebiet bezogenen Fünf-Prozent-Klausel. Dann hätte die PDS, ohne zusätzliche Stimmen in der Bundesrepublik, von denen die Partei nicht allzuviel zu erwarten hatte, in der DDR über 23 Prozent erringen müssen, um, bezogen auf das größere Deutschland, die Fünf-Prozent-Hürde zu überspringen.

CDU und CSU waren durch das Problem der DSU unmittelbar betroffen. Das Wahlbündnis »Allianz für Deutschland«

führte zwar zu einem Anschluß des Demokratischen Aufbruchs an die CDU (zunächst der Volkskammerfraktion und später der Partei insgesamt), aber die DSU ging diesen Weg nicht mit. Die Wunden, die die Wahlkampfauseinandersetzungen vor allem an der Basis zwischen den Partnern des Wahlbündnisses geschlagen hatten, waren wohl zu tief. Schon bei den Kommunalwahlen am 6. Mai kam es nicht mehr zur Fortsetzung des Wahlbündnisses. Es war auch nicht zu erkennen, daß die CSU auf die DSU Einfluß in dem Sinne nahm, daß sie auf einen Zusammenschluß mit der CDU drängte; eher schien das Gegenteil der Fall. Wie auch immer, das Problem blieb, daß eine DSU, die nur im Gebiet der DDR kandidierte, noch weniger als die PDS eine Chance hatte, so viele Stimmprozente zu erringen, daß sie eine auf ganz Deutschland bezogene Fünf-Prozent-Hürde überspringen konnte.

Das galt natürlich für alle anderen neuen Gruppierungen in der DDR, von denen das Neue Forum und das Bündnis '90 zu den bekannteren zählten. Die Grünen, wie die Republikaner generell Gegner einer Fünf-Prozent-Klausel, plädierten für den Verzicht auf eine Klausel, hilfsweise für eine Fünf-Prozent-Klausel bezogen auf mindestens ein Bundesland. Sie sahen schließlich in einer auf die beiden bisherigen Staatsgebiete DDR und Bundesrepublik (alt) bezogenen Fünf-Prozent-Klausel im Vergleich zu einer gesamtdeutschen immer noch eine bessere Lösung.

Aus dieser Gefechtslage ergab sich ein innenpolitischer Streit, der in den Augen vieler Beobachter die Vorurteile gegenüber den politischen Parteien zu bestätigen schien, der aber am Ende sogar dazu beitrug, daß die Entscheidung für gesamtdeutsche Wahlen noch schneller zustande kam, als dies die allermeisten sich zuvor hatten vorstellen können.

Die CDU mußte bei dieser Auseinandersetzung auf die Interessenlage der CSU, die sich aus deren Verantwortlichkeit für die DSU ergab, Rücksicht nehmen. Ich war darüber hinaus – und davon unabhängig – überzeugt, daß bei einer ersten gesamtdeutschen Wahl eine Fünf-Prozent-Klausel, bezogen auf das gesamte Wahlgebiet, nicht ohne ergänzende Möglichkeiten des Mandatserwerbs eingeführt werden konnte. Erst seit dem Herbst 1989 konnten in der DDR Parteien frei gegründet werden. Und es gab zunächst noch keine gesamtdeutschen Parteien – auch wenn absehbar war, daß sich CDU, SPD und FDP mit den entsprechenden Parteien in der DDR vor einer gesamtdeutschen Wahl zusammenschließen würden.

Bei den Grünen war das schon fraglich. Heute wissen wir, daß es dazu tatsächlich nicht gekommen ist, aus Gründen, die ich allerdings bis heute nicht verstanden habe. Und bei Gruppierungen, die sich in der DDR neu und nicht nach westlichem Vorbild gebildet hatten – wie DSU, Bündnis '90 oder Neues Forum –, war die Annahme völlig unrealistisch, daß sie eine ernsthaft in Betracht zu ziehende Chance haben würden, auch in der Bundesrepublik ins Gewicht fallende Stimmenanteile zu gewinnen. Die parteipolitischen Strukturen in der Bundesrepublik Deutschland waren zu festgefügt, als daß man für neue Gruppierungen, die in der besonderen revolutionären Situation der DDR entstanden waren, in kurzer Zeit nennenswerte Stimmengewinne in der Bundesrepublik erwarten oder umgekehrt diese von ihnen als Voraussetzung für die Zugehörigkeit zum gesamtdeutschen Parlament verlangen konnte.

Schließlich wehrten sich auch PDS und Republikaner gegen eine gesamtdeutsche Fünf-Prozent-Klausel – die PDS, weil sie im Westen zwar Bündnis- oder Fusionspartner bei den verschiedenen kommunistischen Parteien finden konnte, die alle aber seit Jahren in der Größenordnung von unter einem Prozent der Stimmen lagen; und die Republikaner, weil sie umgekehrt in der DDR zunächst noch verboten waren und danach nur begrenzte Aktionsmöglichkeiten fanden, entscheidend aber wohl deshalb, weil sie eine Chance sahen, die Fünf-Prozent-Hürde generell zu Fall zu bringen. An ihr drohten sie ja auch bei einem auf die alte Bundesrepublik bezogenen Stimmenanteil zu scheitern.

Auch wenn man für die Interessen der PDS oder der Republikaner wenig Sympathie aufbringen mochte: Entscheidend war aus meiner Sicht, daß bei einer ersten gesamtdeutschen Wahl einer politischen Partei, die sich in der DDR erst Monate zuvor hatte bilden können, nicht zuzumuten war, in ganz Deutschland fünf Prozent der Stimmen zu erringen, um im gesamtdeutschen Parlament vertreten zu sein. Bei den Einwohnerzahlen beider Teile Deutschlands hieße dies nämlich, daß man in der DDR allein 22,39 Prozent der dort anfallenden Stimmen erreichen mußte, um – ohne weitere Stimmen aus der alten Bundesrepublik – bezogen auf das Gesamtwahlgebiet fünf Prozent zu erreichen. Deswegen war meine feste verfassungsrechtliche Überzeugung, daß bei der ersten Wahl die Fünf-Prozent-Klausel nicht ohne weitere Einschränkungen oder Ergänzungen gelten konnte, völlig unabhängig von der Frage, nach welchem meiner drei Modelle es zu solchen »gesamtdeutschen Wahlen« kommen würde.

Bei dem Modell der formal getrennten Wahl konnte die Fünf-Prozent-Klausel allenfalls auf jeden der beiden noch getrennten Teile bezogen werden. Viele gewannen ja den Eindruck, daß dieses Modell vor allem mit dem Ziel in die Diskussion gebracht worden sei, eine einheitliche Fünf-Prozent-Klausel zu vermeiden. Genau nach dieser – aus meiner Sicht unzutreffenden – Vermutung gruppierten sich Anhänger und Gegner des Modells getrennter Wahlen.

SPD und FDP warfen dem Modell getrennter Wahlen vor, es solle lediglich die DSU am Leben erhalten. Damit nehme man in Kauf, daß auch die PDS in einem gesamtdeutschen Parlament vertreten sei. Dieser Einwand verfehlte seine Wirkung zumindest in Teilen der interessierten Öffentlichkeit nicht. Stärker aber war noch das Argument, daß man das historische Ereignis der deutschen Wiedervereinigung nicht mit etwas so »Gekünsteltem« wie der Wahl eines gesamtdeutschen Parlaments in zwei formal noch getrennten Wahlgebieten mit zwar weitgehend übereinstimmenden, aber formal doch selbständigen Wahlgesetzen beginnen wolle. »Ein Volk, ein Staat, ein

Parlament, ein Wahlgebiet und eine Sperrklausel« – das waren die Schlagworte, gegen die in der bundesrepublikanischen Diskussion mit verfassungsrechtlichen Argumenten wenig auszurichten war. Da half auch nicht der Hinweis, daß das Modell einer getrennten Wahl bei der gegebenen Terminenge, die durch außen- wie innenpolitische Abläufe bestimmt war, am ehesten die Chance biete, in diesem Jahr 1990 überhaupt noch zur Wahl eines gesamtdeutschen Parlaments zu kommen.

Die FDP war seit geraumer Zeit in völliger Übereinstimmung mit mir der Überzeugung, daß diese Wahlen 1990 noch erreichbar seien, und bei den Sozialdemokraten vollzog sich über den Streit um die Ausgestaltung einer Sperrklausel in der Frage des Wahl- und Beitrittstermins ein grundlegender Wandel.

Die Argumente der Gegner meiner wahlrechtlichen Überlegungen schienen in der Öffentlichkeit besser zu »greifen«. Dennoch fühlte ich mich zunächst in einer starken Position, weil ja das entscheidende Wort über das Ob und Wie einer gesamtdeutschen Wahl im Jahre 1990 letztlich in der DDR gesprochen werden mußte. Dort war Günther Krause seit langem ein Anhänger des Modells getrennter Wahlen, weil er auf diese Weise ebenso wie ich die beste Chance sah, noch 1990 zur Wiedervereinigung und zur Wahl eines gesamtdeutschen Parlaments zu kommen. Und inzwischen befürwortete dies auch Lothar de Maizière. Bei ihm hatte das Modell entscheidend dazu beigetragen, daß er mit dem Fortgang der Zwei-plus-Vier-Gespräche eine Realisierung der Einheit und der Wahl zum Jahresende nun doch für möglich hielt.

Solange in der DDR diese Position gehalten wurde, brauchte mich das Zusammenwirken von SPD und FDP in der Wahlrechtsfrage bei uns nicht allzusehr zu stören, dachte ich – und übersah dabei, daß die gegenseitige Beeinflussung und die Zusammenarbeit der Parteien über die noch vorhandene innerdeutsche Grenze hinweg nicht nur bei den Christdemokratischen inzwischen gut funktionierte. Die Liberalen verließen die Regierungskoalition in Ost-Berlin, weil sie Ministerpräsident de Maizière vorwarfen, er zögere eine Entscheidung zum Beitrittstermin hinaus. Damit suche er die Möglichkeit der einheitlichen Wahl eines gesamtdeutschen Parlaments zu verhindern und auf diese Weise zur getrennten Sperrklausel zu kommen. Und auch die Sozialdemokraten in beiden Teilen Deutschlands begannen plötzlich – in völligem Gegensatz zu ihren bisherigen Positionen, wonach die Einheit keineswegs überstürzt und frühestens 1992 vollendet werden dürfe –, sich für einen frühen Beitrittstermin auszusprechen, um auf diese Weise von den getrennten Wahlen weg und hin zu einer gesamtdeutschen Fünf-Prozent-Klausel zu kommen.

Die Diskussion in der Volkskammer nahm an Brisanz dadurch zu, daß seit dem 17. Juni ein Antrag der DSU vorlag, die Volkskammer möge den sofortigen Beitritt nach Artikel 23 beschließen. Zwar war der Antrag nach erregten Diskussionen in den Fraktionen am selben Tag zunächst an den Verfassungs- und Rechtsausschuß überwiesen worden, aber wer vermochte auszuschließen, daß er plötzlich wieder auf der Tagesordnung erschien. Niemand konnte das Ergebnis einer Abstimmung vorhersagen. Die Zahl derjenigen, die nicht mehr gegen einen sofortigen Beitritt zum Grundgesetz zu stimmen bereit waren, schien größer zu werden.

Am 22. Juli fand in der Volkskammer ein Antrag eine Mehrheit, in dem die Bundesrepublik gebeten wurde, mit der DDR einen Wahlvertrag abzuschließen. Dieser sollte die rechtzeitige Vorbereitung der Wahl eines gesamtdeutschen Parlaments zum Jahresende auf der Grundlage eines gemeinsamen Wahlrechts ermöglichen. Unmittelbar danach erklärte ich die Bereitschaft der Bundesregierung zum Abschluß eines solchen Wahlvertrags, wie bereits bei der ersten Verhandlungsrunde zum Einigungsvertrag am 6. Juli in Ost-Berlin. Damals hatte ich Ministerpräsident de Maizière noch einmal öffentlich auf die drei Möglichkeiten hingewiesen, zum Jahresende zur Wahl eines gesamtdeutschen Parlaments zu kommen, hatte die DDR um eine rechtzeitige Entscheidung gebeten und zugleich ausdrücklich dafür plädiert, nicht einfach die Zeit entscheiden zu lassen.

Nun also war eine Vorentscheidung gefallen: Die Volkskammer hatte das Modell einer getrennten Wahl ausgeschieden. Der Kampf um die Ausgestaltung der Fünf-Prozent-Klausel mußte jetzt in eine entscheidende Phase treten, die Auseinandersetzung verlagerte sich wieder stärker nach Bonn. Am 26. Juli berieten die Ausschüsse »Deutsche Einheit« von Volkskammer und Bundestag in einer gemeinsamen Sitzung in Bonn. Dabei wurde öffentlich sichtbar – was Eingeweihte nicht überraschen konnte –, daß die Fronten zwischen Sozialdemokraten und Liberalen in beiden Teilen Deutschlands einerseits und der Union, den Grünen und den neuen politischen Gruppierungen in der DDR andererseits verliefen; auch die PDS gehörte zu den Gegnern einer einheitlichen Fünf-Prozent-Hürde.

Wer einigermaßen sorgfältig rechnete, konnte also erkennen, daß eine auf das gesamtdeutsche Wahlgebiet bezogene Fünf-Prozent-Klausel weder in der Volkskammer noch im Bundestag eine Mehrheit besaß – eine Tatsache, die im Bundesrat noch zusätzlich bestätigt wurde durch eine Abstimmung über einen Antrag SPD-regierter Bundesländer auf eine gesamtdeutsche Fünf-Prozent-Klausel. Obwohl die SPD seit der Landtagswahl in Niedersachsen über eine Mehrheit im Bundesrat verfügte, verfiel der Antrag der Ablehnung, weil die Länder Berlin und Niedersachsen, die beide von rot-grünen Koalitionen regiert wurden, dem Antrag ihre Zustimmung ebenso verweigerten wie die unionsregierten Länder.

Für die Bonner Regierungskoalition war besonders mißlich, daß sie in dieser Frage noch keine einheitliche Position vertrat. Wechselnde Mehrheiten sind in der Regel der Anfang vom Ende einer Koalition und müssen deshalb unter allen Umständen vermieden werden. Wir hatten allerdings über die Frage des Wahlrechts in der Koalition bisher noch nicht verbindlich miteinander gesprochen, weil wir vor der Entscheidung der Volkskammer dies wegen der möglichen Rückwirkungen auf die DDR nicht für empfehlenswert hielten. Nun aber mußten wir in der Koalition eine Lösung finden.

Am 25. Juli suchte ich den FDP-Vorsitzenden Graf Lambsdorff in seinem Büro auf und wies auf die ungewöhnliche, auch koalitionspolitische Brisanz des Themas hin, die darin bestand, daß die FDP in einer Angelegenheit, die zumindest eine der beiden Unionsparteien, die CSU, essentiell betraf, mit der SPD gemeinsame Sache machte. Lambsdorff hielt mir entgegen, daß man bei dieser Sachlage von seiten der Union hätte früher mit der FDP sprechen müssen. Wir zogen daraus die Lehre, das Versäumte baldigst nachzuholen.

In einem Gespräch beim Bundeskanzler, an dem neben Lambsdorff und mir der damalige Staatssekretär beim Bundesjustizminister, Klaus Kinkel, teilnahm, konzentrierten wir uns vor allem auf die unterschiedlichen verfassungsrechtlichen Standpunkte. Während das Innenministerium mit Entschiedenheit eine auf das ganze Wahlgebiet bezogene Fünf-Prozent-Klausel ohne weitere Einschränkung oder Ergänzung für verfassungswidrig hielt, sah das Justizministerium dagegen keinerlei Bedenken.

Ich habe, insbesondere als Chef des Bundeskanzleramts, seit 1984 mit Staatssekretär Kinkel, dessen Ruf als exzellenter Spitzenbeamter in Bonn völlig unbestritten war, gut und erfolgreich zusammengearbeitet. Wir waren uns auch freundschaftlich verbunden und haben gelegentlich miteinander Tennis gespielt, wobei ich immer den kürzeren zog. Bei dieser Besprechung gerieten wir zum einzigen Mal wirklich heftig miteinander in Streit, weil ich dem Justizministerium vorwarf, nicht hinreichend sorgfältig gearbeitet zu haben, wenn es die Auffassung vertrete, daß es gegen eine uneingeschränkte Fünf-Prozent-Klausel bei einer ersten gesamtdeutschen Wahl keine verfassungsrechtlichen Bedenken gebe.

Im Innenministerium hatten wir uns eingehend mit den verfassungsrechtlichen Problemen des Wahlrechts befaßt, hatten beispielsweise auch ein Gutachten von Professor Badura erstellen lassen und Anfang Juli in einem intensiven

Kolloquium mit führenden deutschen Staatsrechtslehrern viel Zustimmung für unsere Rechtsüberzeugungen gefunden. Deshalb war ich meiner Sache sicher – nicht zu Unrecht, wie das Urteil des Bundesverfassungsgerichts im September zeigte.

Wir haben uns rasch wieder vertragen, aber der Vorfall zeigt, wie die Nerven in dieser Frage bloßlagen, und mit welcher Entschiedenheit auch parteipolitische Interessen im Gewande verfassungsrechtlicher Argumente vertreten wurden.

Ein Ergebnis erzielten wir in dem Gespräch beim Bundeskanzler noch nicht. Allerdings stand die zweite Runde der Verhandlungen über den Einigungsvertrag vom 1. bis 3. August unmittelbar bevor. Bei dieser Gelegenheit mußten wir auch den Wahlvertrag zustande bringen, für den mein Haus nach der Entscheidung der Volkskammer bereits einen fertigen Entwurf erarbeitet hatte.

Die Leistungsfähigkeit der Bonner Ministerialbürokratie ist im Zusammenhang mit dem Einigungsvertrag oft und zu Recht hoch gepriesen worden. Als ein Beispiel dafür steht die damalige Leiterin des Wahlrechtsreferates im Innenministerium, die Ministerialrätin von Rottenburg, die unaufgefordert 24 Stunden nach der Pressekonferenz, in der ich die Bereitschaft der Bundesregierung zum Abschluß eines Wahlvertrags erklärte, den fertigen Entwurf eines solchen Vertrages ausgearbeitet und vorgelegt hatte. Der Entwurf entspricht dem am 3. August von Günther Krause und mir unterzeichneten Vertrag, wobei allerdings die Frage der Sperrklausel noch zu lösen war. In einer Koalitionsrunde am Nachmittag des 31. Juli mußten wir die Lösung finden. Der Kanzler war inzwischen in den Urlaub an den Wolfgangsee abgereist.

Die verfassungsrechtliche Diskussion wurde noch zusätzlich durch ganz unterschiedliche Hinweise bereichert, die sowohl die eine wie die andere Seite unaufgefordert aus Kreisen des Bundesverfassungsgerichts erhalten hatte. Ein besonderes Beispiel dafür ergab sich am 31. Juli. Staatssekretär Kinkel und ich flogen an diesem Vormittag mit einem Bundeswehr-

Hubschrauber nach Karlsruhe. Wir wollten mit führenden Vertretern des Bundesverfassungsgerichts über die Frage sprechen, ob sich durch den Einigungsvertrag Änderungen für das Bundesverfassungsgericht, etwa eine Ausweitung der Richterzahl für die einzelnen Senate oder die Einrichtung eines weiteren Senats ergeben sollten – Überlegungen, die in Karlsruhe nicht auf Sympathie stießen und die dann bei den Verhandlungen zum Einigungsvertrag auch nicht aufgegriffen wurden.

Ich mußte die Besprechung vorzeitig verlassen, weil ich noch zur Beerdigung meines alten Freundes Josef Rey, des früheren Bürgermeisters von Colmar, ins Elsaß wollte. Beim Hinausgehen sprach der mich begleitende Verfassungsrichter davon, daß innerhalb des für eine etwaige Anfechtung des Wahlvertrags zuständigen Senats Bedenken gegen eine einfache Übertragung des bundesrepublikanischen Wahlgesetzes auf das Gesamtgebiet von Bundesrepublik und DDR bestünden. Ich habe darauf hingewiesen, daß solche Bedenken gerade im Hinblick auf das für den Nachmittag anberaumte Koalitionsgespräch für uns sehr wichtig seien. Man möge deshalb auch Staatssekretär Kinkel entsprechend unterrichten.

Zurück in Bonn informierte ich bei einer kurzen Vorbesprechung für das Koalitionsgespräch im Büro des Fraktionsvorsitzenden die CDU-Kollegen Dregger, Rühe und Bohl über dieses Gespräch in Karlsruhe. Als Alfred Dregger dann im Gespräch mit den FDP-Vertretern am Nachmittag im Kanzleramt darauf hinwies, daß Überlegungen wie die der FDP zum Wahlrecht in Karlsruhe offenbar auf Bedenken stießen, bestätigte Staatssekretär Kinkel zwar, daß auch ihm entsprechende Informationen wie mir zuvor in Karlsruhe zuteil geworden seien, aber das sei bereits wieder überholt, denn auf der Heimfahrt nach Bonn sei er von einem anderen Richter des Senats angerufen worden, der ihm gesagt habe, daß solche Bedenken gerade nicht bestehen würden. Ganz im Gegenteil halte man die Vorstellungen der Freien Demokraten für verfassungsrechtlich unbedenklich.

Das setzte sich fort, als Günther Krause und ich eine Woche später, am 2. August 1990, den Wahlvertrag paraphiert hatten. Aus dem Verfassungsgericht wurden Meldungen in die Öffentlichkeit lanciert, das Gericht hege erhebliche Bedenken gegen den abgeschlossenen Wahlvertrag. Diese Bedenken bezogen sich nun auf die eingeschränkte Zulässigkeit von Listenverbindungen. Sie sollten ja nur zwischen Parteien und politischen Gruppierungen möglich sein, die in keinem Land – mit Ausnahme Berlins – miteinander konkurrierten.

Man kann sich heute nur noch schwer vorstellen, welche Aufregung in unserer Delegation in Berlin aufgrund dieser Agenturmeldungen entstand. Gerade eben hatten wir, nach all den Auseinandersetzungen, den Wahlvertrag paraphiert und wollten ihn am nächsten Tag unterzeichnen, und jetzt wurden wir mit der Aussicht konfrontiert, daß das Verfassungsgericht die so mühsam gefundene Lösung wieder aufheben wollte. Wie sollte es gelingen, jetzt kurzfristig zu einem anderen Einvernehmen über einen Wahlvertrag zu kommen, nachdem wir unter Schwierigkeiten schließlich Übereinstimmung innerhalb der Koalition, mit der Opposition und auch mit den maßgebenden politischen Gruppierungen in der DDR erreicht hatten?

Nach einer Reihe von Telefongesprächen mit Mitgliedern des Bundesverfassungsgerichts schwand die Aufregung schließlich wieder, weil aus Karlsruhe am Abend zu hören war, daß der paraphierte Wahlvertrag vor dem Bundesverfassungsgericht wohl doch Bestand haben würde – eine Hoffnung, die schließlich im September dann doch zunichte gemacht wurde. Das allerdings wußten wir am 2. August noch nicht, und wir waren zunächst froh, daß die entstandene Verwirrung für den Augenblick wieder beseitigt schien. Im übrigen gingen damals alle Hinweise in die Richtung, daß man die DSU nicht privilegieren oder die neuen politischen Gruppen in der DDR nicht diskriminieren dürfe. Dagegen fehlte jeder Fingerzeig, daß man beim Verfassungsgericht damals schon das Problem einer auf ganz Deutschland bezogenen Fünf-Prozent-Klausel bei der ersten Wahl eines gesamtdeutschen Parlaments gesehen hätte.

Ich habe während der mündlichen Verhandlung über die Klage gegen den Wahlrechtsvertrag am 26. September darüber nachgedacht, ob das Verfassungsgericht nicht gut daran täte, mit noch so wohlgemeinten Hinweisen aus seinen Reihen äußerste Zurückhaltung zu üben – nicht nur wegen der Besorgnis der Befangenheit, sondern weil man gelegentlich eine Problematik erst dann wirklich durchschaut, wenn man sich hinreichend mit ihr befaßt hat.

Wie auch immer: In dem Gespräch am 31. Juli mußten wir uns einigen, und eine Einigung konnte nach all dem Streit und dem damit verbundenen Einsatz von politischem Prestige nur in einer Lösung gefunden werden, die außerhalb der Fünf-Prozent-Klausel lag. Anderenfalls hätte es Sieger und Besiegte gegeben. Auf einer solchen Grundlage indes ist niemals eine gute Einigung zu erzielen. So kam der Lösungsansatz zustande, die Fünf-Prozent-Hürde im Wahlvertrag festzuschreiben, aber zugleich für die erste Wahl Listenverbindungen zwischen Parteien und politischen Gruppierungen zuzulassen, die in keinem Land nebeneinander kandidierten. Für Berlin mußten wir aus besonderen Gründen eine Ausnahme machen. Wir waren überzeugt, daß auch mit dieser Lösung den Besonderheiten der ersten gesamtdeutschen Wahl hinreichend Rechnung getragen wurde, weil ja jeder Partei oder politischen Gruppierung grundsätzlich drei Möglichkeiten zur Verfügung standen, nämlich die der Ausdehnung auf das gesamtdeutsche Wahlgebiet, die der Fusion mit einer Partei im jeweils anderen Teil Deutschlands oder die des Eingehens einer Listenverbindung.

Das Verfassungsgericht hat uns am 29. September eines Besseren belehrt. Es entschied, daß bei der ersten Wahl eines gesamtdeutschen Parlaments die Fünf-Prozent-Klausel nur auf die beiden bisherigen Teile Deutschlands jeweils für sich bezogen werden durfte. Am 31. Juli waren wir uns sicher, einen tragfähigen Kompromiß gefunden zu haben, für den wir auch die Zustimmung der Sozialdemokraten während unserer Gespräche eingeholt hatten. Auch dies war technisch etwas schwierig, weil der SPD-Vorsitzende Hans-Jochen Vogel sich in Urlaub befand; aber schließlich gelang es, ihn und Herta Däubler-Gmelin zu erreichen, und am 1. August konnte ich frühmorgens nach Ost-Berlin abfliegen mit dem fertigen Entwurf eines Wahlvertrags, der von der Koalition geschlossen und von der sozialdemokratischen Bundestagsfraktion mitgetragen wurde.

Wahltermine, Wahlrecht, Sperrklausel, Grenzgarantien, Übersiedler – alles bedeutsame Themen in dem spannenden Prozeß des Zusammenwachsens der beiden deutschen Staaten. Doch das Problem, das uns vor und nach der Volkskammerwahl am heißesten auf den Nägeln brannte, war die Wirtschafts- und Währungsunion. Finanz- und Wirtschaftsministerium unter Beteiligung der Deutschen Bundesbank arbeiteten intensiv und streng vertraulich an der Vorbereitung. Zu den zahlreichen Besprechungen in kleinen Koalitionsrunden wurde auch ich vom Kanzler zugezogen – vielleicht weniger als Innenminister, sondern als jemand, den Helmut Kohl gern mit dabei hat, wenn es in der Koalition um wirtschafts- und finanzpolitische Fragen geht. Hauptgesprächspartner waren Theo Waigel, Graf Lambsdorff und Bundesbankpräsident Karl-Otto Pöhl sowie Finanz-Staatssekretär Köhler und dessen Vorgänger Hans Tietmeyer, inzwischen Mitglied des Direktoriums der Deutschen Bundesbank, von der er für die Aushandlung des Vertrags über die Wirtschafts-, Währungs- und Sozialunion freigestellt wurde. Auch Norbert Blüm war mit von der Partie, weil ja mit der Wirtschafts- und Währungsunion zugleich auch eine Sozialunion ausgehandelt werden mußte.

Diese Gesprächsrunden fanden häufig Sonntag abends im Kanzler-Bungalow statt, weil andere Termine nicht zu finden waren. Sonn- oder Feiertagstermine in Bonn sind für mich immer ein Alarmzeichen gewesen. Die allermeisten von uns leben mit ihren Familien weitab von Bonn, sehen sie ohnedies nur am Wochenende, an dem im übrigen jeden noch genügend anderweitige Verpflichtungen belasten.

Zentrales Thema dieser Beratungen war naturgemäß das Umstellungsverhältnis bei Einführung der D-Mark in der DDR. Zunächst mußte ja ein Überblick verschafft werden, welches Finanzvolumen zu bewältigen war. Was würde auf den Bundeshaushalt zukommen? Wieviel konnte die Notenbank übernehmen?

Rasch zeichnete sich ab, daß generell im Verhältnis 2:1 umgestellt werden sollte. Nach entsprechenden Festlegungen im Wahlkampf zur Volkskammerwahl war allerdings klar, daß pro Person ein bestimmter Betrag, eventuell sozial gestaffelt, im Verhältnis 1:1 umgetauscht werden konnte. Die schwierigste Frage war das Umstellungsverhältnis für Löhne, Gehälter und Renten. Bundesbank und Finanzministerium plädierten für eine Relation von 2:1. Dabei wußten alle Beteiligten, daß in diesem Fall soziale Aufbesserungen sowohl bei Löhnen und Gehältern als auch bei den Renten notwendig werden würden.

Angesichts des heftigen Widerstandes in der DDR entschied man sich schließlich für ein Umstellungsverhältnis von 1:1. Da mit der Wirtschafts-, Währungs- und Sozialunion allerdings Steuern und Sozialabgaben auf Löhne und Gehälter eingeführt wurden, war im Ergebnis der Unterschied dieses Umtauschkurses zu dem eines Verhältnisses von 2:1 bei entsprechenden Aufbesserungen eher marginal. Der Unterschied lag in der psychologischen Wirkung auf die Menschen in der DDR. Für die Rentner brachte die Wirtschafts-, Währungs- und Sozialunion, soweit sie nicht Empfänger von Sonderrenten waren, erhebliche Verbesserungen mit sich. Dabei darf allerdings auf der anderen Seite die Preisentwicklung, insbesondere bei den Grundbedürfnissen des täglichen Lebens, nicht übersehen werden.

Die eigentlichen Verhandlungen führten auf der Seite der Bundesrepublik Hans Tietmeyer, der institutionell wie persönlich dafür geradezu ideale Voraussetzungen mitbrachte, und auf der DDR-Seite der Parlamentarische Staatssekretär beim Ministerpräsidenten, Günther Krause, später auch mein Verhandlungspartner beim Einigungsvertrag.

Gelegentlich übertrug mir der Bundeskanzler Sonderaufgaben. Lothar de Maizière hatte zu Beginn der am 17. April offiziell aufgenommenen Verhandlungen über die Währungsunion und den Weg zur deutschen Einheit um ein vertrauliches Gespräch gebeten. Kohl schickte Tietmeyer und mich nach Ost-Berlin, vielleicht weil er annahm, daß de Maizière und mich seit dem Herbst '89 ein besonderes Vertrauensverhältnis verband.

In diesem Gespräch ging es um den Grundrahmen der finanziellen Hilfen, die de Maizière von uns erwartete. Er wollte wissen, wie die DDR bei Einführung der D-Mark überleben könne, was mit den garantierten Lieferungen der DDR in andere Staaten des Ostblocks geschehe. Bis heute beschäftigen uns ja diese Fragen: Was zum Beispiel aus den vertraglich vereinbarten Trabi-Lieferungen nach Ungarn wird. Die müssen natürlich geliefert und entsprechend aus dem Bundeshaushalt subventioniert werden. Insofern habe ich den Widerstand des damaligen Bundeswirtschaftsministers Helmut Haussmann von Anfang an für falsch gehalten. Es war Lothar de Maizière genauso klar wie Tietmeyer und mir, daß mit Einführung der Westwährung die DDR-Betriebe schlagartig nicht mehr konkurrenzfähig sein würden. Wir konnten uns auch ausmalen, in welch dramatischer Weise dieser Eingriff sichtbar würde. Also ging es darum, wie wir verhindern konnten, daß dieser Teil Deutschlands zusammenbrach.

Als ein stabilisierendes Instrument bot sich der traditionell starke Export der DDR in den Ostblock an. Doch bekanntlich hat die sozialistische Staatswirtschaft niemals unter Wettbewerbsbedingungen produziert. Politische Planvorgaben und Subventionen aus der Staatskasse haben die Marktchancen der DDR-Erzeugnisse bestimmt. In den Ländern des früheren Warschauer Paktes setzten die volkseigenen Betriebe und Kombinate auch Güter ab, die sie auf westlichen Märkten nicht los wurden. Die DDR-Firmen konnten also ihre Verträge mit den osteuropäischen Abnehmern nur erfüllen, wenn wir mit Haushaltsmitteln den von einem Tag zum anderen zur Produktion unter westlichen, das heißt unter realistischen Kostenbedingungen gezwungenen DDR-Unternehmen kräftig unter die Arme griffen. Tietmeyer und ich wußten, daß auf Finanzminister Theo Waigel schwere Zeiten zukamen. Wie hoch die Hilfe ausfallen würde, darüber vermochten wir an jenem Abend nur zu spekulieren.

Nach etwa zwei Stunden stieß DDR-Finanzminister Walter Romberg zu uns. Der Sozialdemokrat warf uns um viele Stunden zurück. Wir sollten uns, rügte Romberg, gefälligst abschminken, die Währungsunion schon zum 1. Juli einzuführen. Dieser Termin sei viel zu früh. Ich habe den Mann völlig fassungslos angeschaut und gefragt: »Sagen Sie mal, Sie sind doch in dieser Regierung der Finanzminister?« Als Romberg bejahte, fuhr ich fort: »Vor wenigen Tagen haben Sie eine Regierungserklärung abgegeben und die Währungsunion zum 1. Juli angekündigt. Und jetzt, ein paar Tage später, fangen Sie an, dieses von Ihnen selbst gesetzte Datum wieder in Zweifel zu ziehen! Wissen Sie was, Herr Romberg: Sie können einpakken, wenn Sie jetzt schon wieder Verunsicherung schaffen. Das halte ich nun wirklich für lebensmüde.«

Offen gesagt, bin ich mir heute noch nicht sicher, was den Herrn Romberg in dieser Nacht getrieben hat: Ob der wirklich noch im Sinne des SPD-Kanzlerkandidaten Lafontaine die Währungsunion verhindern wollte oder ob er einfach ein politikferner Mann war. Staatssekretär Günther Krause hat später mehrmals kategorisch Rombergs Sturz verlangt. Er unterstellte dem Sozialdemokraten schlicht Sabotage. Krause behauptet, nur weil Romberg in die Schlußrunde seiner Verhandlungen mit Tietmeyer eingegriffen habe, seien der DDR noch ein paar Milliarden verlorengegangen. Bis heute bin ich mir meines Urteils über Romberg nicht sicher. Mein Gefühl sagt mir, daß Romberg eher ein politisch nicht so erfahrener, aber eigentlich ganz sympathischer Mensch ist.

Spiel mit vielen Bällen

Die Einbindung von Parteien, Ländern und Interessengruppen

Die Verhandlungen über den Staatsvertrag zur Währungs-, Wirtschafts- und Sozialunion standen unter enormem Zeitdruck. Zum 1. Juli 1990 sollten die D-Mark und die soziale Marktwirtschaft in der DDR eingeführt werden. Zur Vorbereitung benötigte die Bundesbank eine Mindest-Vorlaufzeit, damit eine in der Notenbankgeschichte bisher so nicht gekannte Währungsumstellung reibungslos funktionieren konnte. In der Tat hat ja nach dem 1. Juli die sachverständige Bankenwelt die Leistung insbesondere der Deutschen Bundesbank bei der Währungsumstellung in der DDR bewundert.

Zuvor mußte das Vertragswerk das parlamentarische Ratifizierungsverfahren durchlaufen haben. Der 18. Mai, an dem die beiden Finanzminister Theo Waigel und Walter Romberg in einem feierlichen Zeremoniell im alten Kabinettsaal des Palais Schaumburg ihre Unterschriften unter das Vertragswerk setzten, war fast der letztmögliche Termin, wenn der Zeitplan noch einigermaßen eingehalten werden sollte.

Die beiden Unterhändler Tietmeyer und Krause hatten schon bald erkannt, daß sie unter diesem Zeitdruck bis zum 18. Mai die tiefgreifenden Meinungsunterschiede und die ungeheuer komplizierten Sachfragen über die künftige Regelung von Eigentums- und Vermögensfragen nicht würden lösen können, so daß dieser Problembereich aus dem Staatsvertrag ausgeklammert wurde und einer gemeinsamen Regierungserklärung vorbehalten blieb, die allerdings noch vor dem Inkrafttreten der Währungs-, Wirtschafts- und Sozialunion zu verabschieden war.

Um die deutsche Einheit zustande zu bringen, genügte es nicht, juristisch saubere Verträge vorzulegen. Wichtiger noch war es, zwischen allen Artikeln und Paragraphen eine Perspektive für eine rasche und dynamische Aufwärtsentwicklung der maroden Wirtschaft in der DDR sichtbar werden zu lassen. Das dazu notwendige Kapital würde aber nur gen Osten fließen, wenn Investoren Grund und Boden erwerben und darüber verfügen könnten. Die Koalition aus »Allianz«, Liberalen und SPD hatte deshalb grundsätzliche Verkaufs- und Mobilisierbarkeit von Grund und Boden vereinbart. Doch die Angst war groß, daß sich westliche Spekulanten und Grundstückshaie nun auf DDR-Immobilien stürzten, Gewinne abschöpften, aber keine Investoren ins Land holen würden. Aus diesem Grund hatte die DDR ein zehnjähriges Erbpacht- oder Erbbaurecht vorgeschlagen. Damit jedoch gaben sich Investitionswillige aus dem Westen nicht zufrieden. Es blieb nichts anderes übrig, als diesen Komplex auszuklammern – mit der Folge, daß diese Fragen später beim Einigungsvertrag und danach mit zu den schwierigsten Problemen wurden.

Die Volkswirtschaft der DDR war bisher eine sozialistische Planwirtschaft. Sie beruhte auf staatlichem Eigentum an den Produktionsmitteln, insbesondere auf Volkseigentum an der industriellen Produktion und an Grund und Boden. Es genügte also nicht, die volkseigenen Betriebe und Kombinate in die Rechtsform einer Aktiengesellschaft oder einer Gesellschaft mit beschränkter Haftung umzuwandeln. Wenn westdeutsche Konzerne oder mittelständische Unternehmen für ein Engagement in der ehemaligen DDR gewonnen werden sollten, dann mußte als erstes der reibungslose Eigentumstransfer bei Beteiligung oder Übernahme ermöglicht werden. Nach dem 1. Juli 1990 durften keine Sperren für Investoren bestehen bleiben, wenn der für das Gelingen der Währungs-, Wirtschafts- und Sozialunion unverzichtbare wirtschaftliche Aufschwung stattfinden sollte.

Besonderes Kopfzerbrechen bereitete die Frage, ob und inwieweit Sozialisierungen und Enteignungen rückgängig gemacht werden könnten, die zwischen 1945 und 1949 auf dem Gebiet der damaligen Sowjetischen Besatzungszone im Zuge der Bodenreform oder auf andere Weise unter sowjetischer Oberhoheit verfügt worden waren. Moskau hatte der Deutschen Botschaft schon am 28. April 1990 ein Memorandum überreicht, das unseren engen Spielraum aufzeigte: »Nichts im Vertragsentwurf zwischen der BRD und der DDR darf dazu berechtigen, die Gesetzlichkeit der Maßnahmen und Verordnungen in Frage zu stellen, die die Vier Mächte in Fragen der Entnazifizierung, der Demilitarisierung und der Demokratisierung gemeinsam oder jede in ihrer ehemaligen Besatzungszone ergriffen haben. Die Rechtmäßigkeit dieser Beschlüsse, vor allem in Besitz- und Bodenfragen, unterliegt keiner neuerlichen Prüfung oder Revision durch deutsche Gerichte oder andere deutsche Staatsorgane.« Die Warnung war unmißverständlich.

Ich hatte es bereits im März als eine »Illusion« betrachtet, wenn jemand meinte, die seit 1945 in der DDR entstandenen Eigentumsverhältnisse »wieder ungeschehen« machen zu können, und ich habe mich ein wenig lustig gemacht über jene, »die jetzt in Verzweiflung geraten, weil sie möglicherweise etwas nicht mehr bekommen, von dem sie seit 20 Jahren im Traum nicht daran gedacht haben, daß sie es jemals wieder bekommen würden«. Man könne vierzig Jahre halt nicht ungeschehen machen. Wer wolle, daß jetzt alles, was der Sozialismus angerichtet habe, rückgängig gemacht werde, der werde allein damit weitere 40 Jahre beschäftigt sein und die historische Chance verpassen, jetzt ein Deutschland und ein Europa in Freiheit, Einheit und Frieden zu bauen.

Entschädigungen, wie sie in einem Rechtsstaat nötig sind, wollte ich damit nicht ausschließen. Doch denjenigen DDR-Bürgern, die durch eine Bodenreform in gutem Glauben Eigentum erworben hatten – und sei es nur für den Bau einer »Datscha« –, mußte die Angst, dies wieder zu verlieren, genommen werden, auch wenn sich der DDR-Staat den Boden rechtswidrig angeeignet hatte. Die Deutschen in der DDR hielten das, was sie auf solchem Grund und Boden durch eigene Arbeit erworben hatten, längst für ihr Eigentum, für das auch der im Grundgesetz verankerte Schutz künftig gelten mußte.

Als wir merkten, wie schwierig sich die Diskussion um die Eigentumsfragen gestalten würde, wurden die Staatssekretäre Kinkel und Krause beauftragt, eine Lösungsformel zu erarbeiten. Dem Staatsvertrag wurde nur ein Anhang beigefügt, in dem sich die DDR verpflichtete, Eigentum privater Investoren an Grund und Boden für arbeitsplatzschaffende Investitionen zuzulassen.

Über die konkrete Ausformulierung des Problems gab es auch in der Koalition heftige Meinungsverschiedenheiten. Tietmeyer und Kinkel hatten einen schweren Stand. Vor allem Graf Lambsdorff war strikt dagegen, Enteignungen aus dem Zeitraum zwischen 1945 und 1949 nicht mehr rückgängig zu machen. Gelegentlich erweckte auch Genscher den Eindruck, er vertrete ähnliche Interessen, obwohl er besser als jeder andere die außenpolitischen Zwänge kennen mußte. Und auch in CDU und CSU mochten sich viele mit diesem Verzicht nicht abfinden. Letztlich war jedoch die Haltung der DDR-Politiker entscheidend. Lothar de Maizière, am 12. April von der Volkskammer zum Ministerpräsidenten gewählt, erklärte ohne jedes Anzeichen von Kompromißbereitschaft, die DDR-Regierung werde keinen Vertrag unterschreiben, der vor die Bodenreform zurück wolle. Er fügte hinzu: »Das wird keine politische Gruppierung in der DDR jemals unterschreiben. Dafür gibt es keine Mehrheiten.«

Mehrfach verwies de Maizière auf sowjetische Widerstände, wie sie ihm unmittelbar und über die Moskauer DDR-Botschaft angekündigt worden waren. Ich merkte, daß ihn die Sowjets kräftig unter Druck gesetzt hatten. Für die Sowjetunion war dies eine Prestigefrage. Bei den Zwei-plus-Vier-Verhandlungen erreichten es die Sowjets dann, daß anläßlich der Unterzeichnung dieses außenpolitischen Dokuments am 12. September 1990 in Moskau, mit dem das Ende der Nachkriegszeit und der Teilung Deutschlands außenpolitisch festgeschrieben wurde, die beiden deutschen Außenminister einen gemeinsamen Brief zur Eigentumsfrage abgaben. Genscher und de Maizière, der nach dem Auszug der SPD-Minister die Geschäfte des Außenministers wahrnahm, bestätigten darin jene Garantien für den Zeitraum 1945 bis 1949, die Krause und Kinkel bis Mitte Juni formuliert hatten. Ich weiß nicht, ob die Einheit am Widerstand der Alliierten gescheitert wäre, wenn wir diesen Brief verweigert hätten. Doch es war unvorstellbar, daß die DDR den Vertrag ohne die spezielle Eigentumsgarantie unterschrieben hätte. Deshalb trat ich für diese Regelung ein. Ich habe immer gesagt, daß wir die Einheit nur bekommen würden, wenn sich die DDR dafür entscheide.

Wir mußten also einen Weg finden, das Unrecht von Enteignungen so zu bewältigen und wiedergutzumachen, daß Gegenwart und Zukunft nicht allzusehr Schaden erlitten und daraus nicht neues Unrecht entstünde. Ich verstand sehr wohl alle betroffenen Mitbürger, auch deren Kinder und Enkel, die nur schwer zu akzeptieren vermochten, daß eine Vielzahl von Unrechtsfällen aus diesen ersten Nachkriegsjahren nicht mehr rückgängig gemacht werden sollte. Andererseits kann man aber in der Geschichte Krieg, Teilung, Diktatur und Unrecht niemals einfach tilgen. Schon am Ende des Dreißigjährigen Kriegs wurde 1648 vereinbart, daß man sich nicht mehr um die Vergangenheit, sondern um die Zukunft kümmern wolle. Nach einer so langen Zeit ohne Demokratie und Rechtsstaat wie in der DDR läßt sich Geschehenes nicht nach den Maximen einer Einzelfallgerechtigkeit aufarbeiten; wir sind angewiesen auf pauschalierende Regelungen, auch und gerade bei der Bewältigung von Unrecht in Eigentums- und Vermögensangelegenheiten.

Dabei mußten wir auch an die Betroffenen in der DDR denken, die auf der Grundlage unrechtmäßiger Enteignungen seit

35 Jahren gutgläubig Eigentums- und Nutzungsrechte erworben hatten. Dieses Problem konnte, das wurde mir damals klar, nur der gesamtdeutsche Gesetzgeber lösen, indem er Ausgleichsleistungen beschließen würde.

Am 15. Juni 1990 unterschrieben beide deutschen Regierungen die von den beiden Staatssekretären formulierte »Gemeinsame Erklärung« zur Regelung offener Vermögensfragen, die später, nach harten Diskussionen innerhalb der Koalition und meiner Fraktion, zusammen mit dem Einigungsvertrag noch einmal bestätigt wurde. Der entscheidende Eckwert lautet: »Die Enteignungen auf besatzungsrechtlicher bzw. besatzungshoheitlicher Grundlage (1945 bis 1949) sind nicht mehr rückgängig zu machen. Die Regierungen der Sowjetunion und der Deutschen Demokratischen Republik sehen keine Möglichkeit, die damals getroffenen Maßnahmen zu revidieren. Die Regierung der Bundesrepublik Deutschland nimmt dies im Hinblick auf die historische Entwicklung zur Kenntnis. Sie ist der Auffassung, daß einem künftigen gesamtdeutschen Parlament eine abschließende Entscheidung über etwaige staatliche Ausgleichsleistungen vorbehalten bleiben muß.«

Der Kompromiß bedeutete, daß wir das Problem zwar nicht lösten, es aber zur Kenntnis nahmen. Der letzte Satz eröffnete dem gesamtdeutschen Souverän die Option, das zu tun, was er für richtig hält. Zur politischen Bedeutung dieser Formel schrieb der Münchner Staatsrechtslehrer Peter Badura: »Diese dürren Worte ziehen einen vorläufigen Schlußstrich unter Jahre beispielloser Entrechtung und unter eine umwälzende Umgestaltung der Sozial- und Wirtschaftsordnung im sowjetisch besetzten Teil Deutschlands mit dem erst nach Jahrzehnten als gescheitert zu Tage getretenen Ziel des Aufbaus eines sozialistischen Staates mit der Diktatur einer Partei der ›Arbeiterklasse‹.« Dieser Wertung schließe ich mich an.

Die Vereinbarungen zur Währungs-, Wirtschafts- und Sozialunion wie zu den Eigentums- und Vermögensfragen hatten uns auf dem Weg zur deutschen Einheit deutlich vorangebracht und die Entwicklung weiter beschleunigt. Auch im personalen Bereich hatten sich dramatische Veränderungen vollzogen. Nach dem großen Erfolg der CDU bei der Volkskammerwahl und dem Amtsantritt ihres Vorsitzenden als Ministerpräsident waren Helmut Kohl und Lothar de Maizière Partner geworden. Beide verstanden den Erfolg als gemeinsame Leistung. De Maizière hätte mit seiner Ost-CDU den Sieg nicht ohne die Strahlkraft des Kanzlers errungen, aber auch Helmut Kohl war auf Lothar de Maizière angewiesen, weil er einen Partner in der DDR brauchte, der das Vertrauen der Menschen auch als Repräsentant der DDR gewinnen konnte.

Kohl war entschlossen, eine wirkliche Vertrauensbeziehung zu de Maizière aufzubauen. Die beiden trafen sich oft, telefonierten manchmal mehrfach am Tag miteinander. Aus den anfänglichen Schwierigkeiten zwischen den beiden Ende 1989, Anfang 1990 war längst eine intensive, persönliche Beziehung geworden. Sosehr beide Politiker nicht nur im Erscheinungsbild, sondern auch von ihrer inneren Struktur her Gegensätze bildeten, sosehr konnten sie sich auch ergänzen, gewannen gegenseitig Respekt und Vertrauen.

Auch die wichtigsten Mitarbeiter des Ministerpräsidenten, Staatssekretär Günther Krause und der Minister im Amt des Ministerpräsidenten Klaus Reichenbach, waren inzwischen ins Blickfeld des Kanzlers gerückt. Beide nahmen wichtige Positionen innerhalb der Ost-CDU ein: Krause als Landesvorsitzender von Mecklenburg-Vorpommern, Reichenbach als Vorsitzender des stärksten und in der Wahl erfolgreichsten Landesverbandes Sachsen. Krause war außerdem Fraktionsvorsitzender der CDU in der Volkskammer. Zu beiden faßten wir rasch Vertrauen. Wir – das waren vor allem der Bundeskanzler, Rudolf Seiters und ich. Wir trafen uns in diesen Wochen oft mit den drei Kollegen, und wir begannen darüber zu reden, wie die staatliche Einheit vollendet werden könne.

Mit dem Ergebnis der Volkskammerwahl, am 6. Mai bei der Kommunalwahl bestätigt, war klar geworden, daß sich alle diejenigen täuschten, die meinten, die Bevölkerung der DDR wolle vor allem möglichst viel von der Identität und der Würde der DDR in ein neues Deutschland hinüberretten. Die Parole »Einheit ohne Wenn und Aber, je schneller desto besser«, insbesondere von der DSU vertreten, fand sehr viel mehr Zustimmung, als viele glaubten, die sich in den Wochen der Revolution im Herbst '89 besonders engagiert hatten. Auch Lothar de Maizière konnte sich dieser Einsicht immer weniger verschließen. Krause und Reichenbach hatten damit ohnehin keine Probleme. Die führenden Repräsentanten der Sozialdemokraten, auch diejenigen der neuen politischen Gruppierungen im Bereich von Neuem Forum oder Bündnis '90, waren noch kaum bereit, diese Einsicht zu akzeptieren. Das trug wohl letztlich auch zu deren Wahlergebnissen im Jahre 1990 bei.

Der Beitritt nach Artikel 23 des Grundgesetzes war als Weg zur Einheit längst unumstritten. Vor einer entsprechenden Entscheidung der Volkskammer indes mußten die außenpolitischen Fragen geklärt sein und ein Vertrag abgeschlossen werden, in dem grundlegende Fragen aus der Sicht der DDR so zu regeln waren, daß sie über den Zeitpunkt der Vereinigung hinaus Klarheit über die Folgen eines Beitritts für die Menschen der DDR schufen. Günther Krause und ich begannen uns an den Gedanken zu gewöhnen, daß wir miteinander diesen Vertrag erarbeiten und aushandeln mußten und durften. Wir beiden wollten auch möglichst bald damit beginnen – ich noch früher als er, der ja noch mit dem Staatsvertrag zur Währungs-, Wirtschafts- und Sozialunion und mit der Regierungsvereinbarung zur Regelung offener Vermögensfragen beschäftigt war. Aber natürlich mußte Ministerpräsident de Maizière den Startschuß für die Verhandlungen geben, und dieser war erst davon zu überzeugen.

Der Einigungsvertrag konnte und sollte nicht im Alleingang zwischen den beiden deutschen Regierungen ausgehandelt werden. Es waren Änderungen des Grundgesetzes zu vereinbaren, und im übrigen mußte die DDR über ihren Beitritt zur Bundesrepublik befinden. Breite parlamentarische Mehrheiten waren mithin unabdingbar. Zwar haben Günther Krause und ich gelegentlich darüber nachgedacht, ob der Vertrag und der Beitritt nicht notfalls auch mit einfacher Mehrheit in der Volkskammer beschlossen werden könnte. Immerhin mochte für eine solche Auffassung sprechen, daß die alte DDR-Verfassung, aus der sich die Notwendigkeit einer Zweidrittel-Mehrheit ergab, mit Rechtsstaatlichkeit wenig zu tun hatte. Aus ihr konnte sich eine nachhaltige Behinderung für die Durchsetzung des Willens der Mehrheit nicht ergeben. Aber in der DDR hatte man sich für die »unvollendete Revolution« entschieden, und so wäre jeder Versuch, Einigungsvertrag und Beitritt mit einer geringeren als einer Zweidrittel-Mehrheit beschließen zu wollen, auf heftigsten Widerstand gestoßen. Auch wenn es Zeiten gab, in denen die Zweifel wuchsen, ob diese Mehrheit in der Volkskammer zu erreichen sein werde, haben wir immer auf dieses Ziel hingearbeitet.

In Bundestag und Bundesrat brauchten wir auf alle Fälle, schon für die Änderung der Präambel oder die Aufhebung von Artikel 23, eine Zweidrittel-Mehrheit. Die These Lafontaines, daß wir erst durch die Veränderung der Mehrheitsverhältnisse im Bundesrat nach der Niedersachsen-Wahl zur Kooperation mit den Sozialdemokraten bereit gewesen seien, war deshalb in bezug auf mich und meine Vorstellungen vom Einigungsvertrag immer falsch. Ich wußte, daß verfassungsändernde Mehrheiten ohne die Sozialdemokraten nicht möglich waren, und ich war von vornherein entschlossen, die Länder an den Verhandlungen umfassend zu beteiligen und damit auch die Opposition in die Verhandlungen so einzubeziehen, daß sie aus formalen Gründen der Verfahrensgestaltung kein Argument zur Ablehnung des Vertrages ableiten konnte. Wenn sie sich an den Diskussionen über das bei einem Einigungsvertrag Mögliche inhaltlich beteiligen mußte, würde es ihr auch materiell schwerfallen, den Einigungsvertrag abzulehnen – was immer die strategischen Überlegungen von Oskar Lafontaine für den Bundestagswahlkampf im Augenblick auch sein mochten. Ich war davon überzeugt, daß jeder, der mit am

Tisch sitze, nur schwer eine Position einnehmen könnte, die letztlich auf die Verhinderung des Einigungsvertrags hinausliefe. Lafontaine hatte ja entsprechende Erfahrungen schon gemacht bei seinem als nicht besonders geglückt empfundenen Schachzug, den Sozialdemokraten im Bundestag die Ablehnung des Staatsvertrags über die Währungs-, Wirtschafts- und Sozialunion zu empfehlen bei gleichzeitiger Ankündigung, daß man im Bundesrat das Vertragswerk trotz Mehrheit passieren lasse.

Niemand konnte es sich politisch leisten, offen gegen die Vollendung der Einheit Deutschlands aufzutreten, und niemandem würde es nach meiner Überzeugung leichtfallen, einen solide und fair ausgehandelten Einigungsvertrag abzulehnen und damit scheitern zu lassen. Die vorherige Vereinbarung von Grundbedingungen für einen Beitritt der 16 Millionen Deutschen in der DDR zur Bundesrepublik Deutschland war der für alle Beteiligten bessere, weil vorhersehbare Weg gegenüber einem bedingungslosen Beitritt der DDR. Abgesehen davon wußte niemand, ob und zu welcher Zeit es in der DDR die notwendigen Mehrheiten für einen bedingungslosen Beitritt geben würde, so daß jeder beim Versuch, den Einigungsvertrag zu verhindern, sich entgegenhalten lassen mußte, daß er die Einheit am Ende insgesamt noch gefährde.

Es war ein Spiel mit vielen Bällen. Keineswegs waren nur Verhandlungen zwischen den eigentlichen Verhandlungspartnern, also den Regierungen der Bundesrepublik und der DDR oder den Verhandlungsführern Günther Krause und mir, zu leisten. Komplizierter und schwieriger war das politische »Spiel« innerhalb beider Seiten, für mich mit den Ländern und mit den Fraktionen des Bundestags. Es ging um nichts weniger als um den Versuch, in einer so zentralen politischen Frage in einem Wahljahr die konkurrierenden politischen Kräfte zusammenzubringen.

Auf seiten der DDR war das bestimmt nicht einfacher, zumal dort das Ringen um den Vertrag und seine Inhalte immer verbunden war mit den von Anfang an schwierigen Auseinandersetzungen innerhalb einer nicht sehr konsistenten Koalition. Hinzu kam in der DDR, daß die einzelnen politischen Gruppierungen nach einer so kurzen Zeit des Bestehens natürlicherweise sehr viel weniger homogen waren, als wir das in der Bundesrepublik gewohnt sind. Schließlich mußte sich das alles in der DDR vor dem Hintergrund der Wechselbäder vollziehen, denen die Menschen dort beim Übergang von vierzig Jahren totalitärem Sozialismus zu einer freiheitlichen Lebensordnung und zur sozialen Marktwirtschaft nicht nur in wirtschaftlicher und sozialer, sondern auch in politischer und rechtsstaatlicher Hinsicht ständig ausgesetzt waren. Sie mußten es ertragen, daß sie noch für eine gewisse Zeit in diesem damals zusammenwachsenden und heute vereinten Deutschland unter wesentlich schlechteren Umständen zu leben haben als diejenigen im Westen, denen es schon bisher immer besser erging.

Selbstverständlich habe nicht nur ich es unternommen, viele Schwierigkeiten, die ich in der Bundesrepublik erwartete, im Zusammenwirken mit Günther Krause und seiner Regierung zu überwinden. Natürlich versuchten auch Sozialdemokraten, Liberale und alle anderen politischen Gruppen zusammenzuspielen. Bei alldem vertraute ich auf die Dynamik von Verhandlungen und darauf, daß rationale Diskussionen einen heilsamen Zwang zur Einigung ausüben würden. Da alle wesentlichen politischen Kräfte auf beiden Seiten der Verhandlungen mitwirkten, mußten sie immer auch ein Stück weit die Interessen der jeweils anderen Seite berücksichtigen. Wenn beispielsweise in einer bestimmten Situation die Sozialdemokraten in der DDR die Verantwortung für ein Scheitern des Vertrags nicht würden übernehmen können, dann war daraus auch eine entsprechende Wirkung auf die Sozialdemokraten der Bundesrepublik zu erwarten und umgekehrt.

Diese Überlegungen begründeten meinen Optimismus, daß der Vertrag zustande kommen würde, und diese Überzeugung habe ich auch in den kritischsten Phasen der Verhandlungen behalten, als gelegentlich kaum noch jemand an den Erfolg glauben mochte. Deshalb war ich auch überzeugt, daß die Wahlkampfstrategie von Oskar Lafontaine, auf das Scheitern des Prozesses der deutschen Einheit zu setzen und im Westen auf die Ängste der Menschen, im Osten auf den Neid zu hoffen, nicht erfolgreich sein würde.

Im übrigen ist oft gesagt worden, daß bei den von zwei CDU-Leuten geführten Verhandlungen über den Einigungsvertrag Helmut Kohl ja eigentlich auf beiden Seiten des Tisches gesessen habe. Das ist richtig, obwohl auch Lothar de Maizière mit am Tisch saß. Aber genauso richtig ist es, daß auch Oskar Lafontaine und Hans-Jochen Vogel auf beiden Seiten des Verhandlungstisches saßen.

Diese Überlegungen veranlaßten mich, darauf zu verzichten, zunächst innerhalb der Bundesrepublik eine rundum abgestimmte Verhandlungsposition aufzubauen. Nach den ersten öffentlichen Diskussionen im Frühjahr 1990 war ich überzeugt, daß der Versuch – bei der unterschiedlichen Interessenlage zwischen Bund und Ländern, aber auch bei den divergierenden Vorstellungen zwischen Regierung und Opposition – niemals zum Erfolg geführt hätte. Nach Jahren noch hätten wir zwischen Bund und Ländern und mit den Fraktionen und Parteien des Bundestages verhandelt und weder einen Einigungsvertrag noch die Einheit gehabt. Nein, schon das Grundkonzept für einen solchen Vertrag mußte im Wechselspiel mit den politischen Kräften in der DDR erarbeitet werden, weil sich nur so der heilsame Zwang zur Einigung ergab.

Die Stellvertretende Vorsitzende der SPD, Herta Däubler-Gmelin, hatte bei jeder Gelegenheit gesagt, daß ohne eine Zustimmung der Sozialdemokraten überhaupt nichts zustande käme und daß die Zustimmung der Sozialdemokraten nur zu deren Konditionen zu erhalten sei. Im ersten Teil hatte sie unbestreitbar recht, aber zu welchen Bedingungen die SPD ihre Zustimmung erteilen oder versagen konnte, das wollte ich dann doch etwas genauer wissen.

Den Verzicht auf eine allein in der Bundesrepublik erarbeitete und abgestimmte Verhandlungs- und Vertragskonzeption begründete ich mit dem Argument, daß aus der Sicht der Bundesrepublik überhaupt kein Einigungsvertrag erforderlich sei. Die DDR könne beitreten, und danach sei es Sache des gesamtdeutschen Gesetzgebers, die notwendigen Überleitungsgesetze zu erlassen. Wolle die DDR vor ihrer Beitrittserklärung bestimmte Fragen geregelt haben, so liege die Initiative notwendigerweise bei der DDR.

Gegen diese Argumentation ließ sich nach der Systematik des Artikels 23 wenig einwenden. Im übrigen entsprach es ja auch dem Interesse der DDR, daß sie beim Einigungsvertrag selbst stärker initiativ wurde als beim Staatsvertrag über die Währungs-, Wirtschafts- und Sozialunion. Natürlich sprachen Günther Krause und ich frühzeitig über die Grundkonzeption eines Vertrages. Schon im April hatten wir im Innenministerium »Diskussionselemente« für einen Vertrag ausgearbeitet, die alle wesentlichen Aspekte der Einigung aus unserer Sicht enthielten, vor allem die fälligen Änderungen in der Präambel und den einschlägigen Artikeln des Grundgesetzes, das dann für das vereinte Deutschland gelten sollte. Diese Diskussionselemente hatten wir innerhalb der Regierung auch mit den anderen Ressorts frühzeitig erörtert. Aber ich wollte den Eindruck Bonner Vorgaben oder gar Vorschriften vermeiden. So ersparte ich mir die komplizierten und aussichtslosen Abstimmungen innerhalb der Bundesrepublik. Daß am Ende der erste DDR-Entwurf für einen Einigungsvertrag auffallend unseren Diskussionselementen entsprach, konnte niemand überraschen, der von unserer engen Zusammenarbeit wußte.

Mit den Diskussionselementen begann ich auch Einfluß auf die öffentliche Diskussion zu nehmen. Schon am 14. Juni 1990 hatte ich bei einem rechtspolitischen Kongreß der Konrad-Adenauer-Stiftung in Berlin meine grundsätzlichen Vorstellungen über den Weg zur staatlichen und rechtlichen Einheit Deutschlands zu skizzieren versucht. Am 25. Juni stellte der Kabinettausschuß »Deutsche Einheit« formell Einvernehmen darüber her, daß die notwendigen Elemente für eine Rechtsüberleitung im Zusammenhang mit einem Beitritt der DDR in einem Staatsvertrag vereinbart werden könnten. Dabei wurde auch die Federführung des Bundesinnenministers für diese Verhandlungen mit der DDR bestätigt. Daraufhin übermittelte ich die Diskussionselemente allen elf Bundesländern und auch den Bundestagsfraktionen mit der Anregung, darüber vor der ersten Verhandlungsrunde mit der DDR im Ausschuß »Deutsche Einheit« zu beraten. Gleichzeitig unterrichtete ich in einem Hintergrundgespräch auch die Presse. Nach Bonner Usancen war mit der Versendung der Papiere an alle Bundesländer und alle Bundestagsfraktionen eine vertrauliche Behandlung dieser Papiere ohnedies ausgeschlossen, und dann war es wichtig, das Feld der öffentlichen Darstellung nicht Mißinterpretationen und Spekulationen zu überlassen, sondern selbst durch eine möglichst umfassende und präzise Information darauf Einfluß zu nehmen.

In einer Besprechung der Chefs der Staats- und Senatskanzleien aller elf Bundesländer bei Kanzleramtsminister Seiters am 26. Juni erörterten wir Einzelheiten der Verhandlungen, an denen die Länder beteiligt werden sollten. Der Kanzler hatte schon in der Ministerpräsidentenkonferenz am 16. Mai, als Einvernehmen über den Staatsvertrag zur Währungs-, Wirtschafts- und Sozialunion und zugleich über den 115-Milliarden-Fonds »Deutsche Einheit« erzielt wurde, eine volle Beteiligung der Länder bei etwaigen Verhandlungen über einen Staatsvertrag zur Vorbereitung des Beitritts der DDR zugesagt. Die erste Verhandlungsrunde mit der DDR war für den 6. Juli festgelegt. Deshalb verabredete ich mit den Chefs der Staats- und Senatskanzleien eine weitere Vorbereitungsbesprechung für den 5. Juli, damit die Länder Zeit hatten, die von mir vorgelegten Diskussionselemente zu prüfen. Ebenso befaßte sich auf meine Anregung hin der Bundestags-Ausschuß »Deutsche Einheit« unter dem Vorsitz der Bundestagspräsidentin in einer Sondersitzung am 4. Juli mit dem von mir vorgelegten Papier, so daß auch die Fraktionen des Bundestags Gelegenheit hatten, bereits vor der ersten Verhandlungsrunde ihre Gesichtspunkte einzubringen.

Das von mir gewählte Verfahren bewährte sich. Auf der einen Seite waren die »Diskussionselemente« hinreichend offen formuliert, so daß sowohl zu starke Festlegungen als auch politische Verhärtungen etwa zwischen Bund und Ländern oder Regierung und Opposition vermieden wurden. Auf der anderen Seite fühlten sich Länder wie Bundestag durch die Bundesregierung früh und damit rechtzeitig und umfassend informiert. Dies wurde auch öffentlich von allen Beteiligten zum Ausdruck gebracht und förderte im weiteren Verlauf die Bemühungen um einen Konsens in den Verhandlungen immer wieder.

Mit den Ländern sprachen wir auch die Zusammensetzung der Verhandlungsdelegation ab. Verhandlungsführer war der Bundesinnenminister. Die übrigen Ressorts, soweit sie durch den Einigungsvertrag berührt waren – was für die allermeisten zutraf –, sollten auf der Ebene von Staatssekretären in der Verhandlungsdelegation vertreten sein. Großen Wert legte ich darauf, daß die EG-Kommission bei allen Verhandlungen mit am Tisch vertreten war. Das hatte ich mit dem deutschen Vizepräsidenten der Kommission, Martin Bangemann, abgesprochen. Die Teilnahme von Carlo Trojan an allen Verhandlungen hat sich sehr bewährt – für uns am Verhandlungstisch, aber auch wegen der begleitenden Unterstützung, die die Deutschen auf ihrem Weg zur Einheit von der Europäischen Gemeinschaft in einem ganz ungewöhnlichen Maß erfahren haben. Mit den Ländern wurde vereinbart, daß sie sich auf der Ebene der Chefs der Staats- und Senatskanzleien an der Delegation beteiligten.

Wenige Tage vor der ersten Verhandlungsrunde gab es noch eine Komplikation, als ich erfuhr, daß für das Land Hamburg der Erste Bürgermeister, Henning Voscherau, persönlich an den Verhandlungen teilnehmen wolle. Ich rief Voscherau sofort an, um ihm zu sagen, daß dies gegen alle Absprachen sei. Um meine Reaktion zu verstehen, muß man daran erinnern, daß im Kreise der Länder-Regierungschefs vielerlei Vorstellungen geäußert worden waren: Analog zur Gründungsphase der Bundesrepublik Deutschland sei der Zeitpunkt der Vollendung der deutschen Einheit die Stunde der Bundesländer und der Ministerpräsidenten.

Mit einem Beitritt nach Artikel 23 des Grundgesetzes hatte das wenig zu tun, im Gegenteil. Das wäre auf die Schaffung von etwas ganz Neuem hinausgelaufen und damit dem Weg über Artikel 146 sehr viel näher gekommen, mit allen aus meiner Sicht damit verbundenen Komplikationen und Verzögerungen. Deshalb fürchtete ich, daß sich bei einer Teilnahme des Hamburger Regierungschefs weitere Länder-Ministerpräsidenten unmittelbar an den Verhandlungen mit der DDR beteiligen wollten. Bei einer persönlichen Teilnahme der Länder-Regierungschefs wäre eine geschlossene Verhandlungsführung durch die Delegation der Bundesrepublik Deutschland insgesamt zumindest erheblich erschwert worden.

Gegenüber den Ländern hatte ich in der Besprechung am 26. Juni klargemacht, daß die Verhandlungen für die Bundesrepublik insgesamt durch mich als Verhandlungsführer gestaltet werden würden. Ich sei zu jeder Absprache über die Verhandlungsposition bereit und würde gegebenenfalls die Verhandlungen auch unterbrechen. Im Interesse zügiger Fortschritte könnte ich aber nicht akzeptieren, wenn versucht würde, die einheitliche Verhandlungsführung für die Delegation der Bundesrepublik von seiten der Länder zu unterlaufen.

Deshalb habe ich gegenüber Henning Voscherau mit Nachdruck darauf bestanden, daß die Absprache – Vertretung der Bundesländer durch die Chefs der Staats- und Senatskanzleien – auch vom Land Hamburg eingehalten wurde. Henning Voscherau hat das widerstrebend akzeptiert. Später erläuterte er mir, daß sein Wunsch, an den Verhandlungen selbst teilzunehmen, mit den von mir geäußerten Besorgnissen überhaupt nichts zu tun hatte. Ihm liege nun einmal die deutsche Einheit in ganz besonderem Maße persönlich am Herzen.

Mit den Chefs der Staats- und Senatskanzleien kam ich

schon seit meiner Zeit im Bundeskanzleramt gut zurecht. Wir pflegten ein partnerschaftliches Verhältnis. Die Interessenlage der Beteiligten war leicht durchschaubar. Auf der einen Seite hatten alle Länder das legitime Anliegen, Rolle und Bedeutung der Bundesländer beim Vereinigungsprozeß möglichst deutlich sichtbar zu machen. Im übrigen wollten sie darauf achten, daß im Zuge des Vereinigungsprozesses die Rolle der Bundesländer im größeren Deutschland zumindest nicht geschwächt werden sollte. Darüber hinaus gab es spezifische parteipolitische Interessen. Sie führten dazu, daß sich die unionsgeführten Länder in kontroversen Diskussionen zwischen Bund und Ländern eher zurückhielten.

Sprecher für die Bundesländer insgesamt und vor allem für die sozialdemokratischen Länder war in erster Linie der nordrhein-westfälische Kanzleichef Wolfgang Clement. Nordrhein-Westfalen hatte den Vorsitz in der Ministerpräsidentenkonferenz inne. Daneben spielte auch der Chef der Saarländischen Staatskanzlei, Reinhold Kopp, eine besondere Rolle. Dies erklärte sich ganz selbstverständlich mit der Funktion von Oskar Lafontaine als Kanzlerkandidat der SPD.

Aber die Interessenlage unter den SPD-geführten Bundesländern war sehr viel differenzierter. Berlin war ganz eindeutig auf eine möglichst frühe Vollendung der deutschen Einheit aus. Auch beim Vertreter Hamburgs glaubte ich zu spüren, daß er etwaige Absichten, den Vertrag scheitern zu lassen, nicht oder nur sehr schwer mittragen würde. Die Vertreter von Bremen, Niedersachsen und Schleswig-Holstein hielten sich im übrigen in parteipolitisch motivierten Diskussionen eher zurück. Jedenfalls gewann ich schon nach den ersten Besprechungen den Eindruck, daß die Interessenlage hinreichend differenziert sei, um bei einer geschickten Verhandlungsführung nicht an einer Einheits- und Mehrheitsfront aufzulaufen.

An dem langen Verhandlungstisch, an dem links von mir die Staatssekretäre der Bundesregierung und rechts die Ländervertreter mit ihren jeweiligen Mitarbeitern saßen, hatte ich Mühe, alle Mitglieder meiner Delegation im Blick zu halten. Nicht nur aus Paritätsgründen zählte die Delegation der DDR nicht weniger Mitglieder. Auch Günther Krause hatte die Staatssekretäre der allermeisten Ressorts seiner Regierung an der Seite und daneben Volkskammer-Abgeordnete für die künftigen Länder. Bereits am 3. Mai hatte Ministerpräsident de Maizière ja die Wiedereinführung der fünf Länder in der DDR angekündigt, und die Volkskammer hatte je zwei Abgeordnete gewählt, die eine Art Interessenvertreter für die Länder sein sollten. Dabei waren die verschiedenen Fraktionen der Volkskammer berücksichtigt worden, so daß wir auf diese Weise alle am Verhandlungstisch hatten.

Bei dieser personellen Vielfalt beider Verhandlungsdelegationen schien es mir wichtig, von vornherein auf die Effizienz der Verhandlungen zu achten. Auch deshalb hatte ich gegenüber den Bundesländern mit Nachdruck darauf bestanden, daß für die Bundesrepublik nur eine einheitliche Verhandlungsführung in Frage komme. Die Bundesländer seien vor den Verhandlungen und bei der Erarbeitung der Verhandlungspositionen umfassend beteiligt, und ich würde keine Positionen für die Bundesrepublik vortragen, ohne nicht gegebenenfalls darauf hinzuweisen, daß eine abweichende Auffassung der Bundesländer vorliege.

Auch mit Günther Krause sprach ich vorab über die Gefahr, daß die Verhandlungen in eine Art Podiumsdiskussion ausufern könnten. Wir waren uns einig, daß wir auch im Hinblick auf die ungeheure Vielzahl der Verhandlungsthemen und den Zeitdruck, unter dem wir zum Erfolg kommen wollten, ein allgemeines Palaver auf jeden Fall verhindern mußten. Deswegen verabredeten wir, auf jeder Seite des Verhandlungstisches nur ein Mikrofon, und zwar für die jeweiligen Verhandlungsführer, fest zu installieren. Wollte eines der übrigen Delegationsmitglieder das Wort ergreifen, mußte ihm dazu eigens ein bewegliches Mikrofon gereicht werden. Auf diese Weise hatten die Verhandlungsleiter auf beiden Seiten ganz zwangsläufig die Möglichkeit, das Wort zu erteilen.

Obwohl es über dieses Verfahren am Anfang der Verhandlungen bei manchem am Tisch je nach Temperament Stirnrunzeln oder Amüsement gab, sind wir damit im Ergebnis gut gefahren. Das hat uns auch erlaubt, allen Delegationsmitgliedern großzügig das Wort zu erteilen, eben weil klar war, daß dies nur im Einvernehmen mit den jeweiligen Delegationsleitern erfolgte. Hier bestätigte sich die alte Erfahrung, daß man im einzelnen um so großzügiger verfahren kann, je besser man vorher das Prinzipielle geklärt hat.

Im übrigen kamen wir in unserer bundesrepublikanischen Verhandlungsdelegation im wesentlichen gut miteinander zurecht. Den Wortführer der Staats- und Senatskanzleichefs, Wolfgang Clement, schätze ich seit langem als einen besonders befähigten und bei allen gegensätzlichen parteipolitischen Interessen auch fairen und verläßlichen Gesprächspartner. Auch der Saarländer Kopp hat seine Rolle, die ja zwangsläufig ein Stück stärkere parteipolitische Akzentuierung erforderte, gut gespielt. Wenn es zwischen uns gelegentlich zum Schlagabtausch kam, dann mag dies die Beratungen auch aufgelockert haben, zumal wir dies meistens mit dem Argument wieder beenden konnten, daß mangels parteipolitisch nicht festgelegter weiterer Zuhörer unsere Polemik über die gegenseitige Erheiterung hinaus nicht allzusehr weiterführe.

Auch der andere Teil meiner Delegation, die Staatssekretäre der Bundesressorts, war mir nicht nur aus den vorbereitenden Beratungen im Kabinettausschuß »Deutsche Einheit«, sondern insbesondere aus meiner Zeit im Kanzleramt vertraut. Der Chef des Kanzleramts ist nach der Geschäftsordnung der Bundesregierung der Vorsitzende der Runde aller beamteten Staatssekretäre. Ich kannte die einzelnen Partner also gut, und ich hatte immer einen hohen Respekt vor der fachlichen Kompetenz und der hingebungsvollen Einsatzbereitschaft der Spitzenbeamten in den allermeisten Ressorts. Im übrigen habe ich immer versucht, mit der Eigenverantwortung und der Zuständigkeit der Ressorts sensibel umzugehen.

Natürlich gab es auch innerhalb der Bundesregierung, also zwischen den einzelnen Ressorts, durchaus unterschiedliche Interessen und Positionen, die keineswegs nur mit der parteipolitischen Zugehörigkeit der einzelnen Minister zu begründen waren. So hatte sich das Bundesjustizministerium bereits frühzeitig dafür ausgesprochen, daß mit der Herstellung der deutschen Einheit zugleich grundsätzlich bundesdeutsches Recht auch in der dann ehemaligen DDR gelten müsse; die Weitergeltung alten DDR-Rechts dürfe nur in Ausnahmefällen möglich sein. Das Innenministerium und auch ich persönlich waren genau gegenteiliger Meinung. Wir haben darüber lange und kontrovers diskutiert, ehe wir schließlich in der zweiten Verhandlungsrunde Anfang August mit der DDR über die vom Bundesjustizministerium favorisierte Konzeption Einvernehmen erzielten.

Nachgegeben hatte ich schon vor dem 6. Juli in einer anderen Frage gegenüber dem Außenminister. Ursprünglich hatte ich dafür plädiert, an Verfassungsänderungen, die die Endgültigkeit der Grenze klarstellen sollten, in den Vertrag nur die Präambel und Artikel 23, nicht aber Artikel 146 aufzunehmen. Maßgebend war für mich dabei die Überlegung, daß die Sozialdemokraten einer Streichung des Artikels 146 niemals zustimmen würden, weil sie den Gedanken einer Volksabstimmung nicht aufzugeben bereit waren. Ich wollte von vornherein nur solche Verfassungsänderungen aufnehmen, bei denen mir eine Zustimmung der Sozialdemokraten auch möglich erschien.

Das Auswärtige Amt plädierte für eine Streichung auch des Artikels 146. Als ich darauf hinwies, daß damit eine Zustimmung der Sozialdemokraten gefährdet würde, mußte ich mir zu meinem Befremden entgegenhalten lassen, daß in den Zwei-plus-Vier-Verhandlungen für die Bundesrepublik Deutschland nicht nur Änderungen der Präambel und des Artikels 23, sondern auch des Artikels 146 angekündigt worden wären. Ich habe meinen Ärger über dieses mit den Verfassungsressorts nicht abgestimmte Angebot unterdrückt und mich mit Hans-Dietrich Genscher zusammengesetzt. Gemeinsam haben wir einen Änderungsvorschlag für Artikel 146 erarbeitet, von dem wir hofften, daß er den Ankündigungen in den Zwei-plus-Vier-Gesprächen gerecht würde und dennoch nicht am Widerspruch der Sozialdemokraten scheiterte, weil er die Möglichkeit einer Volksabstimmung wie im bisherigen Wortlaut offenhielt.

Eine besonders verantwortungsvolle Rolle mußte in allen Verhandlungen zwangsläufig das Finanzministerium spielen, denn die Bewältigung der finanziellen Folgen der deutschen Einheit würde, das zeichnete sich schon damals ab, mit zum Schwierigsten gehören. Als allerdings Finanzminister Theo Waigel eines Tages auf mich zukam, um mir zu sagen, daß nach dem Stand seiner Informationen die mit dem Einigungsvertrag verbundenen finanziellen Risiken völlig unabsehbar seien und von ihm nicht mitgetragen werden könnten, mußte ich ihn darauf hinweisen, daß der Einigungsvertrag im Vergleich zum Staatsvertrag über die Währungs-, Wirtschafts- und Sozialunion wesentlich geringere finanzielle Risiken barg. Der Staatsvertrag aber war unter der Federführung des Finanzministers erarbeitet worden.

Im übrigen hatte im Zusammenhang mit diesem Staatsvertrag der Bundesfinanzminister mit seinen Länderkollegen, danach bestätigt durch die Regierungschefs von Bund und Ländern, eine Vereinbarung über die Aufteilung der finanziellen Lasten zwischen Bund und Ländern getroffen, die jedenfalls von den Ländern dahin ausgelegt wurde, daß der Beitrag der Länder zu den finanziellen Lasten der deutschen Einheit mit dem Länderanteil an dem 115-Milliarden-Fonds »Deutsche Einheit« erschöpft sei. Wir hatten viel Mühe, im weiteren Verlauf der Verhandlungen diese Position der Länder ein Stück weit aufzulockern. Und die politischen Auseinandersetzungen zwischen Bund und Ländern, aber auch zwischen den fünf neuen und den elf alten Ländern über die Aufteilung des Steueraufkommens in der erweiterten Bundesrepublik Deutschland insgesamt, haben uns ja noch 1991 beschäftigt.

Schließlich habe ich gegenüber dem Finanzminister argumentiert, daß die finanziellen Risiken des Staatsvertrags über die Währungs-, Wirtschafts- und Sozialunion völlig unvertretbar werden würden, wenn nicht die baldige Vollendung der staatlichen Einheit nachfolge, so daß ein baldiger erfolgreicher Abschluß der Verhandlungen zum Einigungsvertrag auch dem spezifischen Interesse des Finanzministers entspreche.

Nach diesem Intermezzo mit Theo Waigel habe ich den Staatssekretär des Finanzministeriums, Peter Klemm, gebeten, in der laufenden Unterrichtung seines Ministers diese Zusammenhänge zu verdeutlichen, weil mit formelhaften Vorbehalten des Finanzministeriums, die am Ende eher Alibicharakter hätten, niemandem gedient sei. Staatssekretär Klemm hatte sicherlich mit die schwierigste Rolle in den Verhandlungen, zumal wir natürlich gelegentlich nicht umhin kamen, am Verhandlungstisch vorher abgestimmte Positionen der Bundesregierung mit nicht unerheblichen finanziellen Folgen zu verändern, was für den Vertreter eines Finanzministeriums immer besonders schwierig ist. Daß wir insgesamt gut miteinander zurechtgekommen sind, zeigt, daß es auch dem Finanzministerium zu jeder Zeit vorrangig um die Vollendung der deutschen Einheit ging. Vielleicht hat auch dazu beigetragen, daß ich mich als Mitlied der Bundesregierung immer bemüht habe, nicht nur meine Ressortinteressen zu vertreten, sondern im Rahmen der Gesamtverantwortung gerade auch die vom Finanzminister zu vertretenden Gesichtspunkte zu berücksichtigen.

Hauptstadt Berlin

Positionsbestimmungen in der ersten Verhandlungsrunde

Den ersten entscheidenden Schritt zur Einheit haben die beiden deutschen Staaten am 18. Mai mit der Unterzeichnung des Staatsvertrages zur Währungs-, Wirtschafts- und Sozialunion vollzogen. Bundeskanzler Kohl sprach in Bonn von der »Geburtsstunde des freien und einigen Deutschland«. Und auch DDR-Ministerpräsident de Maizière schloß sich dieser Beurteilung an: »Was wir heute tun, ist ein entscheidender Schritt auf unser Ziel hin: in Freiheit die Einheit Deutschlands in einer europäischen Friedensordnung zu vollenden.« Den Beitritt seines Landes nach Artikel 23 des Grundgesetzes machte er jedoch von begleitenden Absprachen abhängig. Deshalb hat er einen konkreten Termin für Beitritt und gesamtdeutsche Wahlen erst genannt, als sich ein aus seiner Sicht befriedigendes Ergebnis abzeichnete.

Zum ersten Delegationsgespräch der Verhandlungen für den Einigungsvertrag am 6. Juli landete ich mit einem Troß von Beamten und Mitarbeitern mit einer Bundeswehrmaschine auf dem Ost-Berliner Flughafen Schönefeld. Im Hause des Ministerpräsidenten, das mir schon durch zahlreiche Besuche bei Lother de Maizière, Günther Krause und Klaus Reichenbach vertraut war, empfing uns der Hausherr persönlich. Zu meiner Überraschung eröffnete er auch die Sitzung, nicht mein Verhandlungspartner Krause.

De Maizières vorbereitetes *statement* enthielt alle Punkte, die dem DDR-Ministerpräsidenten im Interesse seiner Bürger am Herzen lagen. Er würdigte die Aufnahme der Verhandlungen und wünschte, daß dies ein historischer Tag für Deutschland und Europa werde. Die DDR sei bereit und entschlossen, die staatliche Einheit nach über vierzig Jahren der Teilung durch einen Beitritt zur Bundesrepublik und zum Geltungsbereich des Grundgesetzes gemäß Artikel 23 zu vollenden und strebe die Wahl des ersten gesamtdeutschen Parlaments im Dezember 1990 an.

Die DDR habe den Wunsch, so fuhr de Maizière fort, über die Voraussetzungen des Beitritts ein Abkommen zu schließen, das nicht lapidar zweiter Staatsvertrag, sondern »Einigungsvertrag« genannt werden solle. Die Verhandlungsthemen müßten breit gespannt sein, gelte es doch, eine Balance herzustellen zwischen dem, was auf beiden Seiten in den vier Jahrzehnten der Teilung unterschiedlich gewachsen sei. »Die Teilung ist nur durch Teilen zu überwinden«, sagte de Maizière und hatte dabei die künftige Finanzausstattung der neuen Bundesländer besonders im Blick. Er nahm damit eine Formulierung auf, die ich nach Öffnung der Mauer in der Haushaltsdebatte des Deutschen Bundestages am 30. November 1989 gewählt hatte. (»Wir sollten, wenn die Teilung Deutschlands weniger wird, auch bereit und in der Lage sein, ein Stück weit mehr zu teilen.«) De Maizière hatte mein Wort vom Teilen schon einmal benutzt – in seiner Regierungserklärung, nach Absprache mit mir.

Besonders bedeutsam sei die Sicherung des äußeren Friedens, erklärte unser Gastgeber. Dies sei nicht nur die Aufgabe der Gespräche zwischen den Außenministern der vier Alliierten und der beiden deutschen Staaten. Auch die beiden deutschen Staaten müßten miteinander verbindliche Regelungen treffen, die den Respekt und die Anerkennung unserer Nachbarn fänden. Der angestrebte Vertrag weise eine Besonderheit auf: Er werde zwischen zwei Partnern geschlossen, die zueinanderfinden wollten, von denen aber einer dabei untergehen werde. Deshalb seien die Interessen der Bürger dieses Partners zu sichern. Die beim Staatsvertrag zur Währungs-, Wirtschafts- und Sozialunion noch offen gebliebenen und danach in einer gemeinsamen Regierungserklärung am 15. Juni angesprochenen Vermögens- und Eigentumsfragen müßten juristisch einwandfrei festgeschrieben werden, mit einem verbindlichen Lösungsauftrag an den künftigen gemeinsamen Gesetzgeber.

Im Unterschied zu de Maizière hatte ich kein Manuskript vorbereitet, mußte also improvisieren. Ich wies darauf hin, daß Artikel 23 des Grundgesetzes eine einseitige Erklärung für den Beitritt vorsehe. »Wir brauchen keinen Vertrag, der Beitritt kann einfach erklärt werden«, sagte ich und fuhr fort: »Da aber die DDR einen Vertrag wünscht, sind wir bereit, darauf einzugehen. Aus partnerschaftlichem Verständnis, weil wir die Einheit wollen und weil wir wollen, daß sie gut wird. Wir haben Respekt davor, daß sich die Menschen in der DDR in dem vereinten Deutschland wiederfinden wollen.« Daher müsse in erster Linie die DDR die Themen des Vertrages bestimmen. Die Bundesregierung gehe nicht mit einem Vertragsentwurf in die Verhandlungen; die Regelungen seien offen und partnerschaftlich zu entwickeln.

Ich erklärte mich einverstanden, von unserem Arbeitstitel »Zweiter Staatsvertrag« abzugehen und fortan allein den Begriff »Einigungsvertrag« zu verwenden. Der DDR-Seite war sehr daran gelegen, dieses Abkommen nicht als etwas Zweitrangiges erscheinen zu lassen, verglichen mit dem Staatsvertrag über die Wirtschafts- und Währungsunion. Bei der Einführung der D-Mark hatten sie nicht viel Eigenes beizusteuern, beim Einigungsvertrag sollte diesem Eindruck von vornherein entgegengetreten werden.

Ich habe unseren Partnern sehr deutlich gemacht, daß die notwendigen Änderungen des Grundgesetzes in den parlamentarischen Körperschaften Zweidrittel-Mehrheiten erforderten. Bei der Auswahl der im Vertrag zu regelnden Tatbestände dürfe daher die DDR nie die Belange beider Parlamente aus dem Blick verlieren. Um den Vorwurf des Mißbrauchs zu vermeiden, müsse man sich auf die unbedingt notwendigen Korrekturen beschränken. Niemals dürften beide Seiten vergessen, daß sie in den Verhandlungen nicht Gegner, sondern Partner seien. Beide hätten schließlich ein gemeinsames Ziel: die deutsche Einheit.

Lothar de Maizière nahm dann ein zweites Mal das Wort und schlug vor, den Einigungsvertrag nach dem Muster des Staatsvertrages in einen ersten allgemeinen Teil mit klarer Zielbeschreibung und in eine zweite Abteilung mit detaillierten Anlagen zu gliedern. Zugleich sprach er sich für einen straffen Zeitplan aus: Verhandlungsende im August, anschließend Ratifizierung durch Bundestag und Volkskammer im September – genauso, wie Krause und ich es vorher abgesprochen hatten.

Sehr ausführlich widmete sich der Ministerpräsident der Frage, wann das erste gemeinsame Parlament gewählt werden solle. Darüber waren sich bis dahin die Koalitionsparteien in der DDR noch keineswegs einig geworden, und de Maizière räumte dies freimütig ein. Doch er selber ließ eine klare Präferenz erkennen: Der Beitritt der DDR sollte auf jeden Fall erst *nach* den Wahlen zum ersten gesamtdeutschen Parlament wirksam werden. Seine Gründe nannte er »zwingend«: Die DDR-Regierung müsse im Amt bleiben, bis eine gesamtdeutsche Regierung gebildet sei. Das brauche Zeit. Deshalb sei der Beitritt auf einen möglichst späten Termin nach der Wahl zu verschieben. Die Bevölkerung der DDR müsse so lange wie möglich ihre Interessen durch eine von ihr gewählte Regierung verteten wissen. Keinesfalls dürfe ein politisches Vakuum entstehen. Dies wirke zu Lasten der DDR-Bürger, da deren Regierung nach dem Beitritt nicht mehr existiere.

De Maizière wollte – das wurde an diesem Vormittag für jeden offenkundig – getrennte Wahlen. Ob die DDR den Beitritt eine Stunde oder vierzehn Tage nach den gesamtdeutschen Wahlen oder gar einen Tag vorher erklären würde, erschien mir nicht so wichtig. De Maizière brachte prompt ein stärkeres Argument für voneinander unabhängige Wahlen: Einer »einheitlichen Wahl in einem einheitlichen Wahlgebiet nach einheitlichem Wahlrecht« stünden unüberwindliche praktische Schwierigkeiten entgegen. Im Hinblick auf die am 14. Oktober vorgesehenen Landtagswahlen in den künftigen Ländern der DDR könnten die Kandidaten für die gesamtdeutschen Wahlen am 2. Dezember 1990 keinesfalls fristgerecht aufgestellt werden. Er rate daher zu einem eigenen Wahlgesetz mit eigenen Fristen für die DDR.

Eine einheitliche, auf ein Wahlgebiet bezogene Fünf-Prozent-Klausel benachteilige die Gruppierungen, die sich während der friedlichen Revolution gebildet hatten. Die Volkskammer- und Kommunalwahlen hätten zwar für mehr Klarheit der politischen Verhältnisse gesorgt, sagte de Maizière, aber einer einheitlichen Wahl in einem einheitlichen Wahlgebiet könne er nicht zustimmen. Lege man die Ergebnisse der Volkskammerwahlen zugrunde, so wären bei einer einheitlichen Fünf-Prozent-Sperrklausel etwa dreißig Prozent der Wähler in den fünf neuen Ländern nicht im ersten gesamtdeutschen Parlament vertreten.

Ich mußte in meiner Erwiderung eingestehen, daß auch in der Bundesregierung, zwischen Justiz- und Innenministerium, und innerhalb der sie tragenden Parteien noch keine Übereinstimmung über die Anlage des Vereinigungsprozesses, insbesondere den Zeitpunkt und die rechtliche Ausgestaltung gesamtdeutscher Wahlen, bestehe. Wir seien uns jedoch einig, daß unser Grundgesetz eine Wahl sowohl *vor* als auch *nach* dem Beitritt gestatte.

Wenn die DDR-Bevölkerung vor dem Beitritt an die Urnen gerufen werden solle, dann müsse in der DDR ein Wahlgesetz verabschiedet werden, das möglichst weitgehend dem Bundeswahlgesetz entspreche. Per Überleitungsgesetz im Zusammenhang mit dem Einigungsvertrag sei in diesem Fall die Rechtsgrundlage zu schaffen, daß die in der DDR gewählten Abgeordneten Mitglieder des gesamtdeutschen Parlaments werden könnten.

Eine Wahl nach dem Beitritt setze dagegen ein einheitliches Verfahren in beiden Territorien des dann vereinten Deutschland voraus, also die Anwendung des Bundeswahlgesetzes.

Dieses schreibe bestimmte Fristen vor, die auch aus Anlaß der ersten gesamtdeutschen Wahlen nicht verkürzt werden sollten. Dieser Weg, den ich bevorzugte, erfordere deshalb eine Vorlaufzeit von mehreren Monaten.

Ich trug auch die dritte Variante vor, die wir ebenfalls akzeptieren würden: schon vor dem Beitritt einen Vertrag abzuschließen über eine einheitliche Wahl mit einheitlichem Wahlrecht auf der Grundlage von Artikel 8 des Verfassungsgrundsätzegesetzes der DDR. Nach dem Beitritt könne man dann wählen, allerdings innerhalb der Fristen, die das Bundeswahlgesetz vorschreibe.

So hatte ich also alle drei Modelle vorgetragen und der DDR zur Auswahl angeboten. Zugleich hatte ich klargemacht, daß die Entscheidung zeitlich befristet war. Wenn wir den Termin 2. Dezember 1990 erreichen wollten, war Eile geboten – jedenfalls sofern nach den Vorschriften des Bundeswahlgesetzes gewählt werden sollte. Ich habe auch offen ausgesprochen, daß ich dringend dazu riete, zwischen den drei Möglichkeiten nicht einfach durch Zeitablauf entscheiden zu lassen – was bekanntlich auf das Modell getrennter Wahlen hinausgelaufen wäre –, sondern eine ausdrückliche Entscheidung zu treffen. Damit bin ich den Interessen der Gegner des Modells getrennter Wahlen entgegengekommen, und Wolfgang Clement hat mir im Anschluß Korrektheit und die Fairneß dieses Vorschlags ausdrücklich bestätigt.

Hätte beispielsweise die DDR eine Entscheidung bis in den August hinein nicht getroffen, dann wären wegen der gesetzlichen Fristen zur Vorbereitung einer Bundestagswahl nur noch getrennte Wahlen in Frage gekommen. Der Vorwurf der Manipulation, mit dem sich de Maizière ohnehin auseinanderzusetzen hatte, wäre schwer zu widerlegen gewesen. Dies zu verhindern, war Sache der Regierung der DDR. Sie mußte entscheiden, wie sie zur Wahl eines gesamtdeutschen Parlaments kommen wollte. Zugleich rückte für die DDR auch die Notwendigkeit näher, sich zu entscheiden, zu welchem Zeitpunkt der Beitritt erklärt werden sollte, denn natürlich war diese Frage für die Wahlen wie für den Einigungsvertrag von erheblicher Bedeutung.

Lothar de Maizière reagierte sofort und zeigte, daß er meine Sorge verstand, das Hinausschieben der Entscheidung würde als Manipulation gedeutet werden. Er erklärte, daß in der DDR die Frage, wie die Grundlagen für die Wahl eines einheitlichen Parlaments geschaffen werden sollten, bis Ende Juli entschieden werde.

Überraschenderweise widmete der DDR-Ministerpräsident in dieser ersten offiziellen Verhandlungsrunde den symbolischen Fragen der Einheit breiten Raum. Der Berliner Rechtsanwalt bezog sein Mandat, die Interessen der DDR-Bürger rechtzeitig und unwiderruflich zu sichern, nicht nur auf materielle Rechte wie die Finanzausstattung der neuen Länder und die Kompetenzen der Treuhandstelle zur Umwandlung und Verwertung des sozialistischen Eigentums, sondern gerade auch auf die emotionalen Problembereiche. Wie heißt das demnächst vereinigte Deutschland? Welche Farben und Symbole zieren seine Flagge? Nach welcher Melodie, nach welchem Text singen wir fortan unsere Nationalhymne? Diese Fragen sah Lothar de Maizière als bedeutsam für die Identifizierung seiner Bürger mit dem neuen Staat an und wollte sie deshalb sehr bald geklärt wissen.

Seine Vorschläge bewiesen, daß er sich auf die Diskussion über die künftigen Staatssymbole sorgfältig vorbereitet hatte. De Maizière plädierte dafür, den künftigen Staat »Deutsche Bundesrepublik« zu nennen. Auch die Bezeichnung »Bund Deutscher Länder« sei zu erwägen – dies hatte ich bereits aus den westlichen Ländern gehört und damals mehr belustigt zur Kenntnis genommen. Selbst über die schwarz-rot-goldene Fahne müsse nachgedacht werden. Alternativen nannte er keine. Das Aufwerfen der Flaggenfrage überraschte mich schon deshalb, weil die Flagge der DDR mit unserer farblich identisch war und sich lediglich durch die »Spaltersymbole« Hammer und Zirkel, die man teilweise in der DDR schon selbst zu beseitigen begann, von unserer Flagge unterschied.

Bei der Hymne legte de Maizière konkrete Vorstellungen dar. Die DDR sei einverstanden, daß künftig alle Deutschen ihre Hymne nach Joseph Haydns Melodie singen, die seit 1949 zusammen mit dem Text der dritten Strophe von Hoffmann von Fallerslebens »Lied der Deutschen« die Nationalhymne der Bundesrepublik bildete. Als erste Strophe des Textes empfahl de Maizière jedoch den Wortlaut der DDR-Hymne von Johannes R. Becher:

> »Auferstanden aus Ruinen
> Und der Zukunft zugewandt,
> Laß uns Dir zum Guten dienen,
> Deutschland einig Vaterland.
> Alte Not gilt es zu zwingen,
> Und wir zwingen sie vereint,
> Denn es muß uns doch gelingen,
> Daß die Sonne schön wie nie
> Über Deutschland scheint.«

Der versierte Bratschist de Maizière hatte bereits erfolgreich die Kombination von Text und Musik getestet. Gegen »Einigkeit und Recht und Freiheit« als zweite Strophe habe er nichts einzuwenden.

Ich habe diese Anregungen unterschiedlich ernst genommen, reagierte jedoch insgesamt ganz freundlich. Verbindlich habe ich ihm allerdings am Tisch vor versammelten Mannschaften erklärt, der Name »Bundesrepublik Deutschland« sei geradezu ideal: »Wenn man den Namen nicht hätte, müßte man ihn erfinden.« Er drücke das föderative Element in unserer Verfassung aus. Er sei auch typisch für Demokratien der westlichen Welt, deren große Mehrzahl sich mit dem geographischen Namen und der Bezeichnung der Staatsform ausweise. Der Zentralstaat Frankreich nenne sich offiziell »Republik Frankreich«. Auch bei Flagge und Hymne deutete ich an, mir Kompromisse kaum vorstellen zu können.

Meine Argumentation bewegte sich auf der Linie, die ich auch in den Vorgesprächen während der zurückliegenden Wo chen verfolgt hatte. In den internen Unterhaltungen ließ ich die DDR-Partner nie im unklaren über meine Prioritäten. Meine stehende Rede war: Liebe Leute, es handelt sich um einen Beitritt der DDR zur Bundesrepublik, nicht um die umgekehrte Veranstaltung. Wir haben ein gutes Grundgesetz, das sich bewährt hat. Wir tun alles für euch. Ihr seid herzlich willkommen. Wir wollen nicht kaltschnäuzig über eure Wünsche und Interessen hinweggehen. Aber hier findet nicht die Vereinigung zweier gleicher Staaten statt. Wir fangen nicht ganz von vorn bei gleichberechtigten Ausgangspositionen an. Es gibt das Grundgesetz, und es gibt die Bundesrepublik Deutschland. Laßt uns von der Voraussetzung ausgehen, daß ihr vierzig Jahre lang von beiden ausgeschlossen wart. Jetzt habt ihr einen Anspruch auf Teilnahme, und wir nehmen darauf Rücksicht.

Sehr viel ernster nahm ich de Maizières Einlassungen zum Sitz der künftigen Hauptstadt. Seinen einleitenden Bemerkungen war zu entnehmen, daß ihm der Standort der Metropole mehr bedeutete als jedes andere Staatssymbol. Berlin oder Bonn – für Lothar de Maizière war diese Entscheidung ein Eckpunkt der Einigung. Das galt nicht nur für den Ministerpräsidenten, sondern auch für viele in der Bundesrepublik, wie die Debatten der folgenden Monate zeigten.

Am 6. Juli verlangte de Maizière, beide deutschen Regierungen sollten sich im Einigungsvertrag auf Berlin als künftige Hauptstadt festlegen. Diese Entscheidung dürfe keinesfalls, wie von uns vorgeschlagen, dem gesamtdeutschen Gesetzgeber überlassen werden. Niemand könne voraussagen, welche – vielleicht unsicheren – Mehrheiten dieses Parlament dominierten. Für Berlin spreche vieles. Diese Stadt sei Symbol für die »Einigung Europas mit den Ländern Osteuropas« und für die »Integration der fünf neugebildeten Länder«. Eine Hauptstadt Berlin werde den Aufschwung in rückständigen und benachteiligten Gebieten des vereinigten Deutschland voranbringen. Sie erfülle die »Hoffnungen und Sehnsüchte« vieler Menschen. Berlin sei auch in der Bundesrepublik von Beginn an bis vor kurzem unstrittig gewesen. Nirgendwo anders konnte die Teilung und könne die Einigung besser dokumentiert werden, warb de Maizière.

Ich hielt dagegen. Eine so strittige Frage dürfe nicht in den Vertrag aufgenommen werden. Der könne nur in seiner Gesamtheit angenommen oder abgelehnt werden. Daher müsse vermieden werden, daß Abgeordnete dem Einigungsvertrag ihre Stimme verweigerten, nur weil ihnen die Hauptstadtregelung nicht passe. Wenn man die Entscheidung nicht auf die lange Bank schieben wolle, könne man ja den gesamtdeutschen Gesetzgeber beauftragen, möglichst bald nach der Wahl abzustimmen. Doch an diesem Tag prallten meine Argumente an de Maizière ab. Es war keine Camouflage, kein trickreiches Manöver unseres Gastgebers, dessen war ich mir sicher. Dazu war er nicht der Typ.

Meine Argumente sollten Lothar de Maizière zeigen, daß ich seine Einwände und Forderungen nicht auf die leichte Schulter nahm. Ich hatte allen Grund dazu. Auch bei uns tobte ja schon seit einigen Wochen der Streit um den künftigen Sitz von Regierung und Parlament. Er ging quer durch alle Fraktionen des Bundestages. Die Länder sprachen sich damals mehr oder weniger geschlossen gegen Berlin aus. Bundestag wie Länderregierungen und -parlamente votierten überwiegend für ein Ausklammern der brisanten Frage aus dem Einigungsvertrag.

Bei den Ministerpräsidenten war die Sorge um Einflußverlust der Länder, die Angst, der Föderalismus könne in einer Metropole wie Berlin an Kraft verlieren, das ausschlaggebende Motiv. Sie befürchteten, daß sich in einer Millionenstadt wie Berlin im Laufe der Zeit zentralstaatliche Elemente verstärken und die Stadt einen stärkeren Sog ausübe als eine relativ kleine Stadt wie Bonn. Im Bundestag, das zeigte sich auch im Ausschuß »Deutsche Einheit«, herrschte bei allen unterschiedlichen Meinungen der Wunsch vor: Die Entscheidung über die Hauptstadtfrage und insbesondere über den Sitz des Parlaments sollte nicht von den beiden Regierungen in einem

Vertrag, der nur insgesamt im Zuge der Ratifizierung angenommen oder abgelehnt werden konnte, getroffen werden. Diese Entscheidung sei alsbald nach der Einheit allein durch das Parlament selbst zu treffen. Eine Festlegung im Einigungsvertrag, die die Forderung de Maizières voll erfüllt hätte, wäre im Ratifizierungsverfahren wohl im Bundestag wie im Bundesrat gescheitert.

Persönlich hat mich der Widerstand in der Bundesrepublik gegen eine Hauptstadt Berlin befremdet. Für mich war immer klar, daß die Hauptstadt eines wiedervereinigten Deutschland nur Berlin heißen kann. Bei jeder Gelegenheit habe ich intern wie öffentlich gesagt, daß ich für Berlin stimme, wenn ich als Mitglied des gesamtdeutschen Parlaments gefragt werde.

Wir haben immer verkündet: Berlin ist die alte deutsche Hauptstadt, ist das Symbol für die offene deutsche Frage. Beim Besuch Gorbatschows im Jahre 1989 und mindestens an jedem 17. Juni hat der Bonner Oberbürgermeister Hans Daniels betont, Bonn werde die Aufgaben der Hauptstadt nur so lange wahrnehmen, wie Berlin daran gehindert sei. Ich teile auch das Argument von Bundespräsident Richard von Weizsäcker: nirgends könne man die Teilung Deutschlands, aber auch das, was Einheit bedeutet, vergleichbar begreifen und erfahren wie in Berlin. Nach Bonn kommen die Abgeordneten aus den neuen Bundesländern eher wie Bittsteller, als fünfte oder sechste Räder am Wagen. Wenn man die Diskussion um die Hauptstadtfrage ehrlich führt, dann wird dahinter natürlich sichtbar, daß es um die Entscheidung geht, die jeder für sich treffen muß: ob dieses vereinte Deutschland lediglich aus der Bundesrepublik plus ein paar neuen Ländern besteht, die uns viel Geld kosten, oder ob sich etwas qualitativ Neues gebildet hat.

In den Verhandlungen mußte ich allerdings trennen zwischen meiner persönlichen Auffassung in der Hauptstadtfrage und dem, was ich als ein korrekter Verhandlungsführer für die Bundesrepublik Deutschland durchsetzen konnte. Die Hauptstadtfrage war, jedenfalls im Lichte der ersten Verhandlungsrunde vom 6. Juli, geeignet, einer der schwierigeren Stolpersteine auf dem Weg zu einem Einigungsvertrag zu werden. Ich begann über Kompromißmöglichkeiten nachzudenken.

Anfang Juli hatten wir Hauptstadt und Sitz von Parlament und Regierung begrifflich noch nicht getrennt. Mit meinen Beamten habe ich daher nach dem Verhandlungsauftakt am 6. Juli zunächst eine andere Kompromißlinie erörtert: eine Art grundsätzlicher Festlegung auf Berlin, eventuell verbunden mit einem neuen Grundgesetzartikel 23. Der alte mußte ja nach dem Beitritt gestrichen werden. Der gesamtdeutsche Gesetzgeber sollte dafür sorgen, schrittweise Institutionen nach Berlin zu verlagern. Dort könnte beispielsweise das von der DDR geforderte »Aufbauministerium«, das sich speziell um die Sanierung und Förderung der neuen Bundesländer kümmern und entsprechende Bonner Aktivitäten koordinieren solle, angesiedelt werden. Dieses Aufbauministerium gehörte zu den Instrumenten, die der DDR-Bevölkerung helfen sollten, in einem vereinten Deutschland rasch Anschluß an den wirtschaftlichen und sozialen Standard im Westen zu finden. Darüber hatte es schon eine Reihe von Vorgesprächen zwischen Kohl, de Maizière, Krause und mir gegeben.

Ministerpräsident de Maizière trug diesen Gedanken am 6. Juli im Zusammenhang mit seinen Vorstellungen über die Errichtung einer Treuhandstelle vor, zuständig für die Umwandlung der volkseigenen DDR-Unternehmen in privatwirtschaftliche Gesellschaften sowie für den Verkauf der Kombinate und Betriebe an gebietsfremde Investoren. Die »Treuhand« sollte sich nach dem Willen de Maizières darum kümmern, daß die Erträge ihrer Arbeit ausschließlich dem Gebiet der ehemaligen DDR zugute kämen. Die Interessenwahrung der DDR-Bürger zu sichern, wenn es das Land nicht mehr gebe – das war sein Motiv. Darauf gründete der Wunsch nach einem besonderen Aufbauministerium oder einer eigens für diese Aufgaben mit besonderen Rechten ausgestatteten »Sonderkonferenz« der Ministerpräsidenten der fünf Länder.

Ich bin de Maizière in diesem Punkt ein Stück entgegengekommen: Falls der Bundeskanzler die erste gesamtdeutsche Regierung bilde – wir gingen damals noch vom Beitritt im Zusammenhang mit der Wahl aus –, könne ich mir vorstellen, daß der Bundeskanzler eine spezifische Interessenvertretung der DDR im Kabinett vorsehen werde. Später habe ich ihm diese Erwartung noch einmal in einem Brief bestätigt. Im übrigen werde der Einigungsvertrag durch die Ratifizierung in allen Teilen geltendes Bundesrecht, über dessen Einhaltung die Gerichte, insbesondere das Bundesverfassungsgericht, zu wachen hätten. Außerdem sei im Grundgesetz das Ziel der Einheitlichkeit der Lebensverhältnisse in allen Teilen seines Geltungsbereichs festgeschrieben.

De Maizière nannte auch eine Reihe von Wünschen oder Anregungen im Hinblick auf Änderungen des Grundgesetzes, die er bei einem Beitritt der DDR für notwendig hielt. Dabei ging es ihm vor allem um die Bestimmung neuer Staatsziele wie dem eines Rechtes auf Arbeit oder auf Umweltschutz. Bezüglich der Grundgesetzänderungen wies ich vor allem darauf hin, daß wir ein Verfahren finden müßten, das die Gestaltungsfreiheit des Verfassungsgesetzgebers nicht mehr als unvermeidlich einschränke. Gerade weil über einen Einigungsvertrag nur insgesamt mit Ja oder Nein abgestimmt werden könne, müsse, wer dafür eine verfassungsändernde Mehrheit zustande bringen wolle, darauf achten, daß er in diesen Vertrag nicht ohne zwingenden Grund Regelungen hineinnehme, für die auf andere Weise eine verfassungsändernde Mehrheit in Bundestag und Bundesrat nicht gegeben sei. Dieses Argument hatte ich zuvor und später wieder mit Erfolg auch gegenüber sozialdemokratischen Wünschen gebraucht.

In dieser ersten Verhandlungsrunde bewährte sich, daß Krause und ich im Vorfeld bereits sehr eng zusammengearbeitet hatten. Dabei begannen unsere Gespräche mit einer Panne. Nach einer gemeinsamen Fraktionssitzung im Berliner Reichstag hatten sich Krause und ich zusammen mit einigen Mitarbeitern auf sieben Uhr im Hotel »Schweizerhof« verabredet. Wir wollten einmal in Ruhe darüber reden, wie wir an den Einigungsvertrag herangehen sollten. Das Frühstück war in einem der unteren Konferenzräume vorbereitet. Aber Krause kam nicht. Wir vermuteten, er habe wegen des bemerkenswert fröhlich verlaufenen gemeinsamen Fraktionsabends verschlafen. Gegen halb acht Uhr riefen wir in seinem Büro an, und siehe da: er wartete dort auf uns. Wir sind dann zu ihm gefahren und haben im Haus des Ministerpräsidenten konferiert. Dieses verpatzte Frühstück hat unserer guten Zusammenarbeit indes keinen Abbruch getan.

Beispielsweise waren wir uns frühzeitig einig, nach dem Vorbild der Verhandlungen über den Staatsvertrag vorzugehen. Wir wollten einen Vertrag im engeren Sinne vorlegen, der die wichtigsten Schritte der Vereinigung regelt. Die Details sollten in Anlagen formuliert werden, und zwar von den Fachressorts. Das hätte das Innenministerium nicht leisten können. So konnten wir am Nachmittag, als dann Krause die Gesprächsführung auf Seiten der DDR übernahm, sehr zügig den Fahrplan für die weiteren Verhandlungen erarbeiten, vor allem auch den zuständigen Ressorts Aufträge erteilen.

Krause hatte mir am 29. Mai ein Papier zugesteckt, das auf 5 DIN-A-4-Seiten – gegliedert in die Punkte Grundgesetz, Wirtschaft, Finanzen, Innenpolitik, Außenpolitik, Rechtswesen und Schule/Universität – die konkreten Sorgen der DDR beschrieb, entkleidet aller juristischen Abstraktion. Eine Auswahl: Wie erhalten wir den DDR-Firmen die abgeschlossenen Verträge? Was bedeutet Kohls Hilfszusage für die Beschäftigung? Kann die DDR mit Steuervorteilen und Schutz gegen Importe rechnen? Darf das Kombinat »Carl Zeiss Jena« seinen traditionsreichen Firmennamen behalten, oder verwehrt dies die westdeutsche Zeiss-Schwester in Oberkochen? Bleibt den Frauen in der DDR der gewährte Haushaltstag, der Schwangerschaftsurlaub, das Kindergeld, der Anspruch auf Kinderkrippe und Kindergarten erhalten? Was wird aus dem Paragraphen 218? Wird das Scheidungsrecht verschärft? Gibt es für alle identische Pässe? Greift der Schutz der Bundesanstalt für Arbeit sofort in den neuen Ländern? Kann vermieden werden, daß die neuen Länder neue Lasten wie Reparationen übernehmen? Bleibt die kostenlose Rechtsberatung erhalten? Werden Schul-, Universitäts- und Berufsabschlüsse wechselseitig anerkannt?

Hinter diesen Fragen verbargen sich die Ängste der sechzehn Millionen, die auf dem Sprung in eine andere Welt waren. Krauses Papier beschrieb die hohen Erwartungen an unsere Arbeit eindringlicher, als es jede noch so gescheite Skizze der Experten vermocht hätte.

In dem Gespräch am 29. Mai habe ich meinerseits Lothar de Maizières Staatssekretär eine Aufzeichnung zu »Grundstrukturen eines Staatsvertrages zur Herstellung der deutschen Einheit« übergeben. Unsere Überlegungen wurden in ständigem Kontakt mit Günther Krause und seinen Mitarbeitern rasch weiterentwickelt und verfeinert, und so erhielt Krause am Rande des Kanzlerfestes am 23. Juni von mir ein »Diskussionspapier« mit »Elementen einer zur Herstellung der deutschen Einheit zu treffenden Regelung«. Diese Elemente enthielten im wesentlichen die Teile des späteren Einigungsvertrages, die wir im Innenministerium vorbereitet haben. Was dann im Anhang noch an speziellen Vorschriften geregelt wurde – von der Rechtspflege bis zum Eisenbahnverkehr, von den Arzneimittelpreisen bis zum Jagdrecht –, ist alles in den Ressorts erarbeitet worden.

Allerdings waren wir im Innenministerium beim Formulieren der »Elemente« noch von der Voraussetzung ausgegangen, daß zum Zeitpunkt des Beitritts die Länder in der DDR bereits bestünden. Alles andere würde, so hatte Krause zu bedenken gegeben, den föderativen Charakter der Vereinigung verwischen und den Beitritt überhastet erscheinen lassen. Unter dieser Voraussetzung hatte Krause einen Themenkatalog erarbeitet, den er am Nachmittag des 6. Juli in die Verhandlungen einbrachte. Die Übereinstimmung mit unseren »Elementen« war offenkundig: Beitritt nach Artikel 23, Struktur des Vertrages, die anvisierten Grundgesetzänderungen, die Fortgeltung völkerrechtlicher Verträge. Sogar unseren

Vorschlag zum – wegen der damals noch geltenden alliierten Sonderrechte schwierigen – Beitritt von Ost-Berlin hatte Krause übernommen: Beitritt der 21 Stadtbezirke. Ein Unterschied bestand beim Prinzip der Rechtsangleichung. Die DDR ging damals noch davon aus – ich, wie erwähnt, auch –, daß grundsätzlich DDR-Recht weitergelte. So auch beim Zivildienst, den die DDR mit dem Wehrdienst gleichstellen wollte.

Die finanzielle Ausstattung der fünf Länder zählte ebenso zum Katalog der lösungsbedürftigen Themen wie der Vorschlag, die am 15. Juni geschlossene Regierungsvereinbarung über noch offene Vermögensfragen, die Enteignungen und Übertragungen vor 1949 betreffen, in dem Einigungsvertrag abzusichern. Wir waren mit dem Abgleichen der Positionen unserer Diskussionselemente und des Krause-Papiers so schnell und ohne Komplikationen fertig, daß unser Protokollführer darüber nicht einmal eine Notiz anfertigte.

Noch am selben Tag flogen wir mit einer Bundeswehrmaschine wieder zurück nach Bonn. Ich mußte noch am Abend einen Termin in der Nähe von Konstanz wahrnehmen und stieg deswegen in Köln/Bonn direkt in einen Hubschrauber um. Im Flugzeug hatte ich mit den Staatssekretären der Ressorts noch ein kurzes Resümee der Veranstaltung im Haus de Maizières gezogen. Unsere einhellige Meinung: Es ist gut gelaufen. Es gab keine Probleme. Das Klima in der bundesrepublikanischen Delegation zwischen Regierung und den Sozialdemokraten aus den Ländern war positiv gewesen. Jetzt sollten sich die Ressorts anstrengen und die zweite Runde am 1. August vorbereiten.

Der Auftakt war gelungen. Ich hatte ein gutes Gefühl. Immer hatte ich gesagt, die Einheit kommt. Sie kommt so oder so, mit oder ohne Vertrag. Ich war allerdings überzeugt, daß sie mit Vertrag besser gelänge. Wer den Vertrag verhindere, lautete eines meiner stärksten Argumente in den Gesprächen – insbesondere mit Sozialdemokraten –, der trägt die Verantwortung. Umgekehrt mußte jeder wissen, der einen Vertrag wollte, was alles er in dem Vertrag nicht erreichen konnte. Wer die Themenliste überforderte, wollte den Vertrag nicht und mußte dafür die Verantwortung tragen. Was geht, was muß sein, was geht nicht – das waren für mich die spannenden Fragen. Ich verstand dabei meine Rolle immer so, daß ich die Interessen der DDR gleichrangig zu vertreten hatte, die Interessen der fünf neuen wie der elf alten Länder. Diese Haltung nehme ich auch für Günther Krause in Anspruch. Er hat stets auch die Interessen der elf Länder mitbedacht. Wir haben uns nie als Gegner verstanden, sondern immer als Partner beim Bau eines vereinten Deutschlands.

Günther Krause

Einig über schnelle Einheit

Von Anfang an konnten Günther Krause und ich auf eine wichtige Gemeinsamkeit vertrauen, die uns das Vertragsgeschäft erleichterte: Wir wollten beide die politische Vereinigung lieber heute als morgen. Nach unserem etwas erschwerten Gespräch am 29. Mai in Berlin drückte Krause aufs Tempo. Ich hatte ihn informiert, daß im Bonner Innenministerium die Vorbereitungen für die Einheit bereits seit Februar liefen, zunächst unter der Annahme, die Vereinigung gegebenenfalls auch durch eine Überleitungsgesetzgebung zu vollziehen. Nach der Wahlentscheidung der DDR vom 18. März hatten wir uns gedanklich stärker auf Beitritt und Einigungsvertrag eingestellt. Wir waren also präpariert für den Tag, an dem die DDR den Startschuß für Verhandlungen gab. Krause sagte mir an diesem Morgen, er unterstütze unsere auf Zeitgewinn zielende Planung. Doch wir dürften nicht vergessen: de Maizière brauche die Zustimmung seiner Koalitionsregierung. Krause und ich waren uns jedoch an diesem Tag einig und haben auch darüber geredet, daß wir uns schon bald am Verhandlungstisch treffen würden. Nur den genauen Termin kannten wir noch nicht.

Zu diesem Zeitpunkt war der Staatsvertrag über die Währungs-, Wirtschafts- und Sozialunion bereits unterzeichnet, aber noch nicht in Kraft gesetzt. Die Meinungen gingen auseinander, wie lange eine separate Wirtschaftseinheit ohne politische Einheit funktionieren könne. Was der Währungsvertrag der DDR an Lasten bei der Bewältigung der Wirtschaftsreform zumutete, ließ Krause immer sehr skeptisch in die Zukunft blicken. Die in dem ersten Staatsvertrag angelegten finanziellen Leistungen der Bundesrepublik würden, davon ließ er sich nicht abbringen, nur für eine kurze Strecke reichen. Immer wieder warnte er: »Wir schaffen es nicht alleine. Wir brauchen auch die staatliche Einheit, weil die wirtschaftliche Einheit nach der Währungsunion eine imperfekte, eine unvollständige geblieben ist. Wir brauchen stärkere Hilfe aus dem Westen, nicht nur aus Steuermitteln, sondern auch durch private und öffentliche Investitionen. Die kommen nur in Gang, wenn wir auch die politische Einheit vollendet haben.«

Wir wollten beide die Zeitspanne bis zur staatlichen Einheit so kurz wie möglich halten und diskutierten bereits an diesem 29. Mai über das Datum der Bundestagswahl, wohlwissend, daß wir dazu nicht legitimiert waren. Auf einen gemeinsamen Termin verständigten wir uns leicht: noch im Jahre 1990, möglichst am oder nah beim 2. Dezember, dem seit langer Zeit anvisierten Termin für die nächste Bundestagswahl. Auf keinen Fall wollten wir uns Pläne für eine Verschiebung bis ins Jahr 1992 oder noch später zu eigen machen.

De Maizière hatte sich einen unbequemen, weil ständig zur Eile mahnenden Parlamentarischen Staatssekretär ausgewählt. Im Gegensatz zu dem Ministerpräsidenten ließ Krause nie den Drang verspüren, irgend etwas aus der alten DDR in das neue Deutschland retten zu wollen. Das erleichterte mir die Kooperation mit ihm. Mit de Maizière geriet sie zuweilen zäher. Er wollte erst sein Land in Ordnung bringen, ehe er mit einer sanierten, geläuterten DDR den Beitritt wagte.

Diesem Ansatz konnte Günther Krause nichts abgewinnen. Krause, 1953 geboren, hatte die DDR nie eigentlich als sein Heimatland verstanden, sondern immer Deutschland. Er kam aus einer engagiert evangelischen Familie und war konfirmiert, hatte also nicht an der staatlich geförderten Jugendweihe teilgenommen. Er war immer in der evangelischen Jugend und in der kirchlichen Arbeit engagiert gewesen. Aber zugleich hatte er auch ganz selbstverständlich seinen Wehrdienst im Rahmen der Nationalen Volksarmee abgeleistet. Als gelernter Bauingenieur war er dann später Dozent für Informatik geworden und wurde noch während der Verhandlungen zum Einigungsvertrag habilitiert. Seine Fähigkeit, sich als Techniker und Naturwissenschaftler in kürzester Zeit in die ungeheuer komplizierten Zusammenhänge der Währungs-, Wirtschafts- und Sozialunion einzuarbeiten, hat mich schon als Beobachter dieser Verhandlungen fasziniert.

Als Verhandlungspartner beim Einigungsvertrag ist mein Respekt davor noch gewachsen. Nie verlor er bei der unglaublichen Vielzahl von Themen den Blick für das Wesentliche. Auch noch so komplizierte juristische Vertragsprobleme konnten ihn nicht erschüttern. Seine Sachkompetenz rechtfertigte auch ein beachtliches Selbstvertrauen, das ihn dazu befähigte, seiner unglaublichen Fülle von Verantwortlichkeiten im Jahre 1990 gerecht zu werden. Er war ja nicht nur der Verhandlungsführer bei den beiden großen Vertragswerken, einer, wenn nicht der entscheidende Ratgeber des Ministerpräsidenten de Maizière, sondern zugleich auch Vorsitzender der CDU-Fraktion in der Volkskammer. Außerdem kümmerte er sich beinahe täglich um einzelne Wirtschaftsprobleme in allen Teilen der DDR und stellte sich der Diskussion mit der Bevölkerung, wo immer die Not am größten war – ob bei der Unruhe unter Landwirten oder beim Streik von Angehörigen des öffentlichen Dienstes in Ost-Berlin.

Sachkompetenz, Zeitmangel, sicher auch Erschöpfung brachten ihn dazu, den Mitgliedern seiner Verhandlungsdelegation gelegentlich – für meine Begriffe zuweilen sehr rüde – in die Parade zu fahren; aber offensichtlich war seine Autorität, jedenfalls in der Endphase der Selbständigkeit der DDR, gegenüber den Abgeordneten wie den Regierungsmitgliedern groß genug, daß dies ohne allzuviel Widerstand ertragen wurde. Natürlich war er nahezu chronisch übermüdet, aber an seiner Präsenz in den Verhandlungen hat dies niemals das geringste geändert.

Oft beklagte sich Krause, de Maizière entscheide so zögernd, weil er zu viele unterschiedliche Leute um Rat frage. Mal befalle ihn die Sorge, den Sowjets gehe alles viel zu schnell und sie könnten bei den Zwei-plus-Vier-Verhandlungen bremsen; mal nehme er zuviel Rücksicht auf die Sozialdemokraten.

De Maizières Umgang mit den Sozialdemokraten war ohnedies ein Problem für Krause. Der Ministerpräsident und der Fraktionsvorsitzende waren in diesem Punkt bis zum Ende unterschiedlicher Meinung. Krause war immer ein Anhänger eines guten Koalitionsklimas zu den Liberalen; er strebte eine christlich-liberale Koalition nach Bonner Muster an. Da sah er unsere klaren Chancen. Er machte sich keine Gedanken darüber, daß es nicht zu einer verfassungsändernden Mehrheit reichen könnte. Der Vertrag sei zur Not auch ohne verfassungsändernde Zweidrittel-Mehrheit zu verabschieden. Im übrigen könnten ihn die Sozialdemokraten grundsätzlich nicht ablehnen. Jedenfalls wollte er sich nicht von Sozialdemokraten abhängig machen, schon gar nicht, nachdem deren Fraktionsvorsitzender Richard Schröder, mit dem er gut auskam, von Wolfgang Thierse immer mehr an den Rand gedrückt wurde. Krause hat de Maizière – objektiv nicht zu Unrecht – immer vorgeworfen, zu den Sozialdemokraten einen engeren Kontakt zu pflegen als zu den Liberalen. Er sagte immer, Schröder werde zunehmend schwächer. Je deutlicher sich Thierses Richtung durchsetze, desto mehr werde das Muster der politischen Konfrontation aus der Bundesrepublik auf die DDR übertragen.

Hinzu kam Krauses Angst, der DDR-Regierung könne die Kontrolle im eigenen Land entgleiten, wenn die materiellen, wirtschaftlichen, sozialen, aber auch die politischen Fortschritte noch lange auf sich warten ließen. Dann werde nämlich die demokratisch legitimierte Volkskammer sehr schnell handlungsunfähig werden. Die Zeichen standen bereits auf Sturm. Demonstrationen und Streiks waren an der Tagesordnung. Zunächst legten die Lehrer und Krankenschwestern die

Arbeit nieder, Polizisten und Bauern folgten ihnen auf die Straße. Ende Juli geriet Krause angesichts des Chaos in Panik und rief seinen Chef an: »Lothar, wenn wir jetzt nicht voran machen, mache ich nicht mehr mit.«

Um keinen Zweifel aufkommen zu lassen: Weder Krause noch ich haben die furchteinflößenden Szenarien für besonders realistisch gehalten, die der damalige Innenminister Peter-Michael Diestel bei jeder sich bietenden Gelegenheit feilbot: Große Abteilungen ehemaliger Stasi-Leute, ausgerüstet mit riesigen Reserven an Waffen und Munition, bereiten den Bürgerkrieg vor. Diestel und gelegentlich auch der Minister für Abrüstung und Verteidigung, Rainer Eppelmann, verstärkten diese Horrorgemälde noch durch die Bekanntmachung, sie gingen nur noch bewaffnet an die Öffentlichkeit. Sie verlangten zudem einen verstärkten Personenschutz, was einer Reaktivierung der Stasi-Sicherheitsorgane gleichkam.

Diestel verstand es immer wieder, sich ins Gespräch zu bringen, und wenn es geheimnisvolle Andeutungen waren, etwa von der Art: er habe belastende Akten über fünf Ost-Berliner Kabinettsmitglieder, ihm könne nichts passieren. Ich habe auf solche Sprüche nie etwas gegeben, weil ich mir nie sicher war, ob Diestel sie überhaupt ernst meinte. Einmal habe ich in einer Runde mit Günther Krause, Klaus Reichenbach und Rudi Seiters gewarnt: »Gebt nicht soviel auf diese Andeutungen. Entweder er hat was, dann soll er es auf den Tisch legen, oder er hat nichts, dann soll er's lassen. Laßt euch nicht einschüchtern, falls es denn so sein solle, und schon gar nicht, wenn er bloß Spaß macht.«

Daß Diestel viel Sinn für solche Späße hatte, wußte ich seit seinem Antrittsbesuch bei mir in Bonn in der Woche nach Ostern. Ich hatte ihm in unserem einleitenden Gespräch unter vier Augen von einem Vorfall erzählt, über den wir in der Leitung des Innenministeriums gelacht hatten. Bei einer Diskussion über die Frage der Amnestie für Spione des Ministeriums für Staatssicherheit hatte Staatssekretär Neusel darauf bestanden, daß zumindest an dienstrechtlichen Maßnahmen festgehalten werden müsse. Zur Begründung sagte er: Wenn ich zum Beispiel erfahre, daß Herr X – er wählte den Namen eines anwesenden Abteilungsleiters – seit Jahren für das MfS gearbeitet hat, möchte ich ihn wenigstens noch aus seiner Position hier entfernen können. Der Genannte fand das Beispiel im Gegensatz zu anderen Diskussionsteilnehmern nur begrenzt lustig. Als nun Diestel und ich zum Gespräch im erweiterten Kreis mit den leitenden Beamten des Innenministeriums zusammentrafen und Staatssekretär Neusel ihm vorgestellt wurde, bemerkte Diestel vieldeutig zu ihm: »Sie kenne ich ja schon aus meinen Akten.« Zu unser aller Erheiterung reagierte Neusel ganz ähnlich wie einst der von Neusels Scherz getroffene Abteilungsleiter.

Bis in den August hinein fürchteten Krause und Klaus Reichenbach Zwischenfälle und Ereignisse, für die sie nicht mehr die Verantwortung übernehmen könnten. Gelegentlich war dann von dem einen oder anderen zu hören, daß man die Koffer schon gepackt habe, um notfalls Knall auf Fall in den Westen gehen zu können, weil sie fürchteten, daß die Sicherheit vielleicht doch nicht mehr aufrecht zu erhalten sei. Manchmal drohte Krause auch: »Bevor wir hier Schiffbruch erleiden, gehe ich zurück an meine Hochschule. Was habe ich mir hier alles aufgebunden?« Die Versuchung, an die Hochschule zurückzukehren, ist ihm bis auf den heutigen Tag geblieben.

Wenn solche Stimmungen aufkamen, habe ich versucht, zu beruhigen und zu schlichten: »Jetzt wird nicht gekniffen. Auf den letzten Metern geben wir nicht auf. Es besteht auch kein Grund, denn die Dinge sind beherrschbar, die Risiken übersehbar. Und wenn alles trotzdem bricht, dann kommt die Einheit eben noch schneller.«

Gelegentlich habe ich dann auch de Maizière in Schutz genommen. Bei allem Verständnis für Krauses Ängste und Ungeduld wies ich meinen Partner immer wieder auf de Maizières unersetzliche Rolle hin: Ihm hatte ein großer Teil der Bevölkerung das Vertrauen ausgesprochen. Ohne ihn hatten wir keine Chance. Ich fände es nicht schlecht, sagte ich Krause, daß de Maizière den Menschen das Gefühl vermittle, sehr nachdenklich, manchmal sogar zögernd zu agieren. Dies komme der Mentalität der DDR-Bürger bestimmt mehr entgegen als jedes laute Hurra.

Ich habe diese immer wiederkehrenden Anwandlungen Krauses und auch Reichenbachs ernst genommen. Das mußte einfach raus. Aber daß der Vertragsprozeß wirklich platzen könnte, habe ich nicht für denkbar gehalten. Und auch von der Aufgeregtheit, die immer neue Gerüchte über Stasi-Verwicklungen, auch des Ministerpräsidenten und CDU-Vorsitzenden, bei den beiden Helfern de Maizières anrichteten, ließ ich mich nicht anstecken. Einmal kam das Gerücht auf, die Stasi-Akten über de Maizière befänden sich im Besitz von Bischof Gottfried Forck. Bekanntlich war ja eine Akte niemals aufgefunden worden, obwohl de Maizière selber immer davon ausging, daß es eine solche gegeben haben müsse, wegen seiner Tätigkeit als Rechtsanwalt wie als Synodaler in der Kirchenleitung der evangelischen Kirche von Berlin-Brandenburg. Ich habe Krause und Reichenbach geraten, sich zur Klärung dieses Verdachts mit dem Bischof in Verbindung zu setzen, stellte dabei aber fest, daß beide ihn persönlich gar nicht kannten. Da wurde mir schlagartig wieder einmal deutlich, in welcher Übergangssituation sich die DDR befand und mit welch hohem Maß an Improvisation die wenigen, die nach der Volkskammerwahl vom 18. März in diesem Staat die Verantwortung trugen, arbeiten mußten. Für mich als Kanzleramtschef oder als Regierungsmitglied in Bonn wäre jedenfalls der Gedanke nicht vorstellbar gewesen, daß man den in der Bundeshauptstadt ansässigen Bischof einer der beiden großen Konfessionen nicht einmal persönlich kennt.

Wie auch immer: Ich bot an, mich mit dem mir persönlich bekannten Bischof Forck in Verbindung zu setzen, und habe das auf Bitten der beiden dann auch getan. Forck, den ich in Karlsruhe telefonisch erreichte – die badische und die berlin-brandenburgische Landeskirche sind einander partnerschaftlich verbunden –, dementierte mit aller Entschiedenheit, daß er jemals eine Stasi-Akte von Lothar de Maizière gesehen, geschweige denn besessen habe. Im übrigen, versicherte er mir, halte er jeden Verdacht über eine Stasi-Tätigkeit von de Maizière für völlig abwegig.

Reichenbach selber mußte sich ebenfalls mit gegen ihn gerichteten Vorwürfen auseinandersetzen, die letztlich wohl dazu beigetragen haben, daß er als sächsischer CDU-Vorsitzender seine Kandidatur für das Amt des dortigen Ministerpräsidenten zurückzog. Ursprünglich war Reichenbachs Position durchaus der von Krause ebenbürtig. Als Minister und Landesvorsitzender des größten CDU-Verbandes hatte er eine erhebliche Stimmen- und Abgeordnetenzahl im Rücken. Aber im Laufe dieser Wochen und Monate verschoben sich die Gewichte eindeutig zu Krauses Gunsten, durch den Einigungsvertrag, durch seine Dynamik und auch dadurch, daß er zu keinem Zeitpunkt auch nur entfernt in Stasi-Nähe gerückt wurde.

Im Juni saßen Seiters und ich mit Krause und Reichenbach beieinander und hörten wieder mal einen besorgten Lagebericht: Diese angeblichen und tatsächlichen Stasi-Beziehungen seien kaum noch beherrschbar. Ich hielt ein deutliches Wort für angebracht: »Ich glaube das alles nicht, und ich bin auch dagegen, daß sich die DDR jetzt deswegen kaputtmacht. Das kann doch wohl nicht wahr sein: erst drangsaliert die Staatssicherheit jahrelang die Menschen, und jetzt verhindert sie noch den Neuanfang.«

De Maizière konnte sich trotz dieser Irritationen der Loyalität seines Staatssekretärs immer sicher sein. Er wurde von Krause nicht getäuscht, war immer auf dem neuesten Informationsstand, wie übrigens auch Helmut Kohl. Anders hätte es auch keinen Sinn gemacht. Krause und ich wußten, daß jeder Versuch, de Maizière manipulieren zu wollen, scheitern mußte. Entscheidungen zum Beitritt, für die Einheit, zu einer gesamtdeutschen Wahl – alles war nur mit Lothar de Maizière zu erreichen. Krause war vielleicht der Dynamischere, der

Entschlußfreudigere im Vergleich mit dem manchmal zögerlichen Ministerpräsidenten. Aber der Politiker, der in der DDR allen damals schon kursierenden Stasi-Gerüchten zum Trotz das höchste Vertrauen genoß, hieß Lothar de Maizière.

Für die Operation Einheitsvertrag war Günther Krause dennoch unentbehrlich. Wenn er auf DDR-Seite Regie führte, lief das Management des Einigungsprozesses meist störungsfrei. Ich wußte, was er als Fraktionsvorsitzender in der Volkskammer und als Delegationschef bei den Vertragsverhandlungen alles gleichzeitig am Halse hatte und bin ihm deswegen entgegengekommen, wo es ging. Die Entscheidung, ob wir uns in Bonn oder in Berlin trafen, war für mich nie eine Frage des Protokolls oder Prestiges. Sie wurde allein von der Praktikabilität diktiert. Mir fiel es leichter, mit der Bundeswehr nach Berlin zu fliegen, als ihm umgekehrt mit Interflug nach Bonn.

Wie wenig auf Krause in jenen Wochen in Berlin zu verzichten war, zeigte sich während seines zweiwöchigen Urlaubs im Juli. Krause und ich, die wir beide bei unseren Belastungen immer versuchten, auch noch einen Rest Rücksicht auf unsere Familien zu nehmen, hatten unsere Urlaubsplanungen aufeinander abzustimmen versucht. Nach der ersten Verhandlungsrunde am 6. Juli mußten zunächst zwei Wochen für Ressortgespräche zur Klärung von Fachfragen eingeplant werden, ehe nach weiteren Vorbereitungen die zweite Verhandlungsrunde am 1. August beginnen konnte. Diese zwei Wochen sollten Krause die Chance für einen Erholungsurlaub bieten, und er nutzte sie auch mit Familie und Freunden zu einem Campingaufenthalt in Italien. Ich selbst wollte nach der zweiten Verhandlungsrunde im August mit meiner Familie Urlaub auf Sylt machen. Krause jedenfalls hatte eine kurze Erholungspause nach meinem Eindruck dringend nötig.

In diesen zwei Wochen, in denen Krause nicht in Berlin war, verließen die Liberalen die Koalition, weil sich inzwischen der Streit um Beitrittstermin und Wahlrecht auch innerhalb der Ost-Berliner Koalition zugespitzt hatte. Während de Maizière den Auszug der Liberalen nicht so tragisch zu nehmen schien, zeigte sich Krause nach seiner Rückkehr völlig entsetzt. Nun war de Maizière auf die Sozialdemokraten angewiesen, wenn er noch über eine Mehrheit in der Volkskammer verfügen wollte, während CDU, Demokratischer Aufbruch und DSU zusammen mit den Liberalen auch ohne die Sozialdemokraten über eine Mehrheit verfügt hatten.

Krauses wirtschaftspolitisches Leitbild war Ludwig Erhard. Er trat entschieden für eine Koalition mit den Liberalen ein, weil er in diesem Bündnis die Chance sah, soziale Marktwirtschaft zu verwirklichen und weil er im übrigen der Meinung war, daß parallele parteipolitische Konstellationen in den Regierungen von Ost-Berlin und Bonn uns die Arbeit, die deutsche Einheit in einem Wahljahr zu vollenden, eher leichter machen würden. Krause war überzeugt, daß es zum Bruch der Koalition mit den Liberalen während seiner Anwesenheit nicht gekommen wäre. Ich habe diese Überzeugung geteilt.

Konfliktstrategie

Der Streit um Wahltermine
in der zweiten Berliner Runde

Ein anderes Ereignis während Krauses Urlaub blieb für die Öffentlichkeit völlig unbemerkt. Dabei war es für die weiteren Arbeiten am Einheitsvertrag und für die Herstellung einheitlicher Lebensverhältnisse nicht unerheblich. Innerhalb der Bonner Regierung hatten wir lange und kontrovers über die Frage diskutiert, von welchem Regel/Ausnahme-Verhältnis bei der Zusammenführung der beiden Rechtsordnungen im Einigungsvertrag auszugehen sei. Das Innenministerium vertrat die Meinung, daß grundsätzlich DDR-Recht zunächst einmal fortbestehen solle und daß diejenigen Gesetze der Bundesrepublik, die mit dem Vertrag in der DDR in Kraft gesetzt werden sollten, ausdrücklich aufzuzählen seien. Die gegenteilige Auffassung, daß mit dem Inkrafttreten des Vertrags bundesrepublikanisches Recht grundsätzlich auch in der DDR gelte und daß die Ausnahmen ausdrücklich aufzuzählen seien, verfocht insbesondere das Justizministerium. Beide Seiten konnten für ihren jeweiligen Standpunkt beachtliche Argumente anführen.

Unsere Gründe waren im wesentlichen solche der Praktikabilität: Die Rechtsanwender in der DDR sollten im einzelnen wissen, welche bundesrepublikanischen Gesetze zu berücksichtigen seien. Vor allem fürchteten wir, daß mit der sofortigen Übernahme der gesamten bundesrepublikanischen Rechtsordnung lediglich unter Aufzählung von Ausnahmen eine zu große Regelungsdichte in der DDR geschaffen werden könnte, die die für einen raschen wirtschaftlichen und sozialen Aufbau notwendige Improvisation in einer Übergangszeit behindern könnte.

Die Gegenposition argumentierte vor allem damit, daß nach dem Beitritt der DDR eine Fortgeltung der alten sozialistischen Regelungen, die den Namen »Recht« kaum verdienten, politisch nicht zu verantworten sei, daß zudem für das Zusammenwachsen beider Teile Deutschlands eine möglichst weitgehende Rechtsvereinheitlichung unerläßlich sei und daß schließlich auch die Rechtsanwendung durch die grundsätzliche Einführung bundesrepublikanischen Rechts eher erleichtert werde. In der alten DDR sei ein zureichender Überblick, welche rechtlichen Bestimmungen im einzelnen gelten würden, gar nicht möglich, weil der sozialistische Staat wesensmäßig kein Rechtsstaat sei.

In aller Heimlichkeit hatten wir im Bundesinnenministerium schon im Februar 1990 – vom Einigungsvertrag war noch lange nicht die Rede – damit begonnen, die Wiedervereinigung Deutschlands rechtlich vorzubereiten. Intern habe ich meinen Mitarbeitern gesagt, wenn es schnell zum Beitritt der DDR komme und wir zur Rechtsangleichung Überleitungsgesetze vorlegen müßten und wir nicht vorbereitet seien, »dann erschlagen uns die Leute«. Aber von unseren Vorbereitungen durfte nichts nach draußen dringen. Sonst hätte es einen öffentlichen Sturm gegeben. Uns wäre vorgeworfen worden: Ihr bereitet schon den Anschluß vor, obwohl die da drüben noch nicht mal in erster freier Wahl über ihre neue Volkskammer abgestimmt haben. Das war unser Risiko. Doch lieber trug ich dieses Risiko, als im Fall des Falles mit leeren Händen dazustehen.

Bald schon mußten wegen der gigantischen Fülle des Stoffes andere Ministerien ins Vertrauen gezogen werden. Es galt, sich einen möglichst genauen Überblick über das Recht der DDR zu verschaffen. Dies war ungewöhnlich schwierig. Die DDR besaß keine kodifizierte Sammlung ihres Rechts. Wir mußten also versuchen, das bestehende DDR-Recht, so gut es eben ging, zusammenzutragen und zu systematisieren. Auf unserer

Seite war das gesamte bundesrepublikanische Recht durchzusehen, jedes Gesetz, jede Verordnung mußte daraufhin überprüft werden, ob sie in einem vereinten Deutschland unbedingt in Kraft zu treten hätten.

Das war von meinem Haus nicht allein zu schaffen. Hier mußten alle Ministerien an die Arbeit. Dabei erwies sich, daß wir eine funktionierende Verwaltung besitzen und daß es trotz vierzigjähriger Gesetzgebung wenig Wildwuchs gibt. Ich war wirklich überrascht, wie die einzelnen Ressorts ihren jeweiligen Rechtsbestand problemlos und treffsicher beherrschten. Abertausende von Unterlagen waren unter dem Gesichtspunkt weitestgehender Rechtseinheit in einem vereinten Deutschland in Listen zu erfassen. Es mußte geklärt werden, welche Abweichungen bis zu welchem Zeitpunkt zu tolerieren wären. Die Beamten haben eine Riesenaufgabe mit bewundernswertem Engagement bewältigt. Wie selbstverständlich wurden Urlaubspläne verschoben, verkürzt oder ganz fallen gelassen. Die Zusammenarbeit zwischen den einzelnen Ministerien klappte lautlos.

Jedes Ressort war verpflichtet, sich abzustimmen mit dem Ressort auf DDR-Seite – die Arbeiten waren ja mit den Fortschritten im Einigungsprozeß längst offiziell geworden –, dazu mit den mitberatenden Ressorts, auf jeden Fall mit dem Finanzministerium wegen der finanziellen Auswirkungen und dem Justizministerium aus allgemein rechtlichen Gründen sowie mit dem federführenden Innenministerium. Und wo notwendig, war Übereinstimmung mit der EG und den Bundesländern herzustellen. Ich habe mich um die Einzelheiten nicht zu kümmern brauchen, habe zwischendurch nur mal gefragt: »Haltet ihr den Zeitplan ein, kommt es hin?« Es gab keine Probleme. Manches Mal habe ich gedacht: Diese vielgeschmähten Beamten! In welchem anderen Staat ginge das so reibungslos vonstatten?

Erschwert wurde die Arbeit durch die prinzipielle Frage: Soll DDR-Recht weitergelten und bundesdeutsches Recht für die fünf neuen Länder bis auf weiteres die Ausnahme sein, oder soll umgekehrt das bundesdeutsche Recht übertragen werden und DDR-Recht in Ausnahmen befristet weitergelten? Für beide Eventualitäten mußten wir gewappnet sein. Die Ressorts sollten alternativ arbeiten. Aber mit jedem weiteren Schritt der Konkretisierung wurde die Frage wichtiger, von welchem Prinzip ausgegangen werden sollte.

Ausgenommen von dieser Prinzipienfrage waren natürlich fundamentale Rechtsvorschriften. Wir brauchten einheitliche Grundlagen staatlichen Organisationsrechts und der Rechtsordnung, also ein einheitliches Bürgerliches Recht, Strafrecht, Verwaltungsrecht, Verwaltungsverfahrensrecht, dazu gleiche Grundprinzipien, etwa des Sozialrechts. Hier sollten die bundesdeutschen Normen verbindlich werden. Aber auf vieles andere hätte man, so war zu jener Zeit meine Meinung, noch eine gute Weile verzichten können. Das Nachtbackverbot der Bundesrepublik mußte nicht schon gleich zu Anfang drüben eingeführt werden.

Meine Linie war: Beschränken wir uns auf das Notwendige, um möglichst schnell zu einheitlichen Lebensverhältnissen zu kommen und den Aufbau drüben zu erleichtern. Ich wollte zum Beispiel im Baurecht, im Umweltrecht oder im Sozialbereich nicht die perfektionistischen Normen der Bundesrepublik übertragen sehen. Ich war überzeugt, so werde es in den fünf neuen Ländern schneller aufwärtsgehen, würden die schlimmen Zustände eher erträglich werden. Der Aufbau der Bundesrepublik in den fünfziger und sechziger Jahren war ja auch nur möglich, weil die Spielräume damals in einem noch weniger feingesponnenen Rechtskostüm größer waren.

Bei den Verhandlungen wurde stillschweigend davon ausgegangen, unser kompliziertes Verfahrensrecht würde dennoch unter den besonderen Bedingungen der fünf neuen Länder entsprechend beschleunigte Entscheidungen erlauben. Man hoffte darauf, bei den Bürgerbeteiligungen werde der Widerstand aus der Bevölkerung, die ja ein vitales Interesse am Ausbau etwa des Verkehrsnetzes habe, schon nicht so groß sein wie üblicherweise in der Bundesrepublik. Keiner mochte freilich offen vertreten, im Beitrittsgebiet solle der Umweltschutz von minderer Qualität sein als im Westen. Ich hatte mehrfach an die Bundesländer appelliert, sie mögen doch aus ihrer größeren Nähe zum Verwaltungsvollzug dem Bundesinnenminister in dem Prinzipienstreit über die Rechtsordnung helfen. Die Länder haben sich aber an dieser Diskussion nicht beteiligt.

Ich stieß mit meiner Haltung auf entschiedenen Widerspruch. Einhellig verlangten die anderen Ressorts, voran das Bundesjustizministerium, Bundesrecht müsse die Regel, DDR-Recht die Ausnahme sein. Norbert Blüm sprach sich vehement dafür aus. Der Arbeitsminister sah die Chance, auf diese Weise sehr viel schneller und konfliktärmer die sozialen Errungenschaften des Westens auf das Beitrittsgebiet übertragen zu können, auch wenn es den Finanzminister teuer zu stehen kommen sollte. Zu meiner Überraschung legte sich aber der Finanzminister nicht mit Blüm, sondern mit mir an. Auch Waigel wollte offenbar die Gelegenheit beim Schopfe packen und seine umfangreichen Steuergesetze und sonstigen Vorschriften ohne die Gefahr künftiger mühseliger Auseinandersetzungen im neuen Teil des gemeinsamen Staates plazieren. Verständlich war, daß die westdeutsche Industrie auf einheitliches bundesdeutsches Recht drängte. Sie wollte bei ihren Investitionsentscheidungen nicht auf das in der Tat undurchsichtige und unklare DDR-Recht bauen. Selbst aus den DDR-Behörden war zu vernehmen, ihr altes Recht sei ihnen selbst nicht geheuer; Bundesrecht solle her, dann herrschten klare Verhältnisse.

In der Hoffnung, damit bei der DDR aufzulaufen, fügte ich mich der Mehrheitsmeinung und vertrat bei Beginn der offiziellen Vertragsverhandlungen am 6. Juli als Position der Bundesregierung, bundesdeutsches Recht müsse nach der Vereinigung im Regelfall gültig sein. Krause widersprach, ganz in meinem Sinne. Er würde lieber sehen, wenn das DDR-Recht im Grundsatz weitergelte, einige Ausnahmen aufgezählt würden und erst später schrittweise bundesrepublikanisches

Recht in Kraft gesetzt werde. Doch leider blieb die DDR nicht bei dieser Einstellung.

Unmittelbar vor der zweiten Verhandlungsrunde erfuhr ich, daß die Regierung der DDR in dieser Frage ihre Position gewechselt habe und auch dafür eintrete, daß grundsätzlich Bundesrecht und DDR-Recht nur bei ausdrücklich aufgezählten Ausnahmen gelten solle. Als ich Krause nach dieser für die weitere Arbeit in den Verhandlungen wichtigen Veränderung fragte, sprach er zunächst von einem Mißverständnis, das er sich nur dadurch erklären könne, daß man während seiner Abwesenheit die Tragweite dieser Frage in Ost-Berlin verkannt habe.

Krause sagte zu, dieses Mißverständnis aufzuklären und dafür zu sorgen, daß die DDR bei ihrer ursprünglichen Position bleibe. Zu meiner Überraschung kam er indessen nie mehr auf diese Frage zurück. So blieb es bei der veränderten Position der DDR, und damit war natürlich die Streitfrage entschieden.

An den Folgen dieser Entscheidung tragen wir noch heute im vereinten Deutschland, wie nicht zuletzt durch Überlegungen belegt wird, die Geltung mancher durch den Einigungsvertrag eingeführter Vorschriften für die fünf neuen Länder durch ein »Vorschaltgesetz« zeitweilig wieder auszusetzen. Ich bin niemals ganz genau dahintergekommen, wie die Veränderung der DDR-Position zustande gekommen ist; vielleicht waren dafür Mitarbeiter verantwortlich, die aus Bonn zur Beratung und Hilfeleistung für die Regierung de Maizière nach Ost-Berlin entsandt wurden. Immerhin hatten die Bonner Beamten nun endlich Klarheit, wie sie ihre Kataloge ausrichten mußten.

Unter der Generalklausel des allgemeingültigen bundesdeutschen Rechts wurde also für die umfänglichen Anlagen des Einigungsvertrages festgehalten, welche Übergangsregelungen es in allen nur vorstellbaren Bereichen geben sollte. Das reichte von der Aufzugsverordnung über die Dampfkesselverordnung, die Acetylenverordnung, die Gebührenordnung für Rechtsanwälte, die Gewinnungsrechte an mineralischen Rohstoffen, die Prüfungsverordnung für Hebammen bis hin zur Fahrzeugteile-Verordnung und vielem mehr.

Im wesentlichen wurden die Verhandlungsführer des Einigungsvertrages mit all diesen Details nicht behelligt. Krause und ich hatten ja verabredet, uns an den Verhandlungen über die Währungsunion zu orientieren und die Regelung der vielfältigen Einzelheiten im Geiste einer vernünftigen Arbeitsteilung den zuständigen Ressorts auf beiden Seiten eigenverantwortlich zu überlassen. Maßstab für den Regelungsbedarf war die Unterschiedlichkeit der tatsächlichen Verhältnisse in beiden deutschen Staaten. Übereinstimmung herrschte darüber, daß erst noch vielerlei Instrumentarien aufzubauen waren, um selbst den Übergangsregelungen Geltung zu verschaffen. Der Schwarzarbeit in der früheren DDR war eben nicht von Anfang an beizukommen.

Aufpassen mußte man zuweilen, daß nicht einzelne Bonner Ressorts die Möglichkeit der Überleitungsregelungen nutzten, um dabei die eine oder andere Wohltat hineinzuschmuggeln, die man bisher in der Bundesrepublik nicht durchsetzen konnte. Solche Versuche wurden in der Anfangsphase schon auf unterer Arbeitsebene abgestoppt.

Ich habe immer eisern auf dem Grundsatz beharrt, es gehe jetzt um die Einheit und nicht darum, bei dieser Gelegenheit etwas für die Bundesrepublik zu ändern. »Die Wiedervereinigung ist nicht die günstige Gelegenheit, etwas durch die Hintertür durchzusetzen, was ohne diese Gelegenheit seit Jahren nicht gelungen ist.« Deshalb auch haben wir darauf verzichtet, im Zuge der Einheit eine Rechtsbereinigung in der Bundesrepublik zu versuchen. »Dann sitzen wir im Jahr 2000 noch hier«, pflegte ich solchem Ansinnen zu entgegnen, »und sind immer noch nicht fertig.«

In den eigentlichen Vertragsverhandlungen mußten wir uns nur in seltenen Streitfällen mit den Maßgabe-Regelungen des Vertragsanhangs beschäftigen. Allerdings waren wir auch im Einigungsvertrag selber mit Ressortbereichen wie Bildung,

Gesundheit, Soziales befaßt. Dort wurde dann in zähen Auseinandersetzungen manches durchgekaut. Einmal mußte ich die Sitzung unterbrechen. Es ging um die Frage, ob die großzügigere Regelung der DDR beim Mutterschutz nach Geburt eines Kindes Bestand haben sollte. Der Vertreter des Bundesfinanzministers, Staatssekretär Klemm, wollte Nachteile für die Bundeskasse abwenden und legte Einspruch ein. Unterstützung erhielt er ausgerechnet vom Vertreter des Saarlands. Ich sagte zu Lafontaines Mann: »Ich weiß schon, warum Sie dafür sind. Sie wollen hinterher vorführen, wie wenig freundlich dies alles für Frauen ist.« Ich bat den Vertreter des Finanzministeriums vor die Türe, weil ich mich nicht am Verhandlungstisch vor aller Augen über ihn hinwegsetzen wollte. Wir haben draußen die Angelegenheit glattgezogen, sind gemeinsam wieder hineingegangen, und die großzügigere Mutterschutzregelung der DDR blieb für eine längere Übergangszeit in Kraft.

So wurde alles, was an bundesdeutschem Recht nicht gleich gelten sollte, in vollständiger Weise festgehalten. Ich habe später des öfteren Briefe von Rechtsprofessoren erhalten, die von einer schier unglaublichen Leistung schwärmten, gar davon redeten, solch ein Vertrag sei einmalig in der Rechtsgeschichte. Mag solches Lob auch übertrieben sein, die Arbeit war schon ungewöhnlich. Dabei handelte es sich nicht um die Leistung von zwei Leuten, von Krause und mir, sondern ganz wesentlich um die Arbeit der Beamten der zuständigen Ressorts der Bundesregierung.

Am 1. August, zu Anfang der zweiten offiziellen Delegationsverhandlungen, hatten Günther Krause und ich den ersten gemeinsamen Entwurf des Einigungsvertrages in greifbarer Nähe. Auch wenn es in wichtigen Punkten noch kein Einvernehmen gab, waren wir doch auf gutem Wege. Der Vertrag über eine Wahlunion war so weit vorbereitet, daß wir ihn am 2. August paraphieren und am 3. August unterzeichnen wollten.

In einer dreitägigen Verhandlungsrunde wollten wir uns

mit Nachdruck an die Arbeit machen. Gleich zu Beginn teilte mir Krause mit, sein Ministerpräsident werde noch am selben Abend Kohl am Wolfgangsee treffen. Er wisse nicht, so Krause weiter, ob er de Maizière begleiten müsse. Krause flog dann mit, wir mußten die Verhandlungen am Nachmittag unterbrechen. In der Zwischenzeit rief mich Helmut Kohl aus seinem Urlaubsdomizil an. De Maizière habe eben um ein Gespräch mit ihm gebeten, der DDR-Ministerpräsident werde abends schon eintreffen. Ob ich ihm, fragte mich der Kanzler, wohl einen Tip geben könne, was de Maizière wohl von ihm wolle? Ich wußte es nicht.

Der Kanzler setzte mich tags darauf ins Bild: De Maizière und Krause seien in Panikstimmung am Wolfgangsee angereist. Der Ministerpräsident werde von der Furcht gepeinigt, sein Land könne jeden Tag wirtschaftlich zusammenbrechen und im allgemeinen Chaos versinken. Er wolle deshalb in der kommenden Woche vor die Volkskammer treten und den Beitritt der DDR nach Artikel 23 des Grundgesetzes schon für den 14. Oktober 1990, dem Termin der Landtagswahlen in den fünf neuen Bundesländern, vorschlagen. Er wolle zugleich vorschlagen, an diesem 14. Oktober auch gleich die erste gesamtdeutsche Bundestagswahl durchzuführen.

Die schweren Sorgen der führenden Männer der DDR kannte ich. Krause hatte mir gerade erst wieder am Wochenbeginn in seinem Berliner Büro sein Herz ausgeschüttet: Die Unruhe im Land werde immer größer. Man komme mit dem Geld nicht hin. Die Renten könnten bald nicht mehr ausgezahlt werden. Die 14 Milliarden Mark, die zur Stützung der DDR im Staatsvertrag über die Währungsunion für das Jahr 1990 vorgesehen seien, reichten vorne und hinten nicht – um so weniger, als von den vorgesehenen Summen nur ein kleiner Teil wirklich bei den eigentlich zu Begünstigenden angekommen sei. Als die DDR-Landwirtschaft Anfang August zusammenzubrechen drohte, weil die Einheimischen nur noch Westware kauften, schleppte Krause selber in Koffern das Geld zu den notleidenden landwirtschaftlichen Produktionsgenossenschaften, nicht ohne den sozialdemokratischen Finanz- und Landwirtschaftsministern Romberg und Pollack öffentlich Sabotage vorzuhalten und von de Maizière den Rausschmiß der SPD aus Kabinett und Koalition zu fordern. »Wir haben die Taschen gepackt«, drohten Krause und Reichenbach wieder einmal, »wenn wir hier nicht vorankommen, wenn wir es nicht schaffen, gehen wir rüber in den Westen.«

Die beiden DDR-Politiker kamen vom Wolfgangsee zurück, die Verhandlungen gingen zügig voran. Da nahm mich am Morgen des 3. August, einem Freitag, Krause beiseite. Er zeigte mir auf einem Blatt Papier den Wortlaut der Erklärung, die de Maizière gleich um elf Uhr auf einer Pressekonferenz abgeben werde: Die Wahlen zum gesamtdeutschen Bundestag sollten auf den 14. Oktober vorgezogen werden und gemeinsam mit den Landtagswahlen stattfinden. Die Volkskammer solle zuvor auf einer Sondersitzung in angemessener Form den Beitritt der DDR zur Bundesrepublik erklären. Diesen Vorschlag habe er, so die Erklärung weiter, am Wolfgangsee mit Bundeskanzler Kohl abgestimmt.

Ich war überrascht. Ich hätte den Kanzler etwas anders verstanden, sagte ich zu Krause. Der Bundeskanzler sei davon ausgegangen, de Maizière werde erst in der kommenden Woche, und dann nicht auf einer Pressekonferenz, sondern in der Mitte der Volkskammer, einen Vorstoß für den DDR-Beitritt am 14. Oktober und für vorgezogene gesamtdeutsche Wahlen unternehmen. Ich rief den Kanzler in Österreich an. Auch er war überrascht. »Der erklärt heute schon was? Ja, was sagt er denn?« wollte Kohl über de Maizières Pressekonferenz wissen. Nun gut, da müsse man halt mal sehen, was daraus werde, war Kohls Replik. Am Nachmittag stimmte der Kanzler dem Vorstoß de Maizières in einer Erklärung zu: »Ich begrüße diesen Vorschlag, der Klarheit schaffen soll über Beitritt und Wahltermin.«

In der Zwischenzeit hatte ich am Verhandlungstisch mit den Folgen des Vorschlags zu tun. Die Sozialdemokraten, die sich auf gesamtdeutsche Wahlen am 2. Dezember eingerichtet hatten und deren Wahlkampfvorbereitungen entsprechend gediehen waren, sahen sich als Opfer eines Komplotts. Wolfgang Clement, der SPD-Wortführer in meiner Verhandlungsdelegation, wechselte die Farbe, als ihm die Meldung über de Maizières Pressekonferenz hereingereicht wurde.

In einem Zustand der Erregung, wie ich es bei ihm weder vorher noch später je erlebt habe, fauchte er mich an, dies nehme er mir persönlich übel, er fühle sich getäuscht. Wir hätten jetzt die ganze Zeit in einer vernünftigen Atmosphäre die Verhandlungen geführt und die Sache weit vorangetrieben – und jetzt das. Wir hätten die Sozialdemokraten »reingelegt«. Clement beantragte Unterbrechung der Sitzung. Nach einem Telefonat teilte er mit, daß damit die Geschäftsgrundlage für die ganzen Verhandlungen in Frage gestellt sei, die Mitarbeit aufgekündigt würde. Wenig später kam eine entsprechende Erklärung der sozialdemokratischen Ministerpräsidenten. Der Einigungsvertrag komme nicht zustande, hieß es in der ersten zornigen Reaktion.

Ich verstand Clements erregte Reaktion. Die SPD-Vertreter, die in den Verhandlungen die für sie nicht leichte Last trugen, beim Zustandekommen des Vertrags mitzuhelfen, würden nun bei ihren eigenen Leuten in eine ganz schwierige Lage kommen. Ich verteidigte mich: Auch ich sei von de Maizières Vorstoß überrascht worden, hätte erst am selben Morgen von dessen beabsichtigter Presseerklärung erfahren. Dies sei eine Entscheidung allein der DDR gewesen. Krause wie ich argumentierten, es dürfe kein unmittelbarer Zusammenhang zu den Vertragsverhandlungen hergestellt werden. Wenn der Beitritt früher komme, sei es um so notwendiger, zügig weiterzuverhandeln und zum Abschluß zu kommen. Ich betonte, ich bliebe optimistisch, es gebe einen Zwang zur Rationalität.

Das Ende der zweiten Verhandlungsrunde war von vornherein für den Freitagmittag vorgesehen gewesen, so daß wir nach dem Intermezzo über die Pressekonferenz von Lothar de Maizière diese Verhandlungsrunde absprachegemäß beendeten. Allerdings legten Krause und ich zuvor noch fest, daß die nächste – und hoffentlich abschließende – Verhandlungsrunde nicht wie ursprünglich vorgesehen am 27. August, sondern wegen des jetzt noch größeren Zeitdrucks bereits am 20. August in Bonn beginnen solle. Ob und in welcher Weise die sozialdemokratisch geführten Bundesländer an dieser Runde teilnehmen würden, blieb im Augenblick offen. Im übrigen hatten Krause und ich an diesem Nachmittag noch den Wahlvertrag förmlich zu unterzeichnen, und auch diese Zeremonie unterstrich natürlich unsere Zuversicht, daß wir trotz aller Aufregungen und Streitereien das gute Ende erreichen würden.

Eigentlich wirkte die ganze Aufregung etwas gekünstelt. Seit Wochen war de Maizière von allen möglichen Seiten, insbesondere von den Sozialdemokraten, zunehmend bedrängt worden, sich auf einen möglichst frühen Beitrittstermin festzulegen. Weil er zögerte, wurde ihm vorgeworfen, er habe offenbar zuviel Freude am Regieren und den damit verbundenen Annehmlichkeiten gewonnen, als daß er sich schon wieder davon trennen wolle. Nun hatte er sich für einen Beitrittstermin entschieden, der durchaus im Rahmen der aktuellen Diskussion lag. Wahrscheinlich artikulierte sich zu einem Teil mehr der Ärger, daß sich de Maizière ohne weitere Absprache öffentlich festgelegt hatte, als der Inhalt der Erklärung.

Das Problem lag allerdings im Wahltermin. Eigentlich kann sich eine Opposition ja schwerlich gegen einen früheren Wahltermin aussprechen, der ihr die zumindest theoretische Chance bietet, früher an die Regierung zu kommen. Aber natürlich hatten die Sozialdemokraten ein taktisches Interesse an einem späteren Wahltermin, weil sie vor den Wahlen zunächst auf eine Verschlechterung der Lage hoffen mußten. Argumentieren konnten sie so offen und öffentlich indes nicht. Andererseits war ein Wahltermin am 14. Oktober nicht möglich ohne eine vorzeitige Auflösung des Bundestags, und dazu mußte entweder wie Ende 1982 der Weg über die Vertrauensfrage des Bundeskanzlers nach Artikel 68 des Grundgesetzes versucht oder die laufende Legislaturperiode des Bundestags mit verfassungsändernder Mehrheit im Hinblick auf die Wiedervereinigung um einige Wochen verkürzt werden.

Dazu aber war die Zustimmung der Sozialdemokraten notwendig, und Lafontaine begriff seine Chance schnell. Während er sich beim Staatsvertrag über die Währungs-, Wirtschafts- und Sozialunion mit seinem Rat, im Bundestag möge die SPD gegen den Vertrag stimmen und ihn im Bundesrat – wo man über die Mehrheit verfügte – passieren lassen, nahezu zwischen alle Stühle gesetzt hatte, wollte er dieses Mal die Mehrheit, über die er im Bundesrat verfügte, ausspielen und dem Kanzler und der Union zeigen, daß ohne ihn nichts mehr liefe. »Affentheater« nannte er das Hin und Her über Wahl- und Beitrittstermine, und nach den ermüdenden Diskussionen über Termin- und Wahlrechtsfragen traf er damit auf eine in der Bevölkerung durchaus verbreitete Stimmung. Zugleich fügte er hinzu, daß für die Sozialdemokraten ein anderer Wahltermin als der 2. Dezember, der vereinbart sei, nicht in Frage käme. Weil die sieben Wochen zwischen dem 14. Oktober und dem 2. Dezember für die weitere Entwicklung in Deutschland nun auch nicht von ausschlaggebender Bedeutung schienen, hatte Lafontaine von vornherein eine gute Chance, diese Position durchzuhalten und durchzusetzen.

Helmut Kohl und Lothar de Maizière haben am Abend des 1. August am Wolfgangsee über einen Beitritt und vorzeitigen Wahltermin am 14. Oktober gesprochen. Allerdings ging Kohl bei und nach dem Gespräch davon aus, daß de Maizière über seine Absicht – den Beitritt zu erklären, war ja schließlich Sache der DDR – innerhalb seiner Koalition und mit den Fraktionen der Volkskammer sprechen und dann in der folgenden Woche eine entsprechende Regierungserklärung abgeben wollte. Wann und aus welchen Gründen sich Lothar de Maizière dafür entschied, schon am Freitag, dem 3. August, ohne vorherige Fühlungnahme mit den Koalitionspartnern oder den Volkskammer-Fraktionen sich öffentlich festzulegen, weiß ich nicht. Daß genau diese Veränderung dem Vorstoß dann alle Realisierungschancen nahm, zeigte sich sehr rasch, aber damit hatte de Maizière nicht gerechnet. Er glaubte wohl, daß Kohl einen früheren Wahltermin schon durchsetzen werde, wenn nur erst in der DDR die entsprechende Entscheidung getroffen sei. Schließlich hatte Kohl auf dem Weg über Artikel 68 Ende 1982 schon einmal eine vorzeitige Bundestagswahl durchgesetzt, und der Bundeskanzler selbst dachte gelegentlich an eine Wiederholung dieser Möglichkeit.

1982/83 hatte das Verfassungsgericht den Weg zur Auflösung des Bundestages über die vom Kanzler gestellte Vertrauensfrage, die von seiner eigenen Regierungsmehrheit, eben um zu Neuwahlen zu kommen, nicht mit Ja beantwortet wurde, mit der besonderen Ausnahmesituation – Regierungswechsel in der Legislaturperiode, Erregungen durch die »Verrats-Kampagne« – für zulässig erklärt. Der Bundeskanzler war überzeugt, daß die Vereinigung der deutschen Staaten noch viel mehr als die Lage 1982 eine Ausnahmesituation sei, die eine Inanspruchnahme des Artikel 68, den Bundestag vorzeitig aufzulösen und die alsbaldige Wahl eines gesamtdeutschen Parlaments zu ermöglichen, rechtfertige.

Ich war anderer Ansicht und mußte den Kanzler in einem langen Telefongespräch am 3. August gegen Mitternacht – tagsüber war der Urlauber wegen ausgedehnter Wanderungen schwer zu erreichen – zu überzeugen suchen. Bei einer Spanne von nur sieben Wochen bis zum regulären Wahltermin war die Ausnahmesituation meiner Meinung nach nicht ausreichend zu begründen. Die 1982 gegebene Zeitspanne habe eine andere verfassungsrechtliche Qualität gehabt. Wenn zwischen dem Beitritt der DDR und gemeinsamen Bundestagswahlen ein oder zwei Jahre liegen würden, legte ich dem Kanzler am Telefon dar, wäre die Lage ganz anders. Dann hielte ich es für ein verfassungspolitisch und verfassungsrechtlich legitimes Anliegen, es nicht noch so lange mit einem »Parlament minus« zu tun haben zu wollen, in dem das Beitrittsgebiet nur durch delegierte Abgeordnete der Volkskammer oder durch in Ergänzungswahlen bestimmte Abgeordnete vertreten ist. Dann könne man sagen, wir wollen möglichst früh dieselbe Legitimation für alle im Parlament. Dies sei auch wichtig für die Integration des vereinten Deutschland. Dann könne man sich als Abgeordneter bei der Vertrauensfrage des Kanzlers nach Artikel 68 guten Gewissens der Stimme enthalten, weil man für einen so langen Zeitraum keinen Regierungschef ohne entsprechende demokratisch-parlamentarische Legitimation haben wolle, und so die vorzeitige Bundestagsauflösung erzwingen.

Mein weiteres Argument war: 1982/83 hätten wir den Bundestag über die Vertrauensfrage letztlich im Konsens mit den Sozialdemokraten aufgelöst. Für den damaligen Bundespräsidenten Karl Carstens sei dieser Konsens der Parteien ein gewichtiger Faktor bei seiner ihm vom Grundgesetz zugewiesenen Entscheidung gewesen. Er habe deshalb leichter der Parlamentsauflösung und Neuwahlen zustimmen können. Jetzt sei die Situation grundverschieden. Es gebe kein Einverständnis mit der SPD. Bundespräsident Richard von Weizsäcker würde in einer hochpolitischen Frage in eine Schiedsrichterrolle gedrängt. Er müsse entweder der Regierung oder der Opposition recht geben – und dies unmittelbar vor Wahlen und in bezug auf Wahlen. Dies bringe das Staatsoberhaupt in eine Situation, in die man es nicht bringen dürfe.

Es sei, sagte ich dem Kanzler, eine Chance vertan worden. Die Bundestagsauflösung sei nun überhaupt nur durch eine entsprechende Änderung des Grundgesetzes zu erreichen. Und dafür hätte man zuerst mit der SPD reden müssen, deren Stimmen man im Parlament brauche. Hier lag der Verfahrensfehler. De Maizière hätte vor seinem Vorstoß die SPD ansprechen müssen. Wenn mit den Sozialdemokraten in Ost und am besten auch in West vorher über eine Verfassungsänderung zwecks vorzeitiger Bundestagsauflösung und Neuwahl geredet worden wäre, hätte man sie meines Erachtens dafür gewinnen können. Frühen Beitritt und frühe Wahlen hätten sie dann schwerlich abzulehnen vermocht.

Der Kanzler sagte, er wolle sich die Angelegenheit noch

einmal durch den Kopf gehen lassen. Am nächsten Morgen ließ er verkünden, der Weg über die Vertrauensfrage nach Artikel 68 komme für ihn nicht in Frage. Die Sozialdemokraten sollten einer Grundgesetzänderung zustimmen, um zu Wahlen schon am 14. Oktober zu kommen. So haben wir dann auch in der Bundestagsdebatte am 8. August versucht, der SPD den Ball hinzuschieben. Den entsprechenden Antrag lehnte sie erwartungsgemäß ab.

Ihr hättet uns vorher fragen müssen, begründete zuvor schon Lafontaine sein Nein. So könnt ihr mit uns nicht umspringen. In der SPD-Spitze war sehr eingehend die Überlegung diskutiert worden: eine Opposition dürfe eigentlich vorgezogene Wahlen nie ablehnen, erst recht nicht, wenn darüber die deutsche Wiedervereinigung komme. Ob man nicht im Begriff sei, einen schweren politischen Fehler zu machen. Der Kanzlerkandidat erkannte klar, daß sich hier für ihn eine einmalige Gelegenheit bot, sich durchzusetzen, auch in der eigenen Partei, und die Regierung vorzuführen. Er setzte auch darauf, die von ihm prognostizierte große Krise in der DDR werde Kohl bis zum 2. Dezember eher einholen. Der Nachteil für Lafontaine: Er hat mit seinem Nein wieder ein Stück mehr an seinem Bild gemeißelt, er sei in Wahrheit nicht für die Einheit.

Für einen frühen Beitrittstermin, notfalls sogar sofort, war die SPD also; aber für ein Vorziehen der Bundestagswahlen vor den 2. Dezember war sie nicht, und ohne die SPD war das nicht mehr zu erreichen.

In der Koalition waren wir uns inzwischen einig. Wir wollten den Beitritt und auch die Wahlen so früh wie möglich, allerdings mit der Einschränkung, daß der Beitritt der DDR nicht vor dem 2. Oktober liegen durfte. Dies war der Termin der KSZE-Außenministerkonferenz, der wenigstens noch das Ergebnis der Zwei-plus-Vier-Verhandlungen über die uneingeschränkte Souveränität Deutschlands zur Kenntnis gebracht werden sollte. Mit diesem Argument gelang es einige Zeit später auch, den SPD-Vorsitzenden Hans-Jochen Vogel zu überzeugen, und so wurde am Ende der 3. Oktober einvernehmlich zum Tag des Beitritts der DDR.

Bei den Wahlen mußten wir uns damit abfinden, daß sich nichts mehr bewegen konnte. Der Kanzler hätte sich gerne einer vorgezogenen Wahl gestellt, nicht allein aus wahltaktischen Überlegungen. Es wäre ein Schlußpunkt erreicht, das Signal für eine wirtschaftliche Aufwärtsentwicklung in der DDR früher gesetzt worden. Hineingespielt hat aber natürlich auch der Wahlkampf. Da gab es die Kampagne der SPD, Kohl solle nach dem Beitritt der DDR erst einmal die Gesamtverantwortung für den ganzen »Kladderadatsch« bis zum 2. Dezember übernehmen. Da gab es diesen SPD-Spruch: Wir haben der DDR das Zweitbeste gegeben, die D-Mark; jetzt wollen wir ihr auch noch das Beste geben, Helmut Kohl, und der will nicht. Kohl hätte es nicht als Mangel empfunden, nicht als gesamtdeutscher Kanzler im Wahlkampf auftreten zu können. Dann hätte er eben noch stärker und unverstellter das Prinzip Hoffnung verkörpert.

Aus diesen Gründen machte sich der Kanzler am 3. August den Vorschlag de Maizières zu eigen. Leider haben die beiden Regierungschefs damals nicht darüber gesprochen, daß man den Vorschlag so präsentieren mußte, daß sich die SPD nicht verweigern konnte, weil ohne die Mitwirkung der Sozialdemokraten der Vorschlag nicht zu verwirklichen war.

Letztlich hat die ganze Aufregung und Auseinandersetzung dem Fortgang der Verhandlungen über den Einigungsvertrag nicht geschadet. Auch wenn sich meine sozialdemokratischen Delegationsmitglieder Clement und Kopp wenig später brieflich bei mir nochmals wegen des Vorstoßes auf Wahlen am 14. Oktober über »Vertrauensbruch« und »Überrumpelungstaktik« beklagten, wodurch es zu einer »schweren Belastung der Verhandlungen gekommen sei«, so bestätigten die beiden SPD-Vertreter doch zugleich erneut ihre Bereitschaft, ihre »bisherige konstruktive Mitarbeit« fortzusetzen.

Das ganze Zwischenspiel hatte zunächst den großen Vorteil, daß nunmehr der Beitritt der DDR, ob mit oder ohne gleichzeitige Wahlen, durch de Maizières Pressekonferenz praktisch zur Realität geworden war, die uns früher als erwartet einholen würde. Deshalb zogen wir die 3. Verhandlungsrunde um eine Woche vor. Wir wollten auf jeden Fall in der Lage sein, einen fertigen Einigungsvertrag, der auch noch in den Parlamenten ratifiziert werden konnte, zu jedem denkbaren Beitrittstermin im Oktober vorzulegen. Für mich persönlich hatte es die unangenehme Nebenfolge, daß mein ohnedies knapp bemessener Urlaub verkürzt und im übrigen ständig unterbrochen wurde, weil ich dauernd zu Vorbereitungen für die abschließenden Verhandlungen nach Bonn mußte. Als mich Staatssekretär Neusel einmal bei einer solchen Besprechung im Innenministerium mit dem Satz begrüßte: »Da kommt ja unser Dauer-Urlauber«, hatte ich Mühe, in das Lachen der anderen einzustimmen.

Das liebe Geld

Die Bundesländer
und die neue Finanzverfassung

Trotz der Krise im Streit um den Wahltermin und den Beitritt zum 14. Oktober hatte uns die zweite Verhandlungsrunde in Berlin ein gehöriges Stück vorangebracht. Am Vormittag des 1. August gingen die beiden Delegationen im Haus des Ministerrats die Ergebnisse der Ressortgespräche durch, die die Beamten beider Seiten zwischen dem 6. und 20. Juli geführt hatten. Die Zeit war knapp, Krause sollte ja am Nachmittag de Maizière zum Wolfgangsee begleiten. Punkt für Punkt wurden die offenen Fragen aufgelistet. Wir verabredeten, die strittigen Stellen in eckige Klammern setzen zu lassen und die gewünschten Formulierungen der Bundesrepublik mit »D« zu kennzeichnen, die der Gegenseite mit »DDR«. Es gab noch eine ganze Menge eckige Klammern. Aber eine beträchtliche Anzahl von Punkten konnte auch schon abgehakt werden.

Keinen Streit gab es um die neue Präambel des Grundgesetzes. Hier war mir wichtig gewesen, daß es bei der Formulierung blieb, das deutsche Volk habe sich dieses Grundgesetz im Bewußtsein seiner Verantwortung »vor Gott und den Menschen« gegeben. Die transzendentale Verankerung unseres Grundgesetzes wollte ich nicht aufgeben. Probleme bereitete auch nicht der Artikel, wie das Grundgesetz mit Wirksamwerden des Beitritts der DDR in den neuen Bundesländern in Kraft gesetzt würde. Eine kleine Debatte gab es über das zum Berliner Bezirk Spandau gehörende Gebiet West-Staaken. Gehörte das nun zu Berlin oder zur DDR? Ich habe mich nicht bemüht, das ganz zu verstehen. Dies sollten die

Berliner untereinander ausmachen. Als Prinzip galt: es mußte bei den bisher geltenden Abgrenzungen zwischen Ost-Berlin und der DDR bleiben. Geklärt war auch die Generalklausel, daß im Beitrittsgebiet Bundesrecht in Kraft trat, soweit es im Einigungsvertrag nicht anders geregelt wurde.

Verständigt hatten wir uns darüber, den Artikel 23 des Grundgesetzes zu streichen, um mit dem Beitritt der DDR aller Welt zu zeigen, daß damit die Einheit Deutschlands vollendet sei. Einig waren sich beide Seiten, ins Grundgesetz einen neuen Artikel 143 einzufügen, in dem Abweichungen vom Grundgesetz infolge der unterschiedlichen Verhältnisse befristet legitimiert wurden. Dies war zum Beispiel für die voneinander abweichenden Abtreibungsbestimmungen von Belang, hatte aber auch Bedeutung für viele Zuständigkeitsregelungen und nicht zuletzt für die Eigentumsfrage.

Aber es gab eben auch jene Stellen, zu denen Krause seine Positionen vortrug und ich antworten mußte: »Der Punkt bleibt geklammert.« Kein sonderliches Gewicht besaßen Unterschiede etwa bei der Wehrverfassung. In der DDR waren Wehrpflicht und Ersatzdienst gleichgestellt, in der Bundesrepublik war der Ersatzdienst die Ausnahme. Eine endgültige Regelung der Wehrverfassung verbot sich, solange der Zwei-plus-Vier-Prozeß nicht abgeschlossen war. Dann kamen wir zu den schweren Brocken. Und hier erwies sich, daß die Bremsen für schnelle Fortschritte auf dem Weg zur Einheit auf bundesdeutscher Seite eingebaut waren. Ich hatte Günther Krause schon angekündigt: »Da brauche ich viel Zeit für Beratungen in meinem Verein.« Zwischen Krause und mir gab es stets die geringeren Probleme, wir beide wurden uns meist recht schnell einig. Die weitaus größeren Probleme bereitete die eigene Delegation.

Einer der schweren Brocken war die Finanzverfassung des vereinten Deutschland. Hier mußte ich vorläufig passen. Ich erklärte in der Verhandlung: »Dazu kann ich noch keine Position für die Bundesrepublik Deutschland vertreten.« Der Bund könne das nicht allein entscheiden. Die Länder hätten einen generellen Vorbehalt gemacht. Sie beriefen sich vor allem auf die Absprache, die am 16. Mai im Zusammenhang mit dem 115-Milliarden-Fonds »Deutsche Einheit« getroffen worden war und aus der die Länder ableiteten, daß damit ihr gesamter Finanzierungsanteil erschöpft sei. Vor einer Lösung der Umsatzsteuerverteilung auf die neuen Bundesländer müßten alle wesentlichen anderen Finanzfragen im Zusammenhang mit dem Einigungsvertrag geklärt sein. Wir sollten diesen Bereich tunlichst zurückstellen. So geschah es. Wir verständigten uns darauf, das Problem bis zum Ende der Gesamtverhandlungen über den Einigungsvertrag aufzuschieben.

Dann konzentrierten wir uns auf das Berlin-Problem. Krause trug die DDR-Version zum Hauptstadtartikel vor: »Hauptstadt und Regierungssitz des gesamtdeutschen Staates ist Berlin. Vom gesamtdeutschen Parlament werden 1991 die Modalitäten zur weiteren Entwicklung der Hauptstadt als Regierungssitz festgelegt.« Wieder mußten wir eckige Klammern eintragen. Meine Erwartung, daß die Wünsche de Maizières zu Fahne und Hymne aus der ersten Verhandlungsrunde fallengelassen würden, um desto nachdrücklicher auf Berlin als Hauptstadt und Regierungssitz bestehen zu können, erfüllte sich. Aber ich mußte Krause antworten: »Sie wissen, das ist bei uns nicht machbar. Wir würden, wenn wir diese Regelung treffen, weder im Bundestag noch im Bundesrat den Hauch einer Chance der Zustimmung haben.« Unbeschadet der unterschiedlichen Meinungen, ob Bonn oder Berlin Hauptstadt respektive Regierungssitz sein solle, bestehe ein breiter Konsens, daß diese Frage nicht von den beiden deutschen Regierungen allein in einem Einigungsvertrag zu regeln sei. Diese Entscheidung solle dem gesamtdeutschen Parlament vorbehalten bleiben. Der Düsseldorfer Sozialdemokrat Clement meldete sich zu Wort: »Wir wollen da keine Regelung.« Also, gab Krause zu Protokoll, bleibe der Punkt streitig. Wir verabredeten, auf Beamtenebene für den nächsten Tag einen Vertragsentwurf samt allen eckigen Klammern zusammenstellen zu lassen. Dann mußte sich Krause an den Wolfgangsee verabschieden. Auch für mich blieb an diesem 1. August noch viel zu tun.

Nach einem Imbiß in der Kantine des Ministerrats zog ich mich mit dem engeren Kreis meiner Delegation in ein Nebenzimmer zurück. Bewußt wurde auf die Teilnahme großer Mitarbeiterstäbe verzichtet; nur die Staatssekretäre der Bundesregierung und die Chefs der Staats- und Senatskanzleien der Länder saßen beisammen. Das ergab eine persönlichere Atmosphäre. Ich war entschlossen, die offenen Fragen jetzt energisch anzugehen. Auch alle anderen einschließlich der Sozialdemokraten schienen bereit, zum Fortschritt der Verhandlungen beizutragen. Wir wollten ernsthaft miteinander reden. Die DDR-Seite hatte Druck gemacht – so hatte ich es mir gewünscht. Die Widersprüche waren miterlebt worden. Im Grunde war allgemein bekannt, wo die DDR stand, da gab es keine Überraschungen. Aber es macht eben doch einen Unterschied, wenn man es dann in Verhandlungen selber erlebt. Dies fördert den Willen, Lösungen zu finden. Würde es immer rein rational zugehen in der Politik, könnte man eine Menge Zeit sparen.

Die Gelegenheit war also günstig, ich hatte sie sogar in gewisser Weise herbeigeführt. Trifft man sich in Bonn, ist in der Regel gleich die Frontstellung aufgebaut – Bund gegen Länder, hie Regierung, da Opposition. In Ost-Berlin war das anders. Wir saßen wie ein Team in Klausur zusammen. Die Freund/Feind-Rituale konnten entfallen. Es rannte nicht jede Minute mal der eine, mal der andere aus dem Zimmer, um zu telefonieren. Die Ost-Berliner Telefonmisere hatte auch ihr Gutes. Es zahlte sich nun aus, daß ich Wert darauf gelegt hatte, ein einheitliches Delegationsverständnis zu fördern. Ich hatte stets betont, ich würde in den Verhandlungen nur Positionen formulieren, wenn wir vorher in der Delegation darüber gesprochen hätten. Allerdings habe ich nicht gesagt, ich würde diese Standpunkte nur vertreten, wenn sie allgemeine Zustimmung gefunden hätten. Aber wenn es Meinungsunterschiede gäbe, dann würden wir eben unterbrechen und miteinander reden.

Als erstes schnitt ich die Hauptstadtfrage an. Die sei für die DDR wichtig. Wenn wir uns weigerten, zur Hauptstadt etwas im Einigungsvertrag festzuhalten, dann könne dies von der DDR schwerlich hingenommen werden. Auch die DDR-Regierung müsse ja ihr Gesicht wahren, auch sie müsse mit dem Vertragstext leben können, und auch sie brauche eine Zweidrittel-Mehrheit für die Ratifizierung in der Volkskammer. Wir sollten hier Rücksicht nehmen. Mein Vorschlag: »Wir regeln, was ohnehin unbestritten ist: Hauptstadt Deutschlands ist Berlin. Über den Sitz der Regierung wird später entschieden.«

Die Hauptexponenten in der Diskussion um die Hauptstadtfrage waren die Vertreter von Nordrhein-Westfalen und Berlin, Clement und Schröder. Clement erwiderte auf meinen Vorschlag, es solle heißen, Berlin sei »repräsentative Hauptstadt«. Schröder wiederum war entschieden gegen jeden Ansatz einer Trennung der Funktionen von Hauptstadt und Regierungssitz. Ich erwiderte zunächst Clement, daß seine Formulierung »repräsentative Hauptstadt« nicht akzeptabel sei, weil damit ja klar werde, daß Bonn in jedem Fall Regierungssitz bleibe. Wenn eine Formulierung zur Hauptstadtfrage in den Vertrag aufgenommen werde, was ich im Interesse der DDR dringend empfehle, dann müsse diese Formulierung in der Frage des Regierungssitzes die Entscheidung wirklich offenlassen. Alles andere würde die eine oder andere Seite überfordern und damit niemals zustimmungsfähig sein. Für eine Lösung im Sinne meines Vorschlags könnte aus der Sicht der Bonn-Befürworter sprechen, daß damit eine Trennung der repräsentativen und der politischen Hauptstadtfunktionen – für die ja Bonn plädierte, um Berlin gewissermaßen ein Trostpflaster zu bieten – immerhin als möglich unterstellt werde. Berlin wiederum hätte bei meinem Vorschlag immerhin erreicht, daß ohne eine Festlegung in der Regierungssitz-Frage durch den Einigungsvertrag festgestellt sei, daß Berlin Hauptstadt

Deutschlands sei. Berlin müsse, wenn ihm das zu wenig sei, so sagte ich zu Schröder, wissen, daß die Alternative wohl der Verzicht auf eine Aussage zur Hauptstadtfrage im Einigungsvertrag sei.

Es ging länger hin und her. Clement und Schröder haben sich nicht aus den Augen gelassen. Freute sich der eine, war der andere dagegen. Und umgekehrt. Bis dann beide zu der Einsicht kamen, der eine verliert nichts, der andere gewinnt nichts. Berlin und Bonn konnten mit meinem Vorschlag leben, die DDR auch. Die beiden Sozialdemokraten stimmten schließlich unter Vorbehalt zu. Für Clement war es besonders schwer, weil dies klar gegen Beschlüsse seiner Landesregierung verstieß. Um so größer war ja dann auch seine Empörung, als er vom Vorstoß de Maizières auf vorgezogene Wahlen am 14. Oktober erfuhr. Ich konnte ihm nachfühlen, wenn er klagte, jetzt habe er sich im Interesse des Einigungsvertrages soviel Mühe gegeben, seine Leute zu Hause in der Hauptstadtfrage weichzuklopfen, und dann müsse er einen solchen politischen Schlag einstecken.

Ganz bewußt ist im übrigen darauf verzichtet worden, genauer zu definieren, was das Wesen der Hauptstadt sei. Das war mein Grundsatz bei den Vertragsverhandlungen, die über manche Untiefe zu lotsen waren: Wenn man Lösungen sucht, die im Grunde unvereinbare Standpunkte zusammenführen, darf man nicht alles präzise beschreiben. Manchmal muß man Fragen offenlassen, die im Augenblick mangels Einigungsmöglichkeit nicht zu klären sind.

Die nächste Klippe bildeten die künftigen Verfassungsänderungen, die über die beim Beitritt unmittelbar fälligen Änderungen des Grundgesetzes hinausreichten. Es ging um so heikle Bereiche wie die Neuordnung des Verhältnisses zwischen Bund und Ländern, um die Aufnahme von Staatszielbestimmungen – etwa zum Umweltschutz – ins Grundgesetz, um die Ergänzung des Artikels 146, die klarstellen sollte, daß die deutsche Einheit vollendet ist und nur in diesem Rahmen über eine neue Verfassung zum Ersatz des Grundgesetzes abgestimmt werden kann. Strittig war, mit welcher Verbindlichkeit sich solche Änderungswünsche in einem Regierungsvertrag festschreiben ließen.

Auch hierzu hatte ich mir eine Lösung überlegt, für die ich in der Delegationsbesprechung warb. Die Themen möglicher künftiger Verfassungsänderungen sollten in Artikel 5 des Einigungsvertrages ohne abschließende Festlegung aufgezählt werden. Auch wenn ein von zwei Regierungen abzuschließender Staatsvertrag der Ratifizierung durch das Parlament bedarf, muß ja bei der Vereinbarung von Verfassungsänderungen Zurückhaltung geübt werden, schon weil ein solcher Vertrag nur als Ganzes angenommen oder abgelehnt werden kann. Deswegen haben wir uns bei der Vereinbarung von Verfassungsänderungen im Einigungsvertrag auf das Unstreitige bzw. unumgänglich Notwendige beschränkt, wobei ich davon überzeugt war, daß wir insoweit durch das Wiedervereinigungsgebot des Grundgesetzes verfassungsrechtlich gedeckt waren. Das Bundesverfassungsgericht hat diese Auffassung dann ja auch in seiner Entscheidung vom 18. September 1990 bestätigt.

Andererseits waren im Zusammenhang mit der Diskussion um die Vollendung der Einheit Deutschlands viele ernstzunehmende Überlegungen im Hinblick auf Änderungen des Grundgesetzes vorgetragen worden. Die Regierungschefs der elf Bundesländer hatten einen einstimmigen Beschluß gefaßt, mit dem sie eine Stärkung der Bundesländer im Grundgesetz forderten. Und auch die Diskussion über Staatszielbestimmungen wollte ich nicht einfach vom Tisch der Verhandlungen über den Einigungsvertrag wischen, zumal sich daraus ja auch eine Gefährdung der für die Ratifizierung des Einigungsvertrags notwendigen Zweidrittel-Mehrheiten im Bundestag und Bundesrat ergeben hätte. So einigten wir uns auf folgende Formulierung: »Die Regierungen der beiden Vertragsparteien empfehlen den gesetzgebenden Körperschaften des vereinten Deutschland, sich innerhalb von zwei Jahren mit den im Zusammenhang mit der deutschen Einigung aufgeworfenen

Fragen zur Änderung oder Ergänzung des Grundgesetzes zu befassen«. Dann erwähnten wir als Beispiel einige der wichtigsten Themenbereiche, insbesondere das Bund-Länder-Verhältnis und die Staatszielbestimmungen.

Mit dieser Formulierung war auf der einen Seite der künftige Verfassungsgesetzgeber nicht festgelegt, aber auf der anderen Seite war eine solche Empfehlung im Vertrag, wenn sie denn mit den entsprechenden Mehrheiten ratifiziert sein würde, eine Selbstverpflichtung des Verfassungsgesetzgebers. Die Selbstverpflichtung lag dabei nicht in einer bestimmten Lösung – dies wäre ein Zuviel an Festlegung gewesen –, sondern eben darin, daß sich der Verfassungsgeber innerhalb von zwei Jahren mit diesen Anliegen befassen würde.

Diese Lösung entsprach auch meiner Grundüberzeugung, daß der Einigungsvertrag von keiner Seite dazu mißbraucht werden dürfe, Änderungen – auch des Grundgesetzes – durchzusetzen, die ohne den Einigungsvertrag auch nicht durchzusetzen gewesen wären. Die Abgeordneten konnten den Vertrag nur als Ganzes, in der ausgehandelten und unterzeichneten Form, annehmen oder ablehnen. Die freie Entscheidung der Parlamentarier war insoweit eingeschränkt. »Paketzuschläge« durfte es deshalb nicht geben. Für alle Beteiligten – Regierungskoalition, Opposition, Länder – galt ein Wort des früheren Verfassungsrichters Martin Hirsch: Wer das Grundgesetz ändern wolle, möge sich Zweidrittel-Mehrheiten holen in Bundestag und Bundesrat, aber nicht durch die Hintertür. Die Einheit wäre sicherlich am Ende auch ohne Einigungsvertrag gekommen. Sie kam aber in geordneter Form besser mit Vertrag als ohne. Deswegen durfte hier nicht draufgesattelt werden.

In der Delegationsberatung wurde nicht draufgesattelt. Die bundesdeutschen Positionen, die wir erarbeitet hatten, wurden im weiteren Verlauf der zweiten Verhandlungsrunde der DDR vorgelegt und fanden anschließend in ihrem Kern den Weg in den endgültigen Vertragstext. Die Stunden im Nebenzimmer des Ost-Berliner Ministerratsgebäudes waren keine vertane Zeit.

Es war von vornherein klar, daß die Anpassung der Finanzsysteme zu den komplizierten und umstrittenen Gegenständen des Einigungsvertrages zählen würde. Zu unterschiedlich waren die Gesetze und Strukturen in der Bundesrepublik und in der DDR. Hier ein kompliziertes Geflecht von Finanzausgleichen zwischen Bund, Ländern und Kommunen, zwischen den armen und reichen Ländern. Dort ein Zentralstaat, der die föderative Gliederung abgelegt hatte.

Der Einigungsvertrag mußte zweierlei leisten: Einerseits verlangte die DDR zu Recht ausreichende Mittel, damit die neuen Bundesländer und die Gemeinden ihre Zukunftsaufgaben erledigen könnten – vom Straßenbau bis zur Sanierung der Städte, von der Erhaltung und Modernisierung von Schulen und Universitäten bis zur Zahlung von Sozialhilfe. Andererseits legten die bisherigen Länder Wert darauf, daß ihre Finanzen möglichst nicht durch Wünsche von »drüben« übermäßig belastet würden.

Anfangs bereitete es den Vertretern der DDR in den Verhandlungen immer wieder Mühe zu verstehen, daß mit dem Beitritt der zentralistische Staat DDR sich auflösen und Bestandteil eines Bundesstaates werden würde. Das bedeutete erhebliches Umdenken: Anstelle der zentralen Befehlsgewalt aus Ost-Berlin mit der Zuweisung von entsprechenden Finanzmitteln werden eigene, jeweils für die andere Ebene unverfügbare Kompetenzen im Staat auf drei Ebenen – in Bund, Ländern und Gemeinden – wahrgenommen. Jede dieser staatlichen Ebenen ist mit eigener Finanzhoheit ausgestattet. Bundes-, Länder- und Gemeindesteuern, dazu eine spezifische Verteilung öffentlicher Aufgaben auf die verschiedenen Gebietskörperschaften, ganz unterschiedliche Vorschriften für die Finanzierung etwa des Straßenbaus oder der Verteidigung oder für die Feuerwehr – das Denken in solchen neuen Kategorien fiel schwer.

So erklärten sich auch anfängliche Forderungen der DDR-Seite, die uns nicht einleuchten wollten. Eine davon lautete, sämtliche auf dem Gebiet der früheren DDR aufkommende

Steuern, sozusagen im Zuge einer Besitzstandswahrung, für eine mehrjährige Übergangszeit den östlichen Bundesländern sowie den Städten und Gemeinden zuzuweisen. Wir waren überzeugt, daß ein solches Besitzstandsdenken mit dem System unseres Grundgesetzes in der Verteilung von Zuständigkeiten und Finanzierungsanteilen einschließlich der entsprechenden Ausgleichsmechanismen nicht zu vereinbaren war.

Umgekehrt waren auch die elf Bundesländer daran interessiert, daß die fünf künftigen Länder vorläufig nicht in den Finanzausgleich einbezogen wurden, weil diese mit ihrer im Vergleich auch zum finanzschwächsten Land der Bundesrepublik sehr viel geringeren Finanzkraft das bisher mühsam austarierte System zwischen armen und reichen Ländern in der alten Bundesrepublik völlig durcheinander gebracht hätten. Deswegen war schon am 16. Mai zwischen Bund und Ländern die Absprache getroffen worden, daß für die Laufzeit des Fonds »Deutsche Einheit«, also bis Ende 1994, die künftigen neuen Länder nicht an diesem Ausgleichssystem teilnehmen sollten. Der Streit ging nun vor allem darum, ob diese Formulierungen sich auch auf die Beteiligung der künftigen Länder an dem System der Verteilung der Gemeinschaftssteuern, insbesondere der Umsatzsteuer, bezogen oder nicht. Der Standpunkt der Länder war ebenso einfach wie hart: Ihr Anteil an der Finanzierung der deutschen Einheit sei mit dem Länderanteil am Fonds »Deutsche Einheit« festgeschrieben. Weiteres käme nicht in Betracht.

Die Länder überzogen damit die Interpretation der Absprache vom 16. Mai, die sich ja nur auf die mit der Währungs-, Wirtschafts- und Sozialunion verbundenen Finanzfragen, nicht aber auf die Vollendung der staatlichen Einheit Deutschlands als solche bezog. Darüber hinaus gerieten einige Landesregierungen offensichtlich in Versuchung, die Stärke ihrer Verhandlungsposition zu überschätzen. Ich habe gelegentlich darauf hingewiesen. Ohne eine Regelung im Einigungsvertrag, die Einvernehmen voraussetze, könne die DDR einfach nach Artikel 23 des Grundgesetzes beitreten, und dann sei der Bundesgesetzgeber verpflichtet, das Grundgesetz durch einfaches Bundesgesetz auf den beigetretenen Teil auszudehnen. Damit würde das gesamte Verfassungs- und Finanzausgleichsystem des Grundgesetzes, insbesondere Artikel 107, auch für den beigetretenen Teil in Kraft gesetzt.

Durch den Einigungsvertrag sind die neuen Bundesländer dann weitgehend in die Finanzordnung des Grundgesetzes einbezogen worden. Vorsichtshalber haben wir im Vertrag eine allgemeine Revisionsklausel untergebracht. Denn es zeichnete sich schon ab, daß die frühere DDR die Anpassung an die Lebensverhältnisse im deutschen Westen nicht schaffen würde, ohne daß der Bonner Finanzminister und seine Kollegen in Stuttgart, Düsseldorf, Wiesbaden und in den anderen Landeshauptstädten diesseits der Elbe nochmal nachhalfen. Auch die Staatsschulden, die der ehemalige Arbeiter- und Bauernstaat mit in die Ehe brachte, sollen nach einer Übergangsfrist von drei Jahren der früheren DDR nicht mehr zugerechnet werden. Hat die Berliner Treuhandanstalt, die das volkseigene Vermögen – von den Fabriken bis zu den Grundstücken – verwertet, bis 1993 genügend erlöst, dann sollen deren neue Guthaben die alten Staatsschulden abdecken. Reichen die Einnahmen nicht aus, müssen Bund und *neue* Länder für den Rest geradestehen.

Beim Einigungsvertrag mußten vom bisher gültigen Recht abweichende Sonderregelungen für die frühere DDR ausgehandelt werden. Einige kamen problemlos zustande, etwa der vorläufige Verzicht auf einen gesamtdeutschen Länderfinanzausgleich, einem Instrument, das sich in der Bundesrepublik bewährt hat. Die unterschiedliche Wirtschafts- und damit auch Steuerkraft eines hochentwickelten, modernen Industrielandes wie Baden-Württemberg wird genutzt, um strukturschwachen Regionen wie dem Saarland oder Schleswig-Holstein unter die Arme zu greifen. Es leuchtet auf Anhieb ein, daß eine Kopie dieses Systems sämtliche fünf DDR-Länder zu Empfängerländern, selbst die ärmeren unter den elf alten aber zu Gebern macht.

Um diesen Effekt zu vermeiden, haben wir im Zusammenhang mit der Währungs-, Wirtschafts- und Sozialunion per Gesetz vom 25. Juni den Fonds »Deutsche Einheit« gegründet, über den Bund und alte Länder gemeinsam von 1990 bis 1993 einen Betrag von 115 Milliarden Mark für die neuen Länder bereitstellen. Ärger gab's über den Fonds erst, als es darum ging, den jeweiligen Anteil festzulegen, über den der Bund verfügen darf, und jenen, der den fünf Ländern jährlich überwiesen wird. Hatten die Unterhändler der Währungs- und Wirtschaftsunion bereits den heiklen Bereich der offenen Vermögensfragen aus der Zeit zwischen 1945 und 1949 ausgeklammert und uns überlassen, so durfte ich nun beim Einigungsvertrag mit den Ländern um Steuer-Milliarden feilschen – alles andere als eine angenehme Pflicht.

Konkret ging es vor allem um die Verteilung des Umsatzsteueraufkommens zwischen Bund und Ländern unter Berücksichtigung der DDR. In diesem Streit mit den Ländern zu einem Ergebnis zu kommen, gehörte zu den schwierigsten Aufgaben beim Aushandeln des Einigungsvertrages. Im Jahre 1990 kassierte die öffentliche Hand aus der Umsatz-, genauer gesagt der Mehrwertsteuer rund 155,8 Milliarden Mark oder rund 25 Prozent des gesamten Steueraufkommens. Nach dem bis zum Jahre 1992 gültigen Schlüssel entfallen 65 Prozent dieser sogenannten Gemeinschaftssteuer auf den Bund und 35 Prozent auf die Länder. Unter den elf Bundesländern konnte das Aufkommen aus der Mehrwertsteuer bislang trotz vieler Bedenken nach der Einwohnerzahl verteilt werden, weil die Kaufkraft quer durch die Bundesrepublik zwar auch nicht gleich, aber doch nicht so unterschiedlich ausfällt wie im Vergleich zwischen Osten und Westen des neuen Deutschland.

Das Bild mußte sich jedoch erheblich verschieben, wenn man den alten Schlüssel auf die insgesamt 16 Länder anwendete. Aufgrund der um die Hälfte niedrigeren Einkommen würden die 16 Millionen ehemaligen DDR-Bürger zunächst wesentlich weniger Umsatzsteuer für Brot- und Autokäufe, Reisen und Hausrat bezahlen, als ihre Landesregierungen aus einem gemeinsamen Topf erhielten. Die westlichen Länder errechneten einen erheblichen Umschichtungseffekt zu ihren Lasten und widersetzten sich vehement, die Methode West im Einigungsvertrag auf Gesamtdeutschland zu übertragen. Sie ließen sich auch durch das berechtigte Argument nicht umstimmen, daß der zu erwartende wirtschaftliche Aufbau der DDR in erster Linie die Auftragsbücher westdeutscher Firmen füllen und die Lieferungen zu Steuereinnahmen diesseits der Elbe führen werden. Die Länder verwiesen immer wieder auf ihre Übereinkunft mit dem Bund vom 16. Mai 1990, als sie sich mit 47,5 Milliarden an dem 115-Milliarden-Mark-Fonds »Deutsche Einheit« beteiligt hatten.

Kaum hatte Finanzminister Waigel im Juli seine westdeutschen Länderkollegen eingeweiht, er denke daran, die künftigen Länder auf dem Gebiet der DDR nach Maßgabe ihrer Einwohnerzahlen an der Verteilung des Umsatzsteueranteils der Länder zu beteiligen, erhielt ich einen geharnischten Protestbrief meines baden-württembergischen Landsmannes Guntram Palm, damals Finanzminister in Lothar Späths Kabinett. Er hatte für die elf Länder, deren Sprecher er war, einen Verlust von vier bis fünf Milliarden Mark ausgerechnet. Sein Credo: »Ich halte diese weitere Beteiligung der Länder an den Kosten der Einheit weder mit den Absprachen der Regierungschefs des Bundes und der Länder vom 16. Mai 1990 zur Finanzierung der Kosten der deutschen Einheit noch mit dem Gesetz zu dem Vertrag vom 18. Mai 1990 über die Schaffung einer Währungs-, Wirtschafts- und Sozialunion für vereinbar.«

Ministerpräsident de Maizière war in der ersten Runde am 6. Juli nur knapp auf die künftige Finanzverfassung zu sprechen gekommen. Er hatte nur das wiederholt, worüber wir in Vorgesprächen bereits einer Meinung waren: Die Mittel aus dem Fonds »Deutsche Einheit« reichen nicht aus, zumal wir damals in Bonn noch davon ausgingen, die 115 Milliarden Mark würden nur zur Hälfte den neuen Ländern zufließen. Mit der anderen Hälfte sollte nach diesen ersten Planungen der Bund eigene Aufgaben in der DDR finanzieren. Eine solche Finanzausstattung der fünf Länder hätte nie und nimmer ausgereicht. Daran habe ich damals keinen Zweifel gelassen und habe in vielen Gesprächen und Runden stärker die DDR-Position vertreten als unsere.

In der zweiten Verhandlungsrunde prallten dann die unterschiedlichen Positionen zum künftigen Finanzausgleich aufeinander. Krause verlangte die sofortige Anwendung des Grundgesetzartikels 107, also die Einbeziehung der DDR in den westdeutschen Finanzausgleich – und zwar sofort nach Beitritt. Ich widersprach. Im Zusammenhang mit dem Vertrag über die Währungs- und Wirtschaftsunion sei bis 1994 eigens der Fonds »Deutsche Einheit« geschaffen worden, der befristet den gesamtdeutschen Länderfinanzausgleich ersetzen solle. Ich verwies auf den vorliegenden Vertragsentwurf und las daraus vor, wie ich mir eine Lösung des Umsatzsteuerproblems vorstellen könne: Der gesamtdeutsche Länderanteil am Umsatzsteueraufkommen, also jene 35 Prozent des Gesamtkuchens, wird in einen Ost- und einen Westanteil getrennt. Die Aufteilung könne man nach einem Schlüssel vornehmen, der die schwächere Kaufkraft in den Ost-Ländern zwar berücksichtigt, aber zugleich unterstellt, daß dieser Unterschied bis 1995 durch den erwarteten Aufschwung verschwunden ist. Die fünf früheren DDR-Länder sollten daher im Jahre 1991 im Ergebnis zunächst so gestellt werden, als betrage der durchschnittliche Umsatzsteueranteil pro Kopf ihrer Bevölkerung sechzig Prozent des entsprechenden West-Wertes. Dieser Satz sollte sich jährlich um zehn Punkte bis auf 90 Prozent im Jahre 1994 erhöhen. Ein Jahr später wäre dann der Hundert-Prozent-Gleichstand in alten und neuen Ländern erreicht und absprachegemäß der volle Finanzausgleich in Gang gesetzt worden. Außerdem sei der Bund bereit, den Ländern achtzig Prozent statt den ursprünglich zugesagten fünfzig Prozent am Fonds »Deutsche Einheit« zu überlassen. Ich fügte aber hinzu, daß ich für dieses Tableau noch nicht die notwendige Zustimmung der Länder hätte.

Deren Präferenz hatten Krause und ich ebenfalls im Vertragsentwurf festgehalten: keine Beteiligung am Finanzausgleich. Wir nahmen die gegensätzlichen Standpunkte zur Kenntnis und verständigten uns darauf, die Finanzen erst zum Schluß der Vertragsverhandlungen zu lösen. Es mußte vorangehen mit dem Einigungsvertrag. Durch den Finanzteil durfte das große Ganze nicht in Gefahr geraten.

Ich war darum auch froh, daß mir Krauses Abreise am ersten Tag der zweiten Verhandlungsrunde Gelegenheit gab, innerhalb der Delegation noch einmal ernsthaft zu reden. Meinen Partner, der sich für die Unterbrechung entschuldigte, hatte ich beruhigt: Es tue mir ganz gut, mich mit der Delegation beraten zu können. Alle wollten ja zum Fortschritt und zum Fortgang der Verhandlungen beitragen. Das war deutlich zu spüren. Wir waren uns zwar einig, daß die Finanzen erst in der letzten Runde endgültig geklärt würden, wenn wir alles übrige unter Dach und Fach hätten. Dennoch durfte es auch in unserem internen Bereich nicht zum Stillstand der Bemühungen in dieser Existenzfrage für die neuen Länder kommen. Gefragt war Dynamik in den Verhandlungen.

Mit dem Bundesfinanzminister hatte ich bereits darüber gesprochen, daß wir den fünf Ländern einen Ausgleich für den zunächst noch unvollständigen Finanzausgleich bieten müßten. Waigel hatte mir zugestimmt. So bot ich in Berlin den Chefs der Staatskanzleien an, der Bund gebe sich zufrieden mit zwanzig Prozent Verfügungsmasse aus dem Fonds »Deutsche Einheit«. Entsprechend wären den DDR-Ländern achtzig Prozent zugeflossen.

Es stellte sich jedoch sehr schnell heraus, daß mit den Ländern noch keine Übereinkunft zu erzielen war. Sie akzeptierten zwar mein Argument, die Fondsmittel in Verbindung mit einem allein auf die Einnahmen im Osten gestützten Finanzausgleich helfe den Sachsen, Mecklenburgern, Thüringern, Sachsen-Anhaltern und Brandenburgern nicht auf die Beine. Aber zu mehr als der sehr allgemeinen Formulierung im Vertragsentwurf waren sie nicht zu bewegen: »Für die bisherigen

Länder der Bundesrepublik und die Länder im beigetretenen Teil Deutschlands sind jeweils gesonderte Verteilungsmassen zu bilden, deren Höhe nach makroökonomischen Kriterien bemessen wird.« Auf meine Prozentstaffel ließen sich die Staatskanzleichefs nicht ein. Diesen Vorschlag zu prüfen sei Sache der Finanzminister.

Also mußte mein Freund Theo Waigel die Sache mit seinen Länderkollegen in die Hand nehmen. Waigel kam ihnen einen weiteren Schritt entgegen und reduzierte die Staffel für den Umsatzsteueranteil der fünf künftigen Länder auf Steigerungssätze von jährlich fünf Prozent, zwischen 55 und 70 Prozent in den Jahren 1991 bis 1994. Aber auch dies lehnten die Länderfinanzminister ab. Ich erfuhr von diesem Kompromißangebot Waigels, als ich in einem Gespräch unmittelbar vor der dritten Verhandlungsrunde die Ländervertreter in meiner Delegation für mein altes Angebot erwärmen wollte. Die verwiesen zur Antwort auf das günstigere Angebot des Bundesfinanzministers, was ich einigermaßen ärgerlich fand, weil die Länder ja auch dieses Angebot abgelehnt hatten. Immerhin glaubte ich Anzeichen dafür zu bemerken, daß die Länder trotz der ablehnenden Haltung der Finanzminister diese Lösung am Schluß mittragen würden.

Das Problem war allerdings, daß diese Lösung für die fünf neuen Länder eine Verschlechterung in der Größenordnung von fünf Milliarden D-Mark bedeutete. Eine Einigung zwischen Bund und den elf Ländern konnte aber wohl nicht zu Lasten der fünf künftigen Länder erfolgen. Deshalb suchte ich in einer Unterbrechung das Gespräch mit Staatssekretär Klemm vom Finanzministerium. Ich schlug ihm vor, die fünf Milliarden Differenz zu Lasten des Bundes durch eine weitere Erhöhung des Anteils der fünf neuen Länder am Fonds »Deutsche Einheit« abzudecken. Der Finanzminister akzeptierte, weil es ja schließlich Waigels Kompromißvorschlag gewesen war.

So wurde am Ende die Frage der Umsatzsteuerverteilung im Einigungsvertrag gelöst, wobei mich die intransigente Haltung der elf westlichen Länder, wenn es darum ging, die Lasten der deutschen Einheit finanziell mitzutragen, schon damals erbittert und deprimiert hat.

Wenn man im Rückblick die Weiterentwicklung der finanzpolitischen Diskussion in Deutschland vergleicht mit dem, was damals mühsam vereinbart wurde, so reibt man sich gelegentlich die Augen. Wer aber meint, wir hätten im Sommer 1990 die finanziellen Risiken der deutschen Einheit völlig falsch eingeschätzt, der übersieht, daß andere Vereinbarungen als die im Einigungsvertrag erzielten zum damaligen Zeitpunkt keine Chance einer mehrheitlichen Zustimmung im Deutschen Bundesrat gehabt hätten. Insbesondere Oskar Lafontaine bleibt mit seinem Vorwurf unglaubwürdig, die Bundesregierung habe zu wenig für die neuen Länder getan, denn er selbst hat sich 1990 mehr als jeder andere dagegen gesperrt, daß mehr getan wurde.

Der Vertrag steht

Entscheidende dritte Runde in Bonn

Die dritte Verhandlungsrunde – zum ersten Mal trafen sich die Delegationen in Bonn – war geprägt von besonderer Dramatik. Es fing schon damit an, daß wir nur unter großen Mühen einen geeigneten Tagungsort für die jeweils rund fünfzig Personen zählenden Delegationen fanden. Leider gibt es in Bonn kein Tagungszentrum, das vergleichbare Räumlichkeiten – auch für getrennte Beratungen beider Seiten oder für technische Dienstleistungen wie Telefonieren, Schreiben, Vervielfältigen – bietet wie das bis dahin genutzte Haus des Ministerrats in Berlin. Für die Schlußrunde mußten wir uns mit einem beträchtlichen Aufwand an Computertechnik für die Textverarbeitung, insbesondere die Verarbeitung der ausgehandelten Vertragsänderungen, wappnen.

Meine Mitarbeiter schlugen vor, in das gerade fertiggestellte Gästehaus der Bundesregierung auf dem Petersberg bei Königswinter am Rhein auszuweichen. Ich war strikt dagegen. Dieser Ort ist nun einmal historisch vorbelastet. Dort residierten von 1946 bis 1951 die Hohen Kommissare. Konrad Adenauer hatte auf dem Petersberg am 21. September 1949 seinen geschichtsträchtigen Auftritt, als er bei der Vorstellung seines Kabinetts protokollwidrig den feinen Teppich betrat, der für die Kommissare reserviert war. Wir durften nicht den Hauch eines Anscheins erwecken, als empfingen wir die Vertreter der DDR, wie einst die Hohen Kommissare den Repräsentanten der Bundesrepublik Audienz gewährt hatten. Diesen Eindruck wollte ich um jeden Preis vermeiden. Das luxuriöse Ambiente des renovierten Petersberg hätte nach meinem Geschmack als Konferenzort für diesen Anlaß auch ziemlich aufschneiderisch gewirkt.

Die Godesberger Redoute, so etwas wie die gute Stube des offiziellen Bonn für gehobene Anlässe, schied aus. Sie war schlicht zu klein. Blieben die beiden großen Hotels »Maritim« und »Königshof«. Beide waren fast ausgebucht, und wir hätten unmittelbar neben irgendwelchen Verbänden tagen müssen. Das Palais Schaumburg wurde gerade umgebaut, und das Bundesverteidigungsministerium verfügt nicht über die notwendige Zahl von Sälen und Räumen.

Zum Glück besaß der Leiter meiner Grundsatzabteilung, Ministerialdirektor Wighard Härdtl, als langjähriger enger Mitarbeiter meines Vorgängers Friedrich Zimmermann, gute Kenntnisse des neugebauten Bundesverkehrsministeriums an der Kennedyallee. Zimmermann zögerte keine Sekunde und öffnete uns seinen gesamten Konferenzbereich für vier Tage. Dort waren wir bestens untergebracht. Die DDR-Delegation logierte im nahegelegenen Hotel »Maritim«. Vorsichtshalber hatten wir mit dem Hotel vereinbart, die 50 Zimmer bis zum 30. August reservieren zu können, falls sich die Verhandlungen länger als geplant hinziehen sollten.

Aber die Raumfrage war das kleinste Problem. Als Krause und ich uns im Bonner Verkehrsministerium mit den Delegationen am 20. August zur dritten und in dieser Zusammensetzung letzten Runde trafen, lagen seit unserer vorangegangenen Begegnung in Berlin gut zwei Wochen voller Turbulenzen hinter uns. Was war nicht alles passiert. Nachdem Lothar de Maizière am 3. August als Resultat des Abends bei Helmut Kohl am Wolfgangsee Wahlen und Beitritt für den 14. Oktober angekündigt hatte, folgten hektische Reaktionen in Berlin und Bonn. Es schien, als könnten wir den Vorbereitungsprozeß des Einigungsvertrages nicht mehr unter Kontrolle halten. Die Presse kündigte »das Scheitern des Vertrages« an (*Frankfurter Rundschau* vom 18. August 1990). SPD-Kanzlerkandidat Lafontaine verweigerte namens der SPD die Zustimmung zu einer Grundgesetzänderung, die zur Verkürzung der laufenden Wahlperiode nötig gewesen wäre.

In der Volkskammer scheiterte der Wahlvertrag zunächst an der erforderlichen Zweidrittel-Mehrheit. Das führte dazu, daß die Volkskammerabgeordneten aus Krauses Delegation die dritte Verhandlungsrunde in Bonn unterbrechen mußten, um in Berlin dem Wahlvertrag im zweiten Anlauf über die Hürden zu helfen. Die Bundesregierung hatte die Konsequenzen aus der Unmöglichkeit, einen früheren Wahltermin mit den Sozialdemokraten zu vereinbaren, gezogen und beschlossen, dem Bundespräsidenten den 2. Dezember als Wahltermin vorzuschlagen. In Berlin ging es derweil drunter und drüber. Ministerpräsident de Maizière entließ SPD-Finanzminister Walter Romberg und den zwar parteilosen, aber von den Sozialdemokraten benannten Landwirtschaftsminister Peter Pollack. Justizminister Kurt Wünsche (früher Bund Freier Demokraten) und Wirtschaftsminister Gerhard Pohl (CDU) erklärten ihren Rücktritt. Staatssekretäre rückten nach. Das hatte protokollarisch zur Folge, daß in der dritten Runde auf DDR-Seite plötzlich Ressortchefs anstelle von Staatssekretären saßen. Andererseits war der Einfluß der Ländersprecher, die aus den unterschiedlichen Fraktionen der Volkskammer stammten, sehr viel stärker als in den Berliner Runden. Die Veränderungen in de Maizières Regierung schlugen durch. Sie verfügte über keine Mehrheit, so daß zwangsläufig der Einfluß des Parlaments und der Fraktionen gewachsen war.

Am Tage vor Beginn der Bonner Verhandlungen war das passiert, was schon lange in der Luft gelegen hatte: Die Ost-SPD verließ aufgrund eines Fraktionsbeschlusses die Regierung de Maizière. Ihr Vorsitzender Wolfgang Thierse drohte die Ablehnung des Einigungsvertrages an, falls der bei den bevorstehenden Regierungsverhandlungen nicht im Sinne der Sozialdemokraten verändert werde. Diese verlangten vor allem die Sicherung der Länder und Gemeinden vor Überschuldung und eine Stärkung ihrer Finanzkraft. Dieses Problem habe ich immer gesehen und deswegen die Lösung schon früh an das Ende des gesamten Vertragsprozesses gelegt. Außerdem verlangte die SPD-Fraktion, die Ergebnisse der Bodenreform auf Dauer festzuschreiben, und eine neue Verfassung, nicht einfach die Übernahme des Grundgesetzes. Dazu, abweichend von unserer westlichen Gesetzeslage und Praxis, die Gleichwertigkeit und Gleichbehandlung von Wehr- und Ersatzdienst. Nicht vergessen auf ihrer Beschwerdeliste hatten die Sozialdemokraten natürlich das Problem, dessen endgültige Lösung durch den Einigungsvertrag mir von Anfang an wegen unüberbrückbarer Meinungsverschiedenheiten ausgeschlossen zu sein schien, die Festschreibung der Fristenregelung für Abtreibungen.

Die Ministerpräsidenten der SPD-geführten westlichen Bundesländer heizten die Stimmung am Vorabend der dritten Runde noch zusätzlich an und stellten das für den nächsten Tag angesetzte Treffen der Delegationen in Frage. Mehr noch: eine parlamentarische Mehrheit für den Einigungsvertrag sei »offen«, nachdem de Maizière die DDR-Koalition »leichtfertig und willkürlich gebrochen« habe. In Berlin gebe es keine verhandlungsfähige Regierung mehr. Unser Vertragsentwurf, der anderntags zur ersten Lesung anstand, müsse »in zentralen Punkten« geändert werden. Der Entwurf beseitige nicht die mangelnde Rechtssicherheit für Investitionen. Die Regelungen der offenen Vermögensfragen, insbesondere des Eigentums an Grund und Boden, sei unzureichend. Entschädigung müsse Vorrang haben vor Rückgabe, eine der Hauptthesen Lafontaines, die uns dann auch noch später im großen Schlußspurt mit den Ministerpräsidenten beschäftigen sollte. Dazu Beschwerden über die angeblich mangelhafte Finanzausstattung von Ländern und Gemeinden, über die Zukunft des öffentlichen Dienstes, das Vermögen der Blockparteien und die Bestrafung des Schwangerschaftsabbruchs. Schließlich die Forderung, Staatsziele wie Umweltschutz, Arbeit und Wohnung in die künftige Verfassung aufzunehmen, über die natürlich das Volk zu entscheiden habe. Der Chef der nordrheinwestfälischen Staatskanzlei, Wolfgang Clement, verlangte gar anstelle des Vertrages ein Überleitungsgesetz.

In der Koalition gab es erste Anzeichen, sich von dem Widerstand aus den Reihen unseres politischen Gegners anstekken zu lassen. Graf Lambsdorff schien skeptisch. »Vielleicht bleibt nun nur übrig, den Einigungsvertrag durch ein Überleitungsgesetz zu ersetzen«, ahnte der FDP-Vorsitzende in einem Interview. Die FDP fände das zwar nicht gut, weil in einem solchen Verfahren der DDR nur wenig Gelegenheit bliebe, ihre eigenen Vorstellungen durchzusetzen. Alles in allem: die Vorzeichen hätten schlimmer nicht sein können.

Dennoch blieb ich auch jetzt gelassen. Ich sagte mir, letztlich werde keiner den zeitlichen Verzug verantworten wollen, der entstünde, wenn wir, statt den Einigungsvertrag abzuschließen, uns mit Überleitungsgesetzen begnügen würden. Die Einheit kommt so oder so – mein alter Leitspruch hat mich auch in dieser zugegeben nicht komfortablen Situation nicht im Stich gelassen. Ich war von unseren guten Karten überzeugt. Auch mir war bewußt, daß man dem parlamentarischen Ideal näher käme, wenn die Mehrheit eines gesamtdeutschen Bundestages und des um die fünf neuen Länder ergänzten Bundesrates Gesetz für Gesetz in neues gemeinsames Recht transformieren würde. Dies allerdings hätte eine dramatische Verzögerung gegenüber der Regelung durch einen Vertrag bedeutet.

Wenn man sich den Einigungsvertrag ansieht, dann mag man ermessen, wie lange es gedauert hätte, bis der gesamtdeutsche Gesetzgeber im Wege einer Überleitungsgesetzgebung all dies Gesetz für Gesetz beraten und verabschiedet hätte: meiner Überzeugung nach zumindest viele Monate, wenn nicht Jahre. In dieser Zeit wäre die Investitionsbereitschaft auf dem Gebiet der ehemaligen DDR entscheidend beeinträchtigt worden, weil ja Rechtssicherheit und Rechtsklarheit bis zur Verabschiedung der Überleitungsgesetze gefehlt hätten. Genau dafür würde, so war ich überzeugt, niemand letztlich die Verantwortung übernehmen können. Die Folgen wären eine zusätzliche Verzögerung und Erschwerung des wirtschaftlichen und sozialen Aufbaus im Beitrittsgebiet und eine Vermehrung der Kosten für den westdeutschen Steuerzahler in mindestens zweistelliger Milliardenhöhe.

Ein fair und sachgerecht ausgehandelter Einigungsvertrag blieb allemal die bessere Alternative. Deshalb war ich trotz aller Drohungen und Ankündigungen überzeugt, daß wir schon vorankommen würden, wenn wir erst einmal wieder alle am Verhandlungstisch zusammensäßen. Der Zwang zur rationalen und verantwortlichen Diskussion, mit dem wir in den Berliner Verhandlungsrunden so viel erreicht hatten, würde sich auch jetzt wieder einstellen. Dazu wollte ich meinen Beitrag leisten.

So geschah es dann auch. Am 20. August, vormittags um elf Uhr, hatte Rudolf Seiters die Chefs der Länderstaatskanzleien zu einem Vorgespräch eingeladen. In ihren Erklärungen wiederholten der Düsseldorfer Clement und der Saarbrücker Kopp die Thesen ihrer Chefs. Zuvor hatten sie öffentlich ausstreuen lassen, daß die Chancen für ein Einvernehmen fast auf den Nullpunkt gesunken seien. Ich bat anschließend, doch, bitte schön, nicht zu all den alten Diskussionen zurückzukehren, die wir schon einmal geführt hätten. Die deutsche Einheit biete niemand die Gelegenheit, etwas durchzusetzen, was er bei anderer Gelegenheit nicht erlangt habe. Draufsatteln komme nicht in Frage. Wer jetzt Bedingungen stelle, werde das nicht durchhalten.

Damit meinte ich die erneut eingeführten sozialdemokratischen Grundsatzpositionen wie Staatsziele und Volksabstimmung, über die wir in Berlin schon gesprochen hatten. Dort war eigentlich klargeworden, was nicht ging und was man daher vertagen oder ausklammern mußte. Bei den Verfassungsänderungen sei der Spielraum gering, die politischen Grundentscheidungen seien gefallen. »Daran können Sie den Vertrag nicht scheitern lassen«, rief ich ihnen noch einmal ins Bewußtsein. »Wir werden in diesem Jahr wählen, und wir werden in diesem Jahr den Beitritt erleben.« Dafür die Voraussetzungen zu schaffen, das sei unsere Aufgabe. Deshalb sei ein Vertrag der bessere Weg, verglichen mit einer Überleitungsgesetzgebung. Diese dauere unendlich viel länger, bedeute daher unendlich viel länger Rechtsunsicherheit und sei deshalb auch von den Ländern nicht zu verantworten. »Das können Sie sich gar nicht leisten«, sagte ich den Herren. »Laßt uns jetzt erst einmal verhandeln. Wir haben die Aufgabe, den Vertrag zustande zu bringen und uns nicht durch politische Bindungen, die jeder für sich hat, an unserer Arbeit hindern zu lassen.«

Bewußt antwortete ich auf das Papier der Ministerpräsidenten nicht sehr hart und konfrontativ, sondern bemühte mich, zunächst einmal wieder ein sachliches Gesprächsklima herzustellen. Ich lobte die in Berlin bereits gemeinsam erzielten, ganz vernünftigen Ergebnisse und sagte vor allem, mich in den ja bewußt bis zum Schluß offengehaltenen Finanzfragen für eine Verständigung einzusetzen, die auch den Bedürfnissen der Länder und Gemeinden gerecht werde. Schon in den bisherigen Runden hätten wir die Interessen und Positionen der Länder fair vertreten. Dabei solle es auch bleiben, das sei meine feste Absicht: »Doch das setzt auf beiden Seiten eine entsprechende Einstellung voraus. Wenn wir mit diesem Willen an die Arbeit herangehen, dann werden wir auch zu Rande kommen.«

Alles war in sehr ruhigem Ton abgelaufen. Das war ein gutes Omen. Wir zwingen uns zur Rationalität, sagte ich mir, und dann wird sich zeigen, daß der Einigungsvertrag die bessere Alternative ist. Und siehe da: im Laufe des Nachmittags erreichten uns schon die ersten Agenturmeldungen, das Verhandlungsklima habe sich wesentlich gebessert. Die Informationen kamen von den Ländervertretern. Als mich Journalisten fragten, wie denn nun alles weitergehen solle, nachdem die Ministerpräsidenten der SPD-geführten Länder praktisch das Scheitern der Verhandlungen erklärt hätten, antwortete ich: »Das sehe ich überhaupt nicht, die Länder sollen jetzt erst mal an den Tisch zurückkehren.« Die Fragesteller schauten ziemlich verblüfft, einige ungläubig. Aber so kam es.

Fahrplanmäßig um vierzehn Uhr begannen wir die Beratungen im Plenum. Den beiden Delegationen lag der Vertragsentwurf vor, den wir in Berlin erarbeitet hatten. Dazu eine Synopse, in die wir Punkt für Punkt neue Änderungen, Ergänzungen oder auch Positionen eintrugen, die weiterhin strittig blieben. Es zahlte sich aus, daß wir bereits in Berlin vereinbart hatten, wie wir mit jenen Änderungswünschen zum Grundgesetz umgehen wollten, die wir im Einigungsvertrag nicht unterbrachten. Ich hatte in Berlin klipp und klar gesagt: Wir überfordern uns, wenn wir versuchen, Rechtsänderungen, die nicht unmittelbar mit der Einheit zu tun haben und die nicht konsensfähig sind, im Vertrag unterzubringen. Dazu zählte die von der DDR-Seite, aber auch von den sozialdemokratisch geführten West-Ländern verlangte Aufnahme von Staatszielbestimmungen – das Recht auf Arbeit, Wohnung und Umwelt – ins Grundgesetz. Dazu zählte aber auch der Wunsch der DDR, der im Westen von Sozial- und Freidemokraten unterstützt wurde, die Fristenregelung bei der Schwangerschaftsunterbrechung im künftigen vereinten Deutschland zuzulassen.

Gemeinsam mit den Chefs der Staatskanzleien hatten wir darum in Berlin Formulierungen gefunden, mit denen wir uns verpflichteten, nach der Einheit in einem geordneten Verfahren seriöse Lösungen zu finden. Um für eine Übergangszeit unterschiedliche Regelungen in beiden Teilen Deutschlands zuzulassen, hatten wir einen neuen Grundgesetz-Artikel 143 vorgeschlagen, dessen wesentlicher Teil lautete: »Recht in dem beigetretenen Teil Deutschlands kann von Bestimmungen dieses Grundgesetzes abweichen, soweit und solange infolge der unterschiedlichen Verhältnisse die völlige Anpassung an die grundgesetzliche Ordnung noch nicht erreicht werden kann...«

Der Vertragsentwurf, den wir im Bonner Verkehrsministerium berieten, enthielt bereits einen Artikel 5 »Künftige Verfassungsänderungen« mit Empfehlungen an den gesamtdeutschen Souverän, er möge sich innerhalb von zwei Jahren mit den durch die »Einigung aufgeworfenen Fragen zur Änderung oder Ergänzung des Grundgesetzes befassen«. Auch für die Beibehaltung von Artikel 146 hatten wir eine Formulierung erarbeitet, die nach dem Beitritt so lauten sollte: »Dieses Grundgesetz, das nach Vollendung der Einheit und Freiheit Deutschlands für das gesamte deutsche Volk gilt, verliert seine Gültigkeit an dem Tage, an dem eine neue Verfassung in Kraft tritt, die von dem deutschen Volke in freier Entscheidung beschlossen worden ist.« Dieser Text war schon fast identisch mit dem später endgültig beschlossenen. Doch es blieb noch politischer Zündstoff. Den Sozialdemokraten war das plebiszitäre Element der Volksabstimmung (»von dem deutschen Volke in freier Entscheidung«) noch nicht klar genug formuliert.

Meinungsverschiedenheiten in diesem Bereich gab es auch zwischen den alten Ländern. So verlangten etwa die Bayern die ersatzlose Streichung des Artikels 146, weil sie erkannt hatten, daß die Sozialdemokraten hier, quasi durch die Hintertür, ihre Volksabstimmungsidee einschmuggeln wollten. Nordrhein-Westfalen lehnte das Münchner Begehr ab. Ich hätte mir sehr gut vorstellen können, daß wir den Artikel 146 ersatzlos aus dem Grundgesetz strichen. Aber ich wußte, daß es dafür keine Mehrheit im Bundestag und im Bundesrat geben würde. Es war daher wichtig, daß wir festgehalten haben – und dies wird durch den Zusammenhang zwischen Artikel 5 des Vertrages und Artikel 146 des Grundgesetzes ganz klar –, daß über die Volksabstimmung nur von Bundestag und Bundesrat entschieden werden kann, mit den vom Grundgesetz für eine Verfassungsänderung vorgeschriebenen Mehrheiten. Einen anderen Weg zur Volksabstimmung gibt es nicht. Das wird im Vertrag klargestellt, und darüber herrschte Einigkeit mit der Opposition und unter den Ländern. Dies halte ich für wichtig im Blick auf künftige verfassungsrechtliche und verfassungspolitische Diskussionen.

Offen war noch die Befristung des neuen Grundgesetzartikels 143, der bestimmte Abweichungen vom Grundgesetz ermöglichen sollte. Wir konnten uns am 20. August noch nicht darüber verständigen, wie lange in den alten und neuen Gebieten voneinander abweichendes Recht gelten durfte. Das Justizministerium wollte die Frist bis 1995 ausdehnen, nach den Vorstellungen meines Hauses sollte sie »längstens bis zum 31. 12. 1992« dauern. Ich wollte verhindern, daß an dieser Stelle irgend etwas präjudiziert wurde für die Geltungsdauer von zweierlei Abtreibungsrecht in Deutschland, denn ich ahnte, was uns beim Paragraphen 218, auch in der Bonner Unionsfraktion und in der Koalition, noch bevorstand. Bayern gab schon in der Sitzung einen Vorgeschmack: Bezogen auf den Paragraphen 218 seien beide Fristen zu lang. Nordrhein-Westfalen äußerte ganz andere Bedenken. Minister Clement gab zu Protokoll, im Blick auf die noch offenen Vermögensfragen und die vielfältigen Probleme bei Enteignungen und Entschädigungen möge man Abweichungen von der Eigentumsgarantie des Artikels 14 unbefristet gestatten. Am Ende haben wir uns in dem neuen Artikel 143 auf unterschiedliche Fristen geeinigt, nach denen in verschiedenen Bereichen Recht im Beitrittsgebiet noch vom Grundgesetz abweichen darf.

In all diesen Fragen gab es noch reichlich politischen Entscheidungsbedarf, ebenso bei den Finanzen, über die wir erneut in einer ausführlichen politischen Diskussion die schon bekannten unterschiedlichen Standpunkte austauschten: auf der einen Seite die DDR-Delegation in ihrem berechtigten Bestreben, ausreichend Finanzmittel für den Aufbau ihrer fünf Länder auszuhandeln, auf der anderen Seite unsere Ländervertreter, die zwar den dringenden Bedarf ihrer künftigen Partner nicht leugneten, aber peinlich darauf achteten, daß der Bund und ja nicht die Länder die Kosten der Einheit zu bezahlen hatten. Diesen Knoten konnten nur die Spitzen von Bund und Ländern durchschlagen. Die Chefs der Staats- und Senatskanzleien der Westländer erklärten sich dazu ausdrücklich für nicht bevollmächtigt. Der Protokollführer beließ es auch bei einem Eintrag in die Synopse: genereller Vorbehalt der Länder, auch gegen avisierte neue Steuerverteilungsvorschläge des Bundesfinanzministers.

Probleme also gab es genug. Aber nicht immer mußte ich mit den Sozialdemokraten insgesamt die Auseinandersetzung führen und zur Einigung kommen. Wie schon beschrieben, war die Interessenlage zwischen den einzelnen sozialdemokratisch regierten Ländern durchaus unterschiedlich, und manchmal konnte ich sogar eine Mittlerrolle spielen im Interessenkonflikt verschiedener sozialdemokratisch geführter Länderregierungen.

Eine Begebenheit hat uns besonders viel Freude bereitet: Wir saßen am Abend des 20. August wieder im kleinen Kreis unserer Delegation – die Chefs der Staats- und Senatskanzleien der Länder und die Staatssekretäre der Bundesregierung – unter meinem Vorsitz zusammen. Ich wollte den Versuch machen, in dieser Runde wie in Berlin die politisch schwierigen Themen ein Stück voranzubringen. Die DDR-Delegation war nach Berlin zurückgeflogen, um an der Wiederholung der Abstimmung über den Wahlvertrag in der Volkskammer teilzunehmen.

Wieder einmal beschäftigte uns das Reizthema »Hauptstadt«. Wie in der zweiten Verhandlungsrunde in Berlin hatten wir zu Artikel 2 des Vertrags die Formulierung erarbeitet: »Hauptstadt Deutschlands ist Berlin – die Frage des Regierungssitzes wird nach der Herstellung der Einheit Deutschlands entschieden«. Die Zustimmung der Länder zu dieser Formulierung hatte vorläufigen Charakter gehabt, und sie war, auch nach dem politischen Streit über den Wahltermin, wieder aufgekündigt worden. Also ging alles von neuem los. Bloß die Argumente blieben die alten, und die Einigungsmöglichkeit war im Grunde so begrenzt wie schon zuvor. Nordrhein-Westfalen wollte wieder auf eine Erwähnung dieses Themas im Einigungsvertrag ganz verzichten, und Berlin mochte gar nicht erst die gedankliche Möglichkeit einer Trennung von Hauptstadt und Regierungssitz im Vertrag erwähnen.

Die Stimmung innerhalb der sozialdemokratischen Kollegen, besonders zwischen Clement und Schröder, war offensichtlich gereizt. Ich vermutete, daß dies damit zu tun hatte, daß die Berliner von Anfang an klar für ein Zustandekommen des Einigungsvertrages waren und auch jetzt davon nicht abgehen wollten, obwohl die Linie der SPD-geführten Länder unter der Führung von Lafontaine nun auf ein Scheitern gerichtet zu sein schien. Jedenfalls fiel mir bei der abendlichen Diskussion auf, daß der Düsseldorfer Clement seinen Kollegen aus dem Rathaus Schöneberg mehrfach mit »Herr Professor Schröder« anredete und daß dahinter keineswegs Freundlichkeit, sondern offenbar tiefsitzender Ärger zu spüren war. Als dies zum wiederholten Male geschah, nutzte ich meine Chance, unterbrach Clement und sagte: »Ich denke, wir werden heute abend noch so eine Stimmung wiederherstellen, daß Herr Clement seinen Genossen Schröder wieder ohne Professoren-Titel anreden kann.« Allgemeines Gelächter, und die Situation war entspannt. Zwar war damit das Hauptstadtthema noch lange nicht erledigt, aber das Klima unserer Beratungen wieder gelockert, und wir konnten uns an diesem Abend wieder ernsthafter Sacharbeit zuwenden.

In dieser dritten Runde gingen wir dann artikelweise den Vertragsentwurf durch. Die dominierende Rolle spielten weder Krause noch ich, sondern die Ressorts. Wir griffen nur ein, wenn es irgendwo hakte, beispielsweise in die Diskussion um den Entwurf eines Rehabilitationsgesetzes, das damals gerade in der Volkskammer debattiert wurde. Es wollte festlegen, daß strafrechtliche Verfolgungen, aber auch andere Formen der Diskriminierung von DDR-Bürgern durch den Staat oder die Wirtschaft Anlaß für Wiedergutmachung sind. So hieß es beispielsweise in Paragraph 2 des Entwurfs, die Rehabilitierung begründe Ansprüche »des Betroffenen ... auf Rückerstattung ihm entzogener Vermögenswerte und auf soziale Ausgleichsleistungen für die ihm durch Strafverfolgung, Ingewahrsamnahme, Verwaltungsakte von Behörden oder Entscheidungen von Betrieben entstandenen gesundheitlichen, materiellen oder anderen Nachteilen«.

Die Volkskammer erweckte in diesen letzten Wochen des Bestehens der DDR nicht nur bei mir den Eindruck eines gewaltigen Endspurts. Ständig wurden neue Gesetze beschlossen mit kaum noch absehbaren finanziellen Folgen, die die künftige größere Bundesrepublik Deutschland zu tragen hätte. Dem mußten wir entgegentreten, weil sonst die Verantwortung von Regierung und Parlament in der Bundesrepublik Deutschland ausgeschaltet worden und im übrigen jeder Rahmen einer noch soliden Finanzpolitik gesprengt worden wäre.

Zu diesen Initiativen in der Volkskammer zählte das Rehabilitierungsgesetz. Nicht einmal das Finanzministerium war noch in der Lage, auch nur annähernd die Kosten eines solchen Gesetzes abzuschätzen. Hinzu kam, daß die Initiative in der Volkskammer auch bei uns zusätzliche Begehrlichkeit weckte: Der Präsident des Bundesnachrichtendienstes intervenierte in Bonn, man möge dann dafür sorgen, daß auch in der DDR inhaftierte Mitarbeiter westdeutscher Dienste neben der politisch-moralischen Genugtuung nun auch materielle Wiedergutmachung erführen. Diese ehemaligen Mitarbeiter hätten schließlich »aus tiefster Überzeugung gegen das SED-Regime und für ein vereintes und freies Deutschland unter Einsatz ihres Lebens, ihrer Freiheit und ihrer sozialen und materiellen Existenz gekämpft«.

Ich verstand schon, daß wir diese Mitarbeiter unserer Dienste nicht einfach ausgrenzen konnten, wenn wir an die materielle Wiedergutmachung für SED-Unrecht gingen. Aber im Einigungsvertrag konnten wir das Problem insgesamt nicht lösen. Die Vorstellungen über das, was notwendig und über das, was auch im Rahmen finanzieller Prioritäten verantwortbar war, gingen in beiden Teilen Deutschlands zu weit auseinander. In der Volkskammer handelte es sich allein um die möglichst weitgehende Wiedergutmachung von Unrecht, und wir im Westen wollten darauf achten, daß die finanzielle Handlungsfähigkeit des Gesamtstaates auch zur Lösung der wirtschaftlichen und sozialen Probleme im künftigen Beitrittsgebiet nicht gänzlich ausgehöhlt wurde.

Bei dieser Interessenlage schien mir zwingend, daß man die Lösung des Problems erst in einem gesamtdeutschen Parlament finden konnte, in dem alle Beteiligten Verantwortung sowohl für die Wiedergutmachung von Unrecht als auch für die finanzielle Handlungsfähigkeit des gemeinsamen Staates zu tragen hatten. Außerdem erschien mir die zunehmend hektischer werdende »Endspurt-Atmosphäre« angesichts des nahen Beitrittstermins zur Lösung so schwieriger und sensibler Fragen ungeeignet. So verständigten wir uns darauf, alsbald im gesamtdeutschen Parlament eine »angemessene Entschädigungsregelung« für die »Opfer des SED-Unrechtsregimes« (Artikel 17) zu finden.

Auch beim Rundfunkrecht konnten wir uns bei den Verhandlungen im Verkehrsministerium nicht auf abschließende Regelungen festlegen. Es gab gleichzeitig mehrere Probleme. Nach dem Grundgesetz steht die Zuständigkeit für das Rundfunk- und Fernsehwesen im wesentlichen den Bundesländern zu, so daß es von daher schon erhebliche Widerstände und Bedenken gegen allzu detaillierte Festlegungen in dem von den beiden Regierungen auszuhandelnden Einigungsvertrag gab. Hinzu kam die ganz unterschiedliche Grundposition zwischen Koalition und Opposition in der Bundesrepublik in der Frage privaten Rundfunks und Fernsehens. Schließlich wollte das in der DDR für diese Fragen federführende Medien-Ministerium möglichst viel von den alten Einrichtungen und Arbeitsplätzen des staatlichen Rundfunk- und Fernsehsystems der DDR erhalten. Wir in der Bundesrepublik wiederum wollten das alte Propagandasystem des SED-Regimes so rasch wie möglich zerschlagen sehen. Schließlich hatte dieses System die Menschen in der DDR lange genug belogen, und wir mußten verhindern, daß sich alte Seilschaften in Rundfunk und Fernsehen weiterhin festsetzten.

In den Verhandlungen wurde uns eine Vertragsformulierung präsentiert, die in den Einschränkungen für den privaten Rundfunk und das Fernsehen der Rechtsprechung des Bundesverfassungsgerichtes nach meiner Überzeugung nicht genügt hätte. Deshalb drängte ich darauf, auf eine derartige Regelung zu verzichten – schließlich wollte ich im Einigungsvertrag bei der Auflockerung des öffentlich-rechtlichen Rundfunk- und Fernsehmonopols nicht hinter das zurückfallen, was wir in den achtziger Jahren mühsam durchgesetzt hatten. So begnügten wir uns schließlich damit, dem »Rundfunk der DDR« und dem »Deutschen Fernsehfunk« eine Überlebenschance bis längstens Ende des Jahres 1991 im Vertrag einzuräumen.

Entsprechend unseren westdeutschen Gepflogenheiten werden Funk und Fernsehen jedoch nicht mehr als »staatlich gesteuerte Propagandazentralen« betrieben, sondern als »gemeinschaftliche, staatsunabhängige, rechtsfähige Einrichtung« (Artikel 36) von den neuen Ländern weitergeführt. Bis Ende 1991 ist die Einrichtung dann entweder durch einen gemeinsamen Staatsvertrag aller Länder nach dem Beispiel des Zweiten Deutschen Fernsehens in eine neue Anstalt des öffentlichen Rechts oder in Rundfunkanstalten einzelner oder mehrerer Länder überzuführen.

Mit der DDR einigten wir uns darauf, einen Rundfunkbeauftragten mit dieser schwierigen Aufgabe zu betrauen. Die Landesbevollmächtigten wählten den früheren Chefredakteur des Bayerischen Rundfunks und späteren Präsidenten der Bayerischen Landesmedienanstalt, Rudolf Mühlfenzl. Ihm obliegt es nun, die Rundfunk- und Fernsehversorgung in den neuen Bundesländern sicherzustellen und eine neue Rundfunkordnung mit aufzubauen.

Schwieriger, als wir es uns zu Beginn vorgestellt hatten, verlief die Debatte über die Anpassung des öffentlichen Dienstes der beiden so unterschiedlichen Staats- und Gesellschaftssysteme. Man muß sich nur einmal die Größenordnung vergegenwärtigen: 1,74 Millionen Staatsdiener für rund 16 Millionen Einwohner – und zwar ohne Bahn, Post und Volksarmee. Das entspricht mehr als dem Dreifachen der Beamten und Angestellten des öffentlichen Dienstes im vergleichbar großen Bundesland Nordrhein-Westfalen. Was wir in der Bundesrepublik öffentliche Verwaltung nennen, war in der DDR personell hoffnungslos übersetzt. Ich wußte, daß wir die Zahl der in öffentlichen Verwaltungen Beschäftigten bei Bund, Ländern und Gemeinden in erheblichem Maße abbauen mußten, etwa 700000 von rund zwei Millionen Frauen und Männern.

Günther Krause und ich hatten uns versprochen, ehrlich und offen miteinander umzugehen. Deswegen machte es keinen Sinn, diesen Sachverhalt zu verschweigen, auch wenn seine Lösung mit sozialen Härten verbunden war. Die finanzielle Leistungsfähigkeit von Bund und Ländern würde, daran zweifelte ich nicht, bei dem bundesrepublikanischen Besoldungsniveau, das die Menschen in der DDR natürlich möglichst rasch auch für sich anstrebten, völlig erdrosselt werden. Deswegen war erheblicher Personalabbau geboten.

Als wir im Innenministerium im Mai unsere Diskussionselemente formulierten, hatten wir uns auf zwei Grundsätze konzentriert. Die Betroffenen sollten möglichst rasch erfahren, ob sie auch in den Ministerien, den Finanzämtern und Schulen des vereinten Deutschland beschäftigt werden könnten oder ob sie sich neue Stellen suchen müßten. Dieses müsse, so unsere Forderung, im Vertrag ebenso geregelt werden wie grundsätzlich die künftige Wahrnehmung öffentlicher Aufgaben durch Beamte. Diesen Status kannte die DDR-Verwaltung gar nicht.

Im Bundeskabinett war schon sehr früh eine Diskussion über die Zukunft der Diener des SED-Staates aufgekommen. Das Auswärtige Amt ließ sich eine – aus meiner Sicht – bequeme Lösung einfallen: Im auswärtigen Dienst des künftigen Deutschland sei kein Platz für ehemalige Honecker-Diplomaten. Wer gestern noch der kommunistischen Doktrin verpflichtet war, könne morgen nicht einen freiheitlichen Rechtsstaat nach außen vertreten. Deshalb schlug Genschers Ministerium vor, analog zur Treuhandstelle für die Überführung der ehemals volkseigenen Betriebe in privates Eigentum eine Personal-Treuhandstelle einzurichten. Diese Abwicklungsstelle solle sich zentral um die Zukunft der Bediensteten sämtlicher DDR-Ressorts kümmern. Es leuchtet ein, daß die meisten meiner Kollegen diese Idee unterstützten. Der Verteidigungsminister wäre auf diese Weise sein Problem mit der Nationalen Volksarmee, der Finanzminister seine Fürsorgepflicht für die Zöllner losgeworden. Es gab heftigen Streit.

Ich war aus mehreren Gründen entschieden dagegen. Zunächst hätte dieses »Treuhand-Modell« bedeutet, daß ich als der für den öffentlichen Dienst verantwortliche Innenminister für das gesamte Personal öffentlicher Verwaltung in der früheren DDR verantwortlich gewesen wäre. Ein einzelnes Ressort aber konnte die Aufgabe, über zwei Millionen Menschen künftig in den Verwaltungen von Bund, neu zu schaffenden Ländern und Kommunen unterzubringen oder – zu einem erheblichen Teil – aus dem öffentlichen Dienst zu entlassen, niemals bewältigen. Abgesehen davon, daß das, was »öffentliche Verwaltung« in der DDR ausmachte, im Vergleich zu unseren Verhältnissen mit etwa einem Drittel Beschäftigter überbesetzt war, konnte das Problem insgesamt nur gemeistert werden, wenn die Verantwortung der künftigen Länder ebenso unmittelbar institutionell eingefordert wurde wie die jedes einzelnen Ressorts der Bundesregierung. Außerdem war ich überzeugt, daß die Einrichtung einer solchen »Personal-Treuhandstelle« in der DDR und vor allem bei den betroffenen Menschen zwangsläufig hätte verstanden werden müssen als die Erklärung, daß zunächst einmal alle in öffentlichen Verwaltungen der DDR Beschäftigten entlassen würden. Wie man der DDR-Seite hätte zumuten wollen, eine solche Vereinbarung mit uns abzuschließen, ist mir auch im nachhinein nicht verständlich.

Bei den regierungsinternen vorbereitenden Abstimmungsgesprächen habe ich mich damals durchgesetzt. In der zweiten Runde der Verhandlungen in Berlin hatten wir dann schon weitgehend geklärt, daß jedes Ressort die Verantwortung für das seiner Zuständigkeit obliegende Personal zu übernehmen und Überleitungsregeln zu schaffen habe. Auch meine Kollegin Irmgard Adam-Schwaetzer, die damalige Staatsministerin im Auswärtigen Amt, vermochte daran nichts mehr zu ändern, obwohl sie vor allem wegen dieses Punktes Anfang August eigens zu den Verhandlungen nach Berlin hinzugekommen war. Als sie das Thema am Verhandlungstisch noch einmal aufgreifen wollte, habe ich ihr gesagt, daß wir uns bereits in Bonn entsprechend geeinigt hätten. Das Auswärtige Amt bleibe frei, so sagte ich ihr, alle DDR-Diplomaten zu entlassen, aber es müsse selbst für jede seiner Personalentscheidungen die Verantwortung übernehmen.

Doch in der Bonner Runde sorgten die Länder für neue Irritationen. Sie verlangten wieder die »Abwicklungsstelle«, diesmal um die Länder zu entlasten. Der Bund solle den neuen Ländern beim Aufbau helfen und die Verantwortung für das gesamte zu entlassende Personal übernehmen. Ich habe sofort abgelehnt und bestand darauf, die Fürsorge für die Bediensteten entsprechend ihren Aufgaben auf Bund und Länder zu verteilen. Wenn jedoch die elf westlichen Bundesländer das Personal der DDR-Landesverwaltungen übernehmen und auf eine zentrale Länder-Anstalt übertragen wollten, so sei ihnen dies unbenommen. Da blieb ich hart. Man muß sich einmal vorstellen, wir hätten auf einen Schlag zwei Millionen Menschen entlassen und einer zentralen Stelle überlassen, um mit denen, die gebraucht werden, neue Verträge abzuschließen. Der Proteststurm wäre für alle gefährlich geworden.

Die Frage blieb bis ganz zum Ende mit der SPD strittig; aber meine Position setzte sich durch. Entweder wurden die Leute entlassen nach den Vorschriften, über die wir uns für den Einigungsvertrag damals noch verständigen mußten, oder sie wurden auf Zeit oder auf Dauer übernommen. Die Entscheidung über die Übernahme lag beim jeweiligen Dienstherrn, soweit es die Bundesverwaltung betraf also bei dem jeweiligen Bundesminister. Wo die Bediensteten in Behörden tätig waren, die bei uns zur Zuständigkeit der Länder gehören, also Lehrer, Polizisten, Steuerfachleute, hatten die künftigen Länder das letzte Wort bzw. für eine Übergangszeit die sogenannten Landessprecher unter der Aufsicht des Bundesinnenministers.

Wir haben uns am 23. August in einer Bund-Länder-Besprechung in der Bonner Nordrhein-Westfalen-Vertretung auf besonders sozialverträgliche Flankierungsmaßnahmen für die Angehörigen des öffentlichen Dienstes in der früheren DDR geeinigt. Wir mußten die Voraussetzungen schaffen, daß in den östlichen Ländern für eine Übergangszeit gesonderte Tarifverträge abgeschlossen wurden, entsprechend der schwächeren Finanzkraft dieser Region. Bund und Länder verpflichteten sich während dieser Runde, Härtefälle sozial abzufedern, beispielsweise durch Altersübergangsgelder und befristete Beschäftigungsverhältnisse, die bekanntlich bei unseren Gewerkschaften verpönt sind.

Die Beschlüsse über die materiellen Details hatten wir im Ministerium vorbereitet. Endgültig einig wurden wir über den öffentlichen Dienst erst in der Schlußrunde mit dem Bundeskanzler und den Parteivorsitzenden. Dort warnte SPD-Chef Hans-Jochen Vogel noch einmal davor, den neuen Ländern das Risiko der um eine Million Bediensteter zu hoch besetzten DDR-Verwaltung aufzubürden. Der daraus resultierende überhöhte Personalkostenanteil der Länderbudgets müsse zwangsläufig deren Investitionsfähigkeit noch weiter einschränken. Da hatte er recht. Aber das war nicht der Streitpunkt, sondern die Frage, wer für welche Entscheidung die Verantwortung zu tragen hatte. Und davon konnten die Länder nicht freigestellt werden.

Zusammenfassend läßt sich sagen: Wir haben die Voraussetzungen für einen einigermaßen sozial verträglichen Personalabbau geschaffen. Auch wenn viele, wahrscheinlich sogar die meisten der rund zwei Millionen Beschäftigten in den öffentlichen Verwaltungen der früheren DDR der SED angehörten, so müssen sie dennoch eine faire Chance haben, sich in dem Prozeß der deutschen Einheit wiederzufinden. Auch sie gehören zum vereinten Deutschland, und auch ihnen wollen wir eine Chance für eine bessere Zukunft erschließen. Wir haben Regelungen im Einigungsvertrag gefunden, die einen Ausgleich schaffen zwischen dem notwendigen Personalabbau, der Begrenzung der finanziellen Belastungen für die künftigen Gebietskörperschaften und dem sozialen Erfordernis des einzelnen.

Jeder Fall muß für sich entschieden werden. Es gibt keinen Automatismus für Entlassungen. Diesen Grundsatz habe ich von Anfang an verteidigt und bin froh, daß wir ihn durchgehalten haben. Allen, deren Weiterbeschäftigung nicht sofort klar war, zahlt der jeweils Zuständige ein halbes Jahr lang Wartegeld. Gleichzeitig bietet unter anderem die Nürnberger Bundesanstalt für Arbeit Qualifizierung, Umschulung und Fortbildung an, damit frühere Verwaltungsbedienstete auf Arbeitsplätze wechseln können, die in der DDR im Zuge neuer Investitionen entstehen werden. Dafür kommt der Bund auf. Den neuen Ländern wurde Aufbauhilfe für neue Verwaltungsstrukturen zugesagt, ebenso eine Clearingstelle, die zwischen Bund und Ländern abstimmt, was der inneren Sicherheit und dem wirtschaftlichen Aufschwung dient. Diese Institution koordinierte auch, welches westliche Land sich um den Verwaltungsaufbau in welchem der fünf neuen Länder kümmert. So wurden beispielsweise Nordrhein-Westfalen den Brandenburgern, Baden-Württemberg und Bayern den Sachsen als Aufbauhelfer zugeteilt.

Die weitere Entwicklung nach Vollzug des Beitritts der DDR und nach Schaffung der fünf neuen Länder bestätigt die Tragweite dieses Problems. Auf der einen Seite klagen die neuen Länder ebenso wie die Landkreise und Städte, daß sie kaum Personal zur Verfügung hätten. Auf der anderen Seite sollen Anfang 1991 bis zu 700000 Menschen im Beitrittsgebiet, die früher in irgendeinem Bereich öffentlicher Verwaltungen in der DDR tätig waren, in der sogenannten »Warteschleife« gewesen sein. Das bedeutete, daß sie einen Arbeitsplatz außerhalb der öffentlichen Verwaltung finden mußten. Dabei gehört zur wirklichen Lage in Deutschland auch, daß niemand auch nur annähernd exakte Zahlen kannte.

Vor diesem Hintergrund und auch angesichts der Tatsache, daß aus dem Beitrittsgebiet für den Bereich öffentlicher Verwaltung immer mehr »erfahrene Mitarbeiter aus dem Westen« gefordert wurden, habe ich mich immer nachdrücklich dafür eingesetzt, vor allem die in der früheren DDR tätigen Menschen für den Aufbau auch neuer Verwaltungen einzusetzen und sie durch breitflächig angelegte Qualifizierungsmaßnahmen von Bund und Ländern darauf vorzubereiten. Bei allen Schwierigkeiten in der Personalüberführung und Personalgewinnung bin ich heute überzeugt, daß die dezentrale Verantwortung der verschiedenen staatlichen Ebenen – Bund, Länder und Kommunen – und der verschiedenen Ministerien für die Personalüberführung der bessere Weg gegenüber der Zentralisierung in einer »Personal-Treuhandstelle« gewesen ist. Auch die Erfahrungen mit der Treuhandstelle bei der Abwicklung und Überführung der Wirtschaftsbetriebe der früheren DDR sprechen nach meiner Auffassung nicht dagegen.

Wegen der Intervention der sozialdemokratischen Länderchefs zum Auftakt der dritten Runde mußten wir uns in Bonn noch einmal mit dem schwierigen Umweltschutz in der DDR befassen. Die Ministerpräsidenten hatten erneut verlangt, den Umweltschutz als Staatsziel ins Grundgesetz aufzunehmen. Andererseits war gerade im Bundestag eine Initiative von CDU/CSU und FDP für die Formulierung eines Staatszieles Umweltschutz im Grundgesetz gescheitert, weil man sich mit der SPD über gemeinsame Formulierungen nicht hatte verständigen können. So entschloß ich mich, in der dritten Verhandlungsrunde einmal zu testen, ob wir uns jetzt zu gemeinsamen Formulierungen in bezug auf eine Staatszielbestimmung zusammenfinden könnten. Der Streitpunkt war vor allem, daß die Koalition auf eine nähere Bestimmung von Inhalt und Schranken eines Staatsziels Umwelt durch einfaches Bundesgesetz nicht verzichten wollte. Aber auch in der Endphase der Verhandlungen war eine Einigung nicht zu erreichen, und so vereinbarten wir schließlich, die Entscheidung über die Formulierung eines Staatsziels Umweltschutz ebenfalls dem künftigen gesamtdeutschen Verfassungsgeber zu überlassen.

Im Einigungsvertrag bestimmten wir lediglich in Artikel 34 die grobe Richtung: Die ökologischen Lebensverhältnisse sollten auf DDR-Territorium dem Niveau in der Bundesrepublik angepaßt werden. Dazu sollten spezielle Sanierungs- und Entwicklungsprogramme für die östlichen Länder aufgestellt werden. Bei den Verhandlungen zum Staatsvertrag hatten Sozialdemokraten und Grüne bereits versucht, die Umweltunion gleichrangig neben Währungs-, Wirtschafts- und Sozialunion im Titel unterzubringen. Im ersten Staatsvertrag befaßt sich eine eigene Bestimmung (Artikel 16) ausschließlich mit dem Umweltschutz. Danach soll das Umweltrecht »so schnell wie möglich auf hohem Niveau angeglichen und weiterentwickelt werden«. Um möglichst schnell Investoren die nötige Rechtssicherheit zu garantieren, hatten Günther Krause und Hans Tietmeyer sich für neu zu errichtende Anlagen und Einrichtungen eine pragmatische, vernünftige Lösung einfallen lassen: Wer eine Genehmigung für die Bundesrepublik hatte, der durfte auch in den neuen Ländern entsprechend bauen. Den weitaus komplizierteren Fall der Altlasten hatten wir damit freilich noch nicht gelöst.

Im Einigungsvertrag nahmen wir Bezug auf diese Bestimmung der Wirtschaftsunion. Doch im nachhinein kommen mir Zweifel, ob wir beim Umweltschutz ähnlich wie beim Baurecht nicht besser daran getan hätten, nicht alles so rasch und so perfektionistisch in Kraft zu setzen, wie es geschehen ist. Etwas unvollständigere Regelungen hätten uns in den fünf neuen Ländern wahrscheinlich wirtschaftlich schneller vorangebracht. Aus diesem Grund hatte ich ja dafür plädiert, grundsätzlich DDR-Recht weitergelten zu lassen. Mit den DDR-Verhandlungspartnern war ich mir in dieser Einschätzung einig. Aber man ist bei den Verhandlungen mehr oder weniger stillschweigend davon ausgegangen, daß unser kompliziertes Verfahrensrecht dennoch unter den besonderen Bedingungen der fünf neuen Länder zu schnellen Umweltentscheidungen führen würde, daß der Erfolg auch im Interesse der Verwaltungsbehörden liege und der Widerstand aus der Bevölkerung gegen die Anwendung westlicher Standards geringer ausfalle.

Die Verhandlungen standen immer in der Gefahr, mit politischen Begriffen und Schlagworten geführt zu werden, beispielsweise mit der Unterstellung, wir wollten die frühere DDR zu einem Gebiet mit einem Umweltschutz von minderer Qualität machen. Niemand wollte sich vorwerfen lassen, er setze sich über die zivilisatorischen Fortschritte hinweg und finde sich in dem DDR-Gebiet mit lascherem Luft- und Gewässerschutz ab.

Ursprünglich hatte ich gehofft (und deswegen auch mehrfach an sie appelliert), die Länder würden aus ihrer größeren Nähe zum Verwaltungsvollzug dem Innenminister helfen, seine Position durchzusetzen. Sie haben sich jedoch in dieser Frage nie engagiert. Sie beteiligten sich an dieser Diskussion überhaupt nicht. In der Regierung war das Innenministerium praktisch isoliert. Weder aus dem Wirtschafts- noch aus dem Bau- oder Verkehrsressort kam Widerspruch. Keiner hat gesagt, daß man die Infrastruktur mit weniger Bürokratie schneller sanieren könne. Politisch sprach natürlich sehr viel für die Aussage, wir müßten sofort das alte sozialistische Unrecht beseitigen. Da wogen Bedenken nicht viel, man müsse vielleicht zunächst einmal in der DDR die zeitaufwendigen Bürgerbeteiligungsverfahren, die unser Umweltrecht kennt, im Interesse schneller Investitionsentscheidungen auf DDR-Gebiet aussetzen. Irgendwann habe ich mich dann damit abgefunden, daß ich meine Position nicht durchsetzen konnte. Was blieb, war die Hoffnung, daß man aufgrund konkreter Erfahrungen für eine Übergangszeit in den fünf Ländern einiges einfacher regeln würde, als wir es im Einigungsvertrag geschafft haben.

Aber von alleine wird das nicht gehen. Es bedarf ausdrücklicher Regelungen durch den Bundes- oder den Landesgesetzgeber. Die Erwartung, die unausgesprochen mancher perfektionistischen Regelung im Einigungsvertrag zugrunde liegt – daß nämlich die Verwaltung sich anfangs so genau daran nicht halten werde –, wird sich nicht erfüllen. Dafür ist der westdeutsche Perfektionismus zu sehr Maßstab auch schon für das, was man in den fünf neuen Ländern zugrunde legt. Im übrigen kann ja der Gesetzgeber auch nicht Regelungen erlassen, um sich selber gegenüber politischen Diskussionen freizuzeichnen, und gleichzeitig erwarten, daß die Verwaltung sich so genau nicht daran hält. Deshalb müssen wir meines Erachtens nachbessern und von dem Perfektionismus, der im Einigungsvertrag sich am Ende gegen meinen Widerstand durchsetzte, für eine Übergangszeit einiges abbauen oder aussetzen.

Auf der Zielgeraden

Grundsätzliches Einvernehmen mit der Opposition und den Ländern

Als sich die beiden Delegationen am 24. August, einem Freitag, in Bonn voneinander verabschiedeten, konnten wir einen in den wesentlichen Punkten abgestimmten Vertragsentwurf vorweisen. Drei hohe politische Klippen waren noch zu meistern: außer den Finanzen die Regelung des Schwangerschaftsabbruchs und der künftige Umgang mit den Stasi-Akten. Tags zuvor war aus Berlin eine gute Nachricht eingetroffen: Die Volkskammer hatte den Beitritt der DDR zur Bundesrepublik Deutschland gemäß Artikel 23 Grundgesetz mit Wirkung vom 3. Oktober beschlossen. »Sie geht dabei davon aus«, so der Wortlaut,
– »daß die Beratungen zum Einigungsvertrag zu diesem Termin abgeschlossen sind,
– die Zwei-plus-Vier-Verhandlungen einen Stand erreicht haben, der die außen- und sicherheitspolitischen Bedingungen der deutschen Einheit regelt,
– die Länderbildung so weit vorbereitet ist, daß die Wahl in den Länderparlamenten am 14. Oktober durchgeführt werden kann«.

Vergessen war die düstere Ouvertüre, mit der wir zum Wochenbeginn unsere Bonner Runde eröffnet hatten, die Drohung der SPD-geführten Länder, den Vertrag scheitern zu lassen. Die Einigung war auf gutem Weg.

Im Bundestagsausschuß »Deutsche Einheit« hatte ich zwei Tage zuvor meinen Zeitplan genannt: Abschluß der Verhandlungen möglichst noch in der laufenden, spätestens jedoch

Anfang der nächsten Woche, so daß dann beide Regierungen entscheiden und den Weg für die Ratifizierung des Einigungsvertrages im September in Bundestag und Bundesrat freimachen könnten. Daß es dann doch noch etwas länger dauerte, daß Krause und ich erst in der Nacht vom 30. auf den 31. August paraphierten, lag an Komplikationen in Bonn. Doch dazu später mehr.

Bis zum 24. August lag das Management der Vertragsverhandlungen ausschließlich bei Günther Krause und mir. Ich unterrichtete den Kanzler regelmäßig; er ließ mir freie Hand. In der Schlußphase mußte er sich jedoch unmittelbar in die Verhandlungen mit den Bundesländern und danach auch mit den Partei- und Fraktionsvorsitzenden einschalten.

Zunächst hatten die Ministerpräsidenten verlangt, in jedem Fall mit dem Regierungschef die künftigen Finanzbeziehungen zwischen Bund und Ländern klären zu wollen. Kohl sträubte sich zunächst: »Die wollen mich nur über den Tisch ziehen und erpressen.« Er habe keine Lust, sich auf ein Spiel einzulassen, bei dem an ihm die Schuld hängenbliebe, falls die Einigung ins Stocken geriete. Ich redete ihm zu: Er müsse mit den Ländern sprechen, und ich sei mir ziemlich sicher, daß wir mit den Ministerpräsidenten klarkämen.

Im Ausschuß »Deutsche Einheit« zog dann der SPD-Vorsitzende Vogel nach. Es gehöre sich doch wohl und entspreche der »Kleiderordnung«, daß der Bundeskanzler auch mit den Partei- und Fraktionsvorsitzenden über den gesamten Einigungsvertrag berate. Da ich wußte, wie wenig Lust der Kanzler zum langen Palaver mit dem pedantischen Sozialdemokraten verspürte, versuchte ich, den Oppositionsführer abzuwehren. Der Kanzler werde doch noch mit den Ministerpräsidenten reden. Im übrigen, so erklärte ich Vogel, habe die Regierung im Ausschuß ihre Informationspflicht gegenüber dem Parlament mehr als erfüllt: »Was sollen wir denn noch mehr tun, Herr Dr. Vogel?«

Der SPD-Vorsitzende beharrte auf dem Termin mit dem Bundeskanzler. Als ich Helmut Kohl anrief, reagierte er wie erwartet: »Was soll denn das?« Doch dann willigte er ein. Angesichts der sachlichen Probleme in der Endphase waren zusätzliche Reibungen mit den Sozialdemokraten aus bloß formalen Gründen nicht opportun. Zwangsläufig würde die Opposition ohnehin versuchen, den Koalitionskonflikt über den Paragraphen 218 politisch auszunutzen.

Ein wenig verstand ich auch Hans-Jochen Vogel. Der Einigungsvertrag hatte das entscheidende politische Stadium erreicht. Da hatte auch die Opposition im Bundestag den Anspruch, auf höchster Ebene und nicht nur durch ihre Vertreter in den Ländern dabeizusein. Im Grunde war am 22. August, nachdem die Anfangsprobleme mit den Ländern überwunden waren, die Sache klar: Der Vertrag würde nicht mehr scheitern. Wir waren auf der Zielgeraden angelangt, und niemand zweifelte mehr, daß wir auch das Zielband erreichen würden.

Keiner der Beteiligten wagte noch, laut zu bezweifeln, daß der Einheit mit Vertrag besser gedient war als ohne ihn. Vogel hatte zwar im Ausschuß »Deutsche Einheit« aus der Sicht seiner Partei betont, es sei für die Sozialdemokraten von nachrangiger Bedeutung, ob die Einheit durch Vertrag oder Überleitungsgesetze zustande käme. Aber zugleich – und das war entscheidend – machte der Oppositionsführer deutlich, daß auch die SPD die Vertragsverhandlungen zu einem guten Abschluß bringen wollte. Inzwischen hatte Bundespräsident Richard von Weizsäcker auch den 2. Dezember als Termin der Wahl zum Deutschen Bundestag benannt, und wir stimmten mit der Volkskammer überein, den Beitritt der fünf neuen Länder im Oktober zu vollziehen und damit die Teilung Deutschlands zu beenden.

Der Bundeskanzler handelte an jenem Freitag im August sehr rasch. Dabei spielte sicherlich auch der Brief eine Rolle, den Vogel und seine drei Stellvertreter Herta Däubler-Gmelin, Johannes Rau und Oskar Lafontaine nach Beendigung der Gespräche im Verkehrsministerium an Kohl geschrieben hatten. Sie wollten die für sie noch nicht akzeptablen Vertragspositionen »unverzüglich zum Gegenstand eines Spitzengespräches« erhoben sehen und erklärten sich dazu »jederzeit, auch am Wochenende«, bereit.

Kohl lud die Partei- und Fraktionsvorsitzenden für Sonntag, den 26. August, ins Kanzleramt. Wir begannen um 20 Uhr und tagten bis Mitternacht. Auf unserer Seite saßen im kleinen Kabinettsaal außer dem Kanzler noch der Fraktionsvorsitzende Alfred Dregger, Kanzleramtsminister Rudolf Seiters und ich. Die CSU war durch ihren Vorsitzenden Theo Waigel und Landesgruppenchef Wolfgang Bötsch vertreten, die Freidemokraten durch Graf Lambsdorff, den Fraktionsvorsitzenden Wolfgang Mischnick und Außenminister Hans-Dietrich Genscher. Vogel wurde begleitet von seiner Stellvertreterin Herta Däubler-Gmelin und Kanzlerkandidat Oskar Lafontaine. Es gab nichts zu essen, Arbeitsatmosphäre war angesagt.

Hans-Jochen Vogel legte im Kanzleramt an diesem Abend ausführlich dar, welche Positionen die SPD noch geklärt wissen wollte, ehe sie dem Vertrag zustimmen könne. An erster Stelle nannte er die Regelung der offenen Vermögensfragen, insbesondere des Eigentums an Grund und Boden. Keinesfalls dürfe der vor dem 7. Oktober 1949, dem Gründungsdatum der DDR, geschaffene Rechtszustand verändert werden. Sozialer Frieden innerhalb der DDR und die für Investitionen erforderliche Rechtssicherheit seien nur zu gewährleisten, wenn die durch die Sowjets oder durch Bodenreformen Enteigneten entschädigt würden, nicht aber ihre Grundstücke und Immobilien zurückerhielten.

Vogel verlangte für die neuen Länder einen längeren Kündigungsschutz für Wohnungen und eine Finanzausstattung, die besser sein müsse als die der alten Länder. Sonst bleibe die Angleichung der Lebensverhältnisse eine Illusion. Er sprach den überbesetzten öffentlichen Dienst an, wiederholte seine Polemik zum Vermögen der Blockparteien und lehnte strikt die Bestrafung von Schwangeren aus dem Gebiet der Bundesrepublik ab, die in einem der fünf neuen Länder, wo die Fristenregelung galt, abtreiben ließen. Wer auf diesem Wohnortprinzip bei der Anwendung des Paragraphen 218 des Strafgesetzbuches beharre, der behandle die DDR gerade auf diesem Gebiet weiterhin als Ausland. Außerdem empfänden viele Frauen eine solche Regelung zu Recht als Demütigung oder Provokation.

Erhebliche Bedenken meldete der SPD-Vorsitzende auch gegen eine von uns geplante Änderung der Präambel des Grundgesetzes an. Aus der bisherigen Präambel hatten wir den Zusatz entfernt, der die Vorläufigkeit des Grundgesetzes ausdrückte: daß es nämlich nur für »eine Übergangszeit« gelten solle, bis das gesamte deutsche Volk in freier Selbstbestimmung die Einheit und Freiheit Deutschlands vollende. Vogel sah die Gefahr, daß durch diese Streichung in Verbindung mit dem durch den Einigungsvertrag neugefaßten Artikel 146 des Grundgesetzes dem Volk die Entscheidung über die endgültige Verfassung des vereinigten Deutschland vorenthalten werde.

Die SPD hatte sich, das machte Vogels Wortmeldung erneut deutlich, auch nach der Willenserklärung der Volkskammer, nach Artikel 23 beizutreten und das Grundgesetz damit zu übernehmen, nicht von der Idee gelöst, über die neue gesamtdeutsche Verfassung durch eine Volksabstimmung entscheiden zu lassen. Daß ich Vogel bereits wenige Tage zuvor im Ausschuß »Deutsche Einheit« darauf hingewiesen hatte, daß wir in einem Artikel 5 des Einigungsvertrages dem gesamtdeutschen Gesetzgeber innerhalb von zwei Jahren eine Reihe von Verfassungsänderungen empfohlen, dazu auch die Prüfung einer Anwendung des Artikels 146, hatte sein Mißtrauen offenbar nicht ausgeräumt.

Mir ging es nicht darum, die Sozialdemokraten auszutricksen, die sich von dem Gedanken, das plebiszitäre Element in den Einigungsprozeß einzubauen, nicht abbringen ließen. Wie oft hatte ich betont, auch im Ausschuß, daß es mir um möglichst breiten Konsens ging, schon wegen der für den Vertrag erforderlichen Zweidrittel-Mehrheit. Wo man, wie beim Artikel 146, noch keine neue Lösung gefunden hatte, mußte Konsens darüber hergestellt werden, daß man die Aufgabe dem neuen gesamtdeutschen Gesetzgeber übergab. Ich versuchte, das Instrument des Einigungsvertrages so zurückhaltend wie irgend möglich gegenüber allen Beteiligten zu nutzen, weil ich darin die einzige Chance sah, zum Erfolg zu gelangen. Deshalb machte ich Vogel noch mal klar, daß es mir nicht darum ging, sozialdemokratische Wünsche abzuwimmeln, sondern alles dafür zu tun, im Interesse der Einigung den Vertrag so schnell wie möglich zum Abschluß zu bringen und zu ratifizieren.

Wir beauftragten in diesem ersten Gespräch dann eine Reihe von Arbeitsgruppen, die sich auch noch anderer, an diesem Abend angerissener Themen annehmen sollten. Bis Krause und ich endlich in der Nacht vom 30. auf 31. August den Vertrag paraphieren konnten, mußten wir noch aufregende Stunden durchstehen. Einige Schwierigkeiten konnten wir in diesem Schlußspurt noch ausräumen, so eine Neuverteilung der Länderstimmen im Bundesrat, die künftige Hauptverantwortlichkeit westlicher Elektrizitätsversorger für das unzureichende und veraltete Stromnetz in den neuen Ländern, boden- und eigentumsrechtliche Vorschriften, die, wie wir meinten, nicht mit der Eigentumsgarantie des Grundgesetzes kollidieren und zugleich Investitionswillige nicht abstoßen. Auch für das sensible Thema des Umgangs mit den Stasi-Akten verständigten wir uns auf einen Kompromiß.

Um keinem der Beteiligten den Vorwand zu liefern, wegen einer einzelnen Bestimmung den gesamten Vertrag ablehnen zu können, einigten wir uns in besonders umstrittenen Fragen auf vorläufige Lösungen und übertrugen im Vertrag das letzte Wort dem künftigen gesamtdeutschen Gesetzgeber. Sollte zum Beispiel tatsächlich jemand gemeint haben, wir könnten uns bei den Vertragsverhandlungen abschließend einigen, welches Recht auf Schwangerschaftsabbruch fortan in Gesamtdeutschland gelten solle und wo nach der Vereinigung Bundestag, Bundesrat und Regierung ihren Sitz nähmen, so mußten wir ihn enttäuschen. Statt diesen Illusionen zu folgen, hätte er freilich besser daran getan, auf das zu hören, was ich von Anfang an sagte: lieber ausklammern, als die Einheit aufs Spiel setzen.

Von all den Wünschen, die DDR-Ministerpräsident Lothar de Maizière in der Berliner Auftaktrunde zum Einigungsvertrag bezüglich der Rettung staatlicher Symbole vorgetragen hatte, blieb am Ende, wie erwähnt, nur eines von Gewicht übrig: der Sitz von Hauptstadt und Regierung. De Maizière erhob die Festlegung auf Berlin als Hauptstadt zu einer *conditio sine qua non* für den Vertragsabschluß und war zunächst nicht bereit, unkalkulierbaren Mehrheiten eines gesamtdeutschen Gesetzgebers das letzte Wort zu überlassen. Diese Sorgen waren nicht unbegründet. Im Westen hatten sich beide Kammern, Bundestag und Bundesrat, schon sehr früh in zwei Lager gespalten, die überdies noch, insbesondere im Bundestag, völlig unübersichtlich waren. Anfang August 1990 folgte dann die DDR meinem Vorschlag, im Vertrag Berlin zur Hauptstadt zu erklären, den gesamtdeutschen Gesetzgeber später über den Sitz von Parlament und Regierung entscheiden zu lassen.

Mit dieser begrifflichen Zweiteilung waren jedoch die Widerstände der westlichen Länder nicht ausgeräumt. Mit Ausnahme des Berliner Senats wollten mehr oder weniger alle Parlament und Regierung in Bonn halten. Auf jeden Fall wünschten die Ministerpräsidenten – das machten sie in einem Spitzengespräch mit dem Bundeskanzler klar – bei der Entscheidung über den Bundesrat mitzuwirken. Als wir über den Einigungsvertrag verhandelten, hatte das Land Nordrhein-Westfalen gerade den jährlich wechselnden Vorsitz in der Ministerpräsidentenkonferenz. Johannes Raus Kanzleichef, Minister Wolfgang Clement, koordinierte daher auch die Aktivitäten der Länder. Bonn liegt in Nordrhein-Westfalen, und er erwies sich einmal mehr als ein engagierter Anwalt der Interessen seines Landes und der Bundeshauptstadt Bonn.

Ich selber habe nie einen Hehl aus meiner klaren Berlin-Präferenz gemacht. Mir war bewußt, daß angesichts der Stimmung unter den Ländern im Bundesrat ein Votum zugunsten Berlins nicht durchzusetzen war. SPD-Chef Vogel hatte sich klipp und klar für Berlin entschieden und bestritt dem Bundesrat das Recht auf die Mitwirkung am Beschlußverfahren über den Sitz des Bundestages, so wie er dem Bundesrat umgekehrt das Recht einräumte, alleine über seinen Sitz zu entscheiden. Guter Rat war teuer. Für den Vertrag brauchte ich sowohl die Länder als auch die SPD im Bundestag.

Diesmal kam Wolfgang Clement die rettende Idee. Er steckte mir einen Zettel zu, der eine mit den Ministerpräsidenten abgestimmte Kompromißformulierung enthielt. Ich las den Text und gab ihn einem neben mir sitzenden Mitarbeiter. Dessen Reaktion: »Das können wir nicht machen.« Meine Antwort an Clement: »Das machen wir.« Außer Berlin stimmten alle Länder der Formel zu, die wir dann als verpflichtende Protokollerklärung dem Vertragstext beifügten. Sie bezieht sich auf Artikel 2 des Einigungsvertrages (»Hauptstadt Deutschlands ist Berlin. Die Frage des Sitzes von Parlament und Regierung wird nach der Herstellung der Einheit Deutschlands entschieden.«) und lautet: »Die Vertragsparteien stimmen darin überein, daß die Entscheidungen nach Satz 2 der Beschlußfassung der gesetzgebenden Körperschaften des Bundes nach Wahl des ersten gesamtdeutschen Bundestages und nach Herstellung der vollen Mitwirkungsrechte der in Artikel 1 Abs. 1 dieses Vertrags genannten [neuen] Länder vorbehalten bleiben.«

Dieser doppelte Plural – »Entscheidungen« und »gesetzgebenden Körperschaften« – öffnete das Tor zum Kompromiß. Damit legten wir uns weder für noch gegen die Zustimmungspflicht des Bundesrates fest. Jede Seite fand sich in dieser Formulierung wieder. Alles wurde offengehalten, und das war im Blick auf den Vertrag ausschlaggebend. Eine Formulierung, die eine Zustimmungspflicht des Bundesrates statuiert hätte, wäre vom Bundestag nicht hingenommen worden und hätte das Aus für Berlin bedeutet; das Gegenteil wäre im Bundesrat gescheitert.

Später habe ich erfahren, daß nur zehn Ministerpräsidenten Clements Formel zugestimmt hatten. Den Berliner Regierenden Bürgermeister Momper und dessen Kanzleichef Schröder hatte Clement nicht informiert. Sie ärgerten sich nachher sehr und beschwerten sich bei mir über die unfeine Behandlung. Das verstand ich gut. Ich habe versucht, den Berliner Zorn zu beschwichtigen und ihnen klarzumachen, daß sie doch gar nicht übers Ohr gehauen worden seien. Die Streitfrage sei offengehalten. Wie verärgert die Berliner waren, zeigte ihre Drohung, bei nächster Gelegenheit die Zustimmung zum Kohlepfennig zu verweigern, wenn die Protokollnotiz nicht aus dem Verkehr gezogen werde. Ich antwortete lapidar: »Das wird Berlin auch nicht weiterbringen.«

Mit der Formulierung der Protokollnotiz blieb die Frage ausdrücklich unbeantwortet, ob der Beschluß über Sitz von Parlament und Regierung der Zustimmung des Bundesrats bedürfe oder nicht. Grundsätzlich kann der Sitz eines Verfassungsorgans von diesem selbst oder durch Gesetz bestimmt werden, wobei der Bundesrat die Möglichkeit des Einspruchs hat. Ein einfacher Beschluß des Bundestages über seinen Sitz ohne Gesetzeskraft würde die Frage natürlich politisch auch entscheiden. Formal blieben zwar Bundesrat wie Regierung frei, ihrerseits ebenfalls über ihren Sitz zu beschließen; aber in der politischen Wirklichkeit würde ein Beschluß des Bundestages zumindest auch die Regierung und eben den Bundesrat als zweite Kammer zum Nachziehen nötigen. Um den Einigungsvertrag im Bundesrat und Bundestag zustimmungsfähig zu halten, mußte auch diese Frage 1990 offengelassen werden.

Der SPD-Vorsitzende Hans-Jochen Vogel wollte von mir am 6. September im Ausschuß »Deutsche Einheit« ausdrücklich die Bestätigung, daß mit der Protokollnotiz eine Festlegung auf eine gesetzliche Regelung nicht getroffen sei, was ich ihm wahrheitsgemäß bestätigte. Darauf Vogel: »Ich möchte ausdrücklich zu Protokoll feststellen, daß mit dieser Erklärung die Frage, in welchem Verfahren und von wem die einschlägigen Beschlüsse getroffen werden, in keiner Weise präjudiziert ist.« Er widerspreche »ausdrücklich, daß es eines zustimmungspflichtigen Bundesgesetzes in der Frage des Sitzes von Parlament und Regierung bedürfe«. Vogel: »Ich lese aus der Protokollerklärung heraus, daß der Bundestag über seinen Sitz entscheidet, ohne daß ihm jemand hereinredet, und daß der Bundesrat über seinen eigenen Sitz entscheidet. Dieser Interpretation von mir widersprechen andere. Damit kann ich leben. Aber ich möchte zu Protokoll festgestellt haben, daß nicht die andere von mir bekämpfte die authentische und die maßgebende Interpretation sei.«

Meine Antwort: »Ich bin dem Kollegen Dr. Vogel für diesen Hinweis besonders dankbar und muß um Nachsicht bitten. Es ist in der Tat genauso, wie Sie sagen. Die Protokollerklärung, die auf Wunsch von zehn Bundesländern (ohne Berlin) in den Vertrag aufgenommen worden ist, läßt die Frage ausdrücklich offen, denn sie spricht zweimal im Plural, das heißt von den notwendigen Entscheidungen und von den gesetzgebenden Körperschaften. Damit ist möglich, daß der Gesetzgeber entscheidet. Dies ist möglich, das hat Herr Vogel gesagt, aber es ist genauso möglich, daß der Bundestag über seinen Sitz – denn es ist eine Entscheidung, und er ist eine gesetzgebende Körperschaft – entscheidet.«

Vogel: »Dankeschön«.

Wenn wir auch in der Frage des Sitzes von Parlament und Regierung für den Einigungsvertrag keine einvernehmliche Lösung fanden, so hat der Vertrag doch bei einer anderen Statusfrage für Klarheit gesorgt: Wir verständigten uns, auch mit den Ministerpräsidenten der elf Bundesländer, rasch darauf, daß der 3. Oktober, der Tag des Beitritts, künftig anstelle des 17. Juni als gesetzlicher Feiertag der »Tag der deutschen Einheit« sein solle. Für diese Lösung hat es eine spontane Zustimmung über alle politischen Lager und Gruppen hinweg gegeben, bis weit hinein in den wirtschaftlichen und gesellschaftlichen Bereich. Vielleicht, so habe ich gelegentlich mit leiser Ironie hinzugefügt, ist diese Einmütigkeit auch dadurch befördert worden, daß 1990 der 17. Juni auf einen Sonntag gefallen war, so daß mit der Einführung des 3. Oktober als gesetzlichem Feiertag – und damit als arbeitsfreiem Tag – die sozialen Besitzstände von Arbeitgebern und Arbeitnehmern nicht verändert wurden.

Trotz aller Meinungsverschiedenheiten unter den Ländern gelang es in letzter Minute vor Paraphierung des Vertrages, zwischen den Ministerpräsidenten eine Einigung über eine neue Stimmenverteilung unter den künftig 16 Ländern im Bundesrat zustande zu bringen. Ich hatte frühzeitig meine Bereitschaft bekundet, einen solchen veränderten Stimmenschlüssel im Einigungsvertrag zu verankern, doch nur unter der Voraussetzung, daß die zur entsprechenden Änderung von Artikel 51 des Grundgesetzes notwendige verfassungsändernde Zweidrittel-Mehrheit zweifelsfrei auch im Bundesrat garantiert sei. Günther Krause wollte diesen Komplex aus den Vertragsverhandlungen heraushalten. Angesichts wichtiger materieller Forderungen der DDR erschien es ihm wenig ratsam, sich mit einem zusätzlichen Problem beim Einigungsvertrag herumzuschlagen.

Im Bundesrat war seit einiger Zeit das Problem diskutiert worden, daß sich mit dem Beitritt der künftigen Bundesländer die Stimmengewichte im Bundesrat bedeutsam verschieben würden. Nach Artikel 51 des Grundgesetzes verfügten Länder mit mehr als sechs Millionen Einwohnern (Nordrhein-Westfalen, Bayern, Baden-Württemberg, Niedersachsen) über je fünf Stimmen im Bundesrat, Länder mit mehr als zwei Millionen Einwohnern (Hessen, Rheinland-Pfalz, Schleswig-Holstein, Berlin) über je vier Stimmen, die Länder mit weniger als zwei Millionen Einwohnern (Saarland, Hamburg und Bremen) über je drei Stimmen. Daraus ergab sich für die vier großen Länder zusammen eine Sperrminorität gegen Verfassungsänderungen und damit auch gegen das in der Verfassung geregelte System unseres Finanzausgleiches.

Mit dem Beitritt der fünf neuen Länder, die nach ihrer Einwohnerzahl alle jeweils vier Stimmen erhalten würden, wäre die Gesamtzahl der Bundesratsstimmen von 45 auf 65 angestiegen. Damit hätten die vier großen Bundesländer mit ihren insgesamt zwanzig Stimmen nicht mehr das notwendige Drittel für eine Sperrminorität gehabt und sich im Zweifel einer Zweidrittel-Mehrheit der zwölf kleineren Bundesländer beugen müssen. Um diese Konsequenz zu vermeiden, wurden im Kreise der größeren – und im Zweifel finanzstärkeren – Bundesländer immer neue Stimmenverteilungsmodelle entwickelt. Ich habe das Anliegen der großen Bundesländer für im Grunde berechtigt gehalten. Im übrigen sind wir ja in der alten Bundesrepublik gut damit gefahren, daß weder die kleinen Bundesländer die großen noch die großen die kleinen in Fragen majorisieren konnten, in denen es fundamentale Interessengegensätze zwischen finanzstarken und finanzschwachen gegeben hat.

Natürlich war die Bereitschaft unter den kleineren Bundesländern, an einer Änderung mitzuwirken, nur gering. Insbesondere das Saarland machte sich zum Wortführer gegen eine Veränderung von Artikel 51. Bis zum 24. August hatte sich unter den elf Ländern folgende Konstellation in der Stimmenverteilungsfrage entwickelt: Die vier großen Länder hatten sich auf ein Modell geeinigt, das auch die Zustimmung Hessens fand, so daß 24 Stimmen dafür im Bundesrat sicher waren. Auch Bremen sprach sich aufgrund einer Absprache mit Nordrhein-Westfalen für dieses Modell aus, wofür Bremen die Zusage erhalten sollte, daß bei einer etwaigen Neugliederung des Bundesgebiets die Selbständigkeit des Landes Bremen nicht in Frage gestellt werden würde. Bremen allerdings wollte die Änderung des Artikels 51 nicht im Einigungsvertrag geregelt sehen, sondern auf dem normalen Wege einer Grundgesetzänderung in Bundestag und Bundesrat. Umgekehrt war Rheinland-Pfalz zwar bereit, im Einigungsvertrag eine entsprechende Änderung des Artikels 51 mitzutragen, hatte sich aber in einer Absprache der Mainzer Koalition darauf festgelegt, bei einer isolierten Änderung des Artikels 51 nicht mitzumachen.

Die übrigen Bundesländer reagierten ablehnend. Eine Zweidrittel-Mehrheit im Bundesrat war also nur gegeben, wenn zu den 24 Stimmen der großen Länder einschließlich Hessens auch die je drei Stimmen von Rheinland-Pfalz und Bremen hinzukamen, wobei die einen dies nur im Einigungsvertrag und die anderen dies gerade dort nicht geregelt sehen wollten.

Natürlich mußte bei all den taktischen Spielereien und Absprachen zwischen den Bundesländern berücksichtigt werden, daß der Wortführer gegen eine Änderung von Artikel 51 das Saarland war. Dessen Ministerpräsident Oskar Lafontaine war schließlich in diesem Jahr der Kanzlerkandidat der Sozialdemokraten, und ich habe gelegentlich sozialdemokratische Kollegen mit der Frage aufgezogen, ob und wie sie im Wahljahr ihren Kanzler-Kandidaten in einer von ihm so hochgespielten Frage demontieren wollten.

In einer Sitzung des innerdeutschen Ausschusses des Bundesrats am 24. August wurde die Frage behandelt. Und ich habe eingangs der Debatte meine Bereitschaft wiederholt, eine entsprechende Änderung des Artikels 51 in den Einigungsvertrag aufzunehmen, wenn eine dafür zustimmende Zweidrittel-Mehrheit im Bundesrat sichtbar sei. Auf der Tagesordnung der Ausschußsitzung stand eine Initiative der großen Bundesländer auf Änderung des Grundgesetzes, und in der informellen Abstimmung stimmte wie erwartet auch Bremen für eine entsprechende Änderung von Artikel 51. Ebenso erwartungsgemäß stimmte Rheinland-Pfalz dagegen, erklärte aber zu Protokoll, daß es bei einer entsprechenden Regelung im Einigungsvertrag zustimmen werde. Damit war zwar in der Ausschußsitzung des Bundesrats eine Zweidrittel-Mehrheit für eine Änderung des Artikels 51 nicht zustande gekommen, aber für mich reichte das Ergebnis der Abstimmung aus, weil ich die drei Stimmen von Rheinland-Pfalz zu den 27 positiven Stimmen für die Initiative Nordrhein-Westfalens hinzurechnen konnte. Damit war meine Bedingung einer verfassungsändernden Mehrheit im Bundesrat erfüllt. Insbesondere das Saarland widersprach heftig mit dem Hinweis, daß

Bremen seinerseits ja erklärt habe, gegen eine Aufnahme dieser Änderung in den Einigungsvertrag zu sein. Diesen Einwand habe ich zurückgewiesen und festgestellt, daß jedenfalls materiell eine Zweidrittel-Mehrheit des Bundesrats für eine entsprechende Änderung des Artikels 51 im Zusammenhang mit dem Beitritt von fünf weiteren Bundesländern sei.

Günther Krause hatte seinen Widerstand gegen eine Änderung des Artikels 51 vor allem damit begründet, daß die Rolle der künftigen fünf Bundesländer im vereinten Deutschland so schwach sein werde, daß man sie jetzt nicht durch eine Änderung der Stimmenverteilung weiter beeinträchtigen solle. Ich habe in einem internen Gespräch mit ihm dagegen argumentiert, daß das Anliegen der großen Länder in der Sache berechtigt sei, daß sich die Verteilung der Stimmenpakete zwischen großen und kleinen Bundesländern in vierzig Jahren Bundesrepublik Deutschland bewährt habe und daß im übrigen die fünf künftigen Bundesländer soviel Solidarität insbesondere von den finanzstarken alten Bundesländern erwarteten, daß sie umgekehrt auch einen Beitrag zur Regelung eines Problems leisten müßten, das sich aus der Sicht der großen und finanzstarken Länder stellen würde. Es ginge ja nicht um eine nachhaltige Veränderung der Mehrheitsverhältnisse im Bundesrat, sondern darum, den großen Bundesländern, die nicht über eine Mehrheit der Stimmen im Bundesrat verfügten, immerhin die Sperrminorität von mehr als einem Drittel der Stimmen gegen Grundgesetzänderungen weiterhin einzuräumen. Jedenfalls gelang es mir, Krause zu überzeugen, so daß ich in der erwähnten Ausschußsitzung des Bundesrats zu der Erklärung, eine entsprechende Änderung in den Einigungsvertrag aufzunehmen, auch durch meinen Verhandlungspartner legitimiert war.

Als nun plötzlich auch die sozialdemokratisch regierten Bundesländer merkten, daß aus den eher taktisch bedingten Spielen, an deren Erfolgsaussichten man wegen der Haltung Bremens einerseits und Rheinland-Pfalz' andererseits im Bundesrat nicht glaubte, im Zusammenhang mit dem Einigungsvertrag Ernst werden würde, kam Bewegung in die ganze Konstellation. Jedenfalls teilten die Ministerpräsidenten am 29. August in der Besprechung mit dem Bundeskanzler mit, daß man sich nun unter den Bundesländern über eine sehr viel einfachere Änderung des Artikels 51 quer über alle Lager hinweg geeinigt habe. Diese Änderung bestand einfach darin, daß die Stimmenzahl der großen Bundesländer mit mehr als sechs Millionen Einwohnern von fünf auf sechs erhöht wurde. Damit beträgt die Gesamtstimmenzahl im Bundesrat seit dem Beitritt der fünf neuen Länder 68. Davon entfällt auf die vier großen Flächenstaaten mit insgesamt 24 Stimmen mehr als ein Drittel, also die von ihnen immer gewünschte und für notwendig gehaltene Sperrminorität.

Ich war über diese Einigung auch deshalb sehr befriedigt, weil damit das Interesse der Bundesländer am Zustandekommen des Einigungsvertrags weiter verstärkt wurde. Über Monate hinweg war den Ländern eine Einigung über eine Änderung des Artikels 51 nicht gelungen. Jetzt wurde eine solche einvernehmlich in den Einigungsvertrag aufgenommen und mit der Ratifizierung dieses Vertrages kurzfristig im Grundgesetz vollzogen. Die ganzen Auseinandersetzungen und Diskussionen um diese Fragen belegen allerdings auch, in welchem Maße die Verhandlungen zum Einigungsvertrag durch vielfältige innenpolitische Erwägungen mitbestimmt und überlagert wurden.

Jedenfalls waren wir am Morgen des 24. August, ehe Günther Krause und ich dann im Bonner Verkehrsministerium letzte Hand an den Vertragsentwurf legen wollten, auf dem Weg zum Einigungsvertrag ein gehöriges Stück vorangekommen. In der Sitzung des innerdeutschen Ausschusses des Bundesrates hatten wir das Tor geöffnet für eine Regelung der Stimmenverteilung im Bundesrat, und in der anschließenden Plenarsitzung stimmte der Bundesrat dem Wahlvertrag zu. Damit machte er den Weg frei zu ersten gesamtdeutschen Wahlen am 2. Dezember in einem einheitlichen Wahlgebiet, allerdings noch mit der später vom Verfassungsgericht korrigierten einheitlichen Fünf-Prozent-Klausel und der Möglichkeit von Listenverbindungen nicht miteinander konkurrierender Parteien.

Ich habe in dieser 617. Bundesratssitzung zum Wahlvertrag erklärt: »Die Kraft der Demokratie hat sich gegen Diktatur und Unfreiheit durchgesetzt.« Und ich habe während der Aussprache über den Wahlvertrag daran gedacht, daß wir nun mit den Verhandlungen zum Einigungsvertrag kurz vor dem Abschluß standen und daß der Weg zur Vollendung der staatlichen Einheit Deutschlands in wenigen Wochen offenstand. Wir wollten am Nachmittag den Einigungsvertrag paraphieren. Zu dieser Stunde ahnte ich nicht, daß in letzter Minute neue Hindernisse im Zusammenhang mit der Diskussion um Paragraph 218 des Strafgesetzbuches auftauchten, die die Paraphierung noch um eine ganze Woche verschoben. Doch dazu später mehr.

Im Spitzengespräch des Bundeskanzlers mit den Partei- und Fraktionsvorsitzenden am 26. August kam noch ein zweites Thema zur Sprache, das nur indirekt mit dem Einigungsvertrag zu tun hatte, nämlich die künftige Stromversorgung der DDR. Nach seriösen Schätzungen erforderte die umweltverträgliche Sanierung der maroden Elektrizitätsversorgung mit ihren defekten und leistungsschwachen Leitungssystemen, ihren veralteten und lebensgefährlichen Reaktoren und ihren stinkenden und kostenträchtigen Braunkohlekraftwerken Investitionen von mindestens 30 bis 40 Milliarden Mark. Die DDR-Elektrizitätswirtschaft und der Braunkohlebergbau zählten über 220 000 Beschäftigte.

Am 22. August schien das Problem gelöst. Die drei großen westdeutschen Energieversorgungsunternehmen Rheinisch-Westfälisches Elektrizitätswerk, Bayernwerk und Preußen-Elektra hatten mit der Regierung der DDR und der Treuhandanstalt den sogenannten Stromvertrag abgeschlossen.

Auch wenn diese große Lösung von Anfang an wettbewerbspolitisch umstritten war, wurde auf diese Weise mit einem Schlag das Stromversorgungssystem der Bundesrepublik auf das Gebiet der DDR übertragen – im Interesse der raschen Sanierung der desolaten ostdeutschen Stromversorgung eine, wie es schien, vertretbare Lösung. Die bundesdeutschen Unternehmen hätten ein finanzielles Engagement in dieser Größenordnung abgelehnt, wenn ihnen ihre künftige marktbeherrschende Position in den neuen Ländern nicht durch den Stromvertrag garantiert worden wäre.

Wir von der Bundesregierung beruhigten unser marktwirtschaftliches Gewissen: Ausgerechnet in dieser Situation in der DDR mehr Wettbewerb als bei uns verwirklichen zu wollen, das wäre vermessen gewesen. Und woher hätten die Städte und Gemeinden der DDR das Geld für die Kommunalisierung der Energieversorgung nehmen sollen? In dem Stromvertrag war daher nur eine Minderheitsbeteiligung der Kommunen an bestehenden regionalen Energieversorgungsunternehmen in der DDR vorgesehen.

Das Saarland war von Anfang an gegen diesen Stromvertrag Sturm gelaufen mit dem Argument, hier werde die Chance einer dezentralen Energiepolitik verletzt. Nach Auffassung der SPD und der von Politikern dieser Partei geführten Länder sollte die Zuständigkeit der Gemeinden die Organisation dezentraler Strukturen in der Kraftwerkswirtschaft ermöglichen. Lafontaine behauptete, er habe im Saarland auf diese Weise umweltverträgliche Lösungen wie eine verstärkte Nutzung der Kraftwärmekopplung gefördert. In einem Brief hatte mir schon Wochen zuvor der Saarbrücker Staatskanzleichef Kopp empfohlen, diese im Saarland erprobten Strukturen auch für den ökologischen Neuanfang in der DDR zu nutzen.

In dem Gespräch mit den Partei- und Fraktionsvorsitzenden am 26. August argumentierte der ehemalige Münchner Oberbürgermeister Hans-Jochen Vogel aus der Sicht eines Kommunalpolitikers – und fand volle Unterstützung beim früheren rheinland-pfälzischen Ministerpräsidenten und Ludwigshafener Stadtverordneten Helmut Kohl. Den Gemeinden, auch den großen Städten, so Vogel, werde durch den Stromvertrag für eine sehr lange Zeit unmöglich gemacht, über ihre Energieversorgung eigenverantwortlich zu entscheiden. Sie verlören ihre Ortsnetze an die westdeutschen Konzerne. Die Minderheitsbeteiligung an den regionalen Versorgungsunternehmen, begrenzt auf den Wert ihrer früheren Ortsnetze, sei kein Ausgleich, sondern *de facto* eine Sperre. Die Städte müßten wie bei uns selber entscheiden können, ob sie ihr Ortsnetz zurückverlangen und auf Ortsebene tätig werden oder ob sie eine Kapitalbeteiligung wählen wollten. Aus dem Energieproblem war ein Streit um den Stellenwert der kommunalen Selbstverwaltung in der früheren DDR geworden. Der Bundeskanzler gab dem Oppositionsführer recht: Er sei Vogels Meinung, die Kommunen müßten gestärkt werden.

Verträge mit den Energieversorgungsunternehmen gehören mit zum Kompliziertesten, und in aller Regel werden sie auch gar nicht transparent gemacht. So war auch der Stromvertrag im Detail uns allen unbekannt. Weil vom Bundeswirtschaftsministerium bei dem Gespräch am Sonntagabend im Kanzleramt niemand anwesend war, telefonierte ich den zuständigen Staatssekretär von Würzen herbei. Er gab uns sachkundige Informationen zu dem Thema, das dann einer Arbeitsgruppe überwiesen wurde. Helmut Kohl bat den Beamten, er möge in Gesprächen mit den Vertragspartnern für Nachbesserungen zugunsten der Kommunen sorgen.

Wie gesagt: Der Stromkontrakt stand nur in einem indirekten Zusammenhang mit dem Einigungsvertrag. Der Staatsvertrag über die Währungs-, Wirtschafts- und Sozialunion sah grundsätzlich die Übertragung des gesamten DDR-Vermögens auf die Treuhandanstalt vor. Artikel 21 und 22 des Einigungsvertrages regeln die Aufteilung des Verwaltungs- und Finanzvermögens auf die Ebenen von Bund, Ländern und Gemeinden. Der Vertrag sieht überdies die Fortgeltung des Kommunalvermögensgesetzes der DDR vor – mit Maßgaben, die sicherstellen, daß dieses Gesetz in Einklang mit den beiden genannten Artikeln im Einigungsvertrag steht. Der Vertrag der Stromversorger mit der Treuhand machte es nun erforderlich, für die Energieversorgung eine Ausnahme von den Vorschriften dieses Kommunalvermögensgesetzes festzuschreiben. Auf separate Übernahmeverhandlungen mit einer Vielzahl von DDR-Kommunen hätten sich die Konzerne – verständlicherweise – nicht eingelassen.

Auch im Gespräch Helmut Kohls mit den Ministerpräsidenten stand das Thema auf der Tagesordnung. Man war sich einig, daß bei aller Sorge um die Rechte der Kommunen der nächste Winter nicht vergessen werden durfte. Die Stromkonzerne bestanden auf der wirtschaftlichen Führungsrolle in einem Geschäft, das 30 bis 40 Milliarden an Investitionen erforderte. Staatssekretär von Würzen wies darauf hin, daß die Treuhand nicht nur an die großen Drei (RWE, Bayernwerk, Preußen-Elektra) verkauft habe. An der sogenannten Verbundstufe, also dem Höchstspannungsnetz und der überregionalen Stromversorgung, sowie an jeweils 51 Prozent von den 15 Regionalgesellschaften der DDR seien auch die kommunalen Dortmunder VEW, die Hamburger HEW, EVS, Badenwerk und Bewag beteiligt. Im übrigen gewährleistete das mit dem Einigungsvertrag übernommene Kommunalverfassungsgesetz der DDR den Kommunen das Recht, eigene Stadtwerke zu gründen und ihr Gemeindegebiet mit Strom zu versorgen. Doch von Würzen ließ auch keinen Zweifel an der entschiedenen Haltung der westdeutschen Konzerne aufkommen: Er zweifele nicht, daß diese von dem Stromvertrag zurückträten, wenn sie ihre Kapitalmehrheit an der DDR-Elektrizitätswirtschaft verlören. Wir konnten es drehen und wenden, wie wir wollten – ohne die Konzerne würde es im bevorstehenden Winter ziemlich kalt werden in den neuen Ländern.

Vogel führte nach der Unterzeichnung des Einigungsvertrages im Ausschuß »Deutsche Einheit« noch einmal ein Nachhutgefecht. Er bestätigte den Abgeordneten, in dem Spitzengespräch mit dem Kanzler hätten alle übereinstimmend die Eigenverantwortung der Städte und Gemeinden gewünscht. Doch die Mehrheit hätte das Risiko der Vertragskündigung durch die Konzerne »sehr ernst genommen«. Die SPD sei anderer Auffassung und daher auch bereit gewesen, »dieses

Risiko im Interesse der Städte und Gemeinden der DDR« auf sich zu nehmen.

Diese Distanzierung des Oppositionsführers konnte ich nicht unwidersprochen lassen. Namens der Bundesregierung gab ich unsere Überlegungen zu Protokoll, die uns letztlich doch den Vertrag befürworten ließen: »Wir haben auch nach intensiven Gesprächen mit der Treuhandanstalt und auch nach nochmaligen Gesprächen während der Verhandlungen mit den Energieversorgungs-Unternehmen nicht die Verantwortung übernehmen wollen, ein Scheitern dieses Stromvertrags zu riskieren. Deswegen haben wir uns in dieser Güterabwägung für etwas entschieden, was auch von uns selbst durchaus mit kritischen Anmerkungen versehen wird.«

Gewissensfragen

Der Streit um Paragraph 218

Unsere ursprüngliche Zeitplanung hatte vorgesehen, die Verhandlungen am 24. August in Bonn abzuschließen und den Vertragsentwurf zu paraphieren. Zwar gab es noch Streitpunkte, vor allem innerhalb der verschiedenen Lager in der Bundesrepublik Deutschland; aber nach meiner Überzeugung waren sie nicht von dem Gewicht, daß jemand deswegen ein Scheitern des Vertrags hätte verantworten können. Im übrigen hatten wir fair nach allen Richtungen verhandelt. Alle politischen Kräfte in Bundestag und Bundesrat waren in die Verhandlungen einbezogen gewesen, und von niemandem wurde mit der Zustimmung zum Vertrag etwas Unzumutbares abverlangt.

Bei der Komplexität des Gegenstands war klar, daß ohne einen Abschlußtermin für die Verhandlungen ein Ende niemals erreicht worden wäre, weil von den verschiedensten Seiten immer neue Fragen oder Streitpunkte aufgeworfen werden konnten. Ein Termin mußte gesetzt werden, wenn die Chance, jemals einen Vertrag zustande zu bringen, nicht verspielt werden sollte. Viel Zeit hatten wir nicht mehr, denn der 3. Oktober stand ja inzwischen als Termin des Beitritts der DDR fest. Zuvor mußte der Einigungsvertrag nicht nur unterzeichnet sein, sondern in Volkskammer, Bundestag und Bundesrat jeweils eine Zweidrittel-Mehrheit zur Ratifizierung gefunden haben.

Ich hatte den Bundeskanzler dafür gewonnen, vor der Unterzeichnung des Vertrages ein weiteres Gespräch mit den

Ministerpräsidenten zu führen, das auf den 29. August vereinbart war. Bei diesem Gespräch sollten die Verhandlungen aber nicht neu eröffnet werden, zumal die Länder über die Chefs der Staats- und Senatskanzleien voll an den Verhandlungen beteiligt waren. Deshalb empfahl es sich geradezu, schon zuvor zu paraphieren. Und auch das Gespräch des Kanzlers mit den Partei- und Fraktionsvorsitzenden war für mich kein Anlaß, die Verhandlungen nicht zuvor durch Paraphierung abzuschließen.

Wir waren in der Woche seit dem 20. August im Bonner Verkehrsministerium mit unseren Verhandlungen trotz der Unterbrechung durch die Wahlvertrags-Komplikation in der Volkskammer so gut vorangekommen, daß ein Abschluß am Freitag möglich erschien. So war ich am Mittag des 24. August ausgesprochen guter Dinge. Ich saß in meinem Dienstwagen auf dem Weg zur abschließenden Delegationsberatung im Bundesverkehrsministerium. Ein Arzt in der Nähe des Bonner Bahnhofs hatte mir Erleichterung bei den Ohrenschmerzen verschafft, die mich seit meinem Kurzurlaub auf Sylt plagten. Gleich wollten Krause und ich letzte Hand an den Einigungsvertrag legen und das Werk dann paraphieren. Da summte das Autotelefon. Am Apparat war der Kanzler: »Paraphieren Sie nicht!«

Die FDP hatte in letzter Minute Einspruch eingelegt. Die Liberalen wollten die Abtreibungsregelung im Einigungsvertrag, über die wir uns nach mühsamem Hin und Her in der Bonner Koalition verständigt hatten, nun doch nicht mittragen. Auf einer Sitzung ihrer Parteigremien hatten sie sich an jenem Vormittag Beton in die Schuhe gegossen: Sie würden nur dem Tatortprinzip zustimmen. Frauen aus der bisherigen Bundesrepublik sollten straffrei bleiben, wenn sie nach der Wiedervereinigung im Gebiet der ehemaligen DDR eine Schwangerschaft gemäß der dort weitergeltenden Fristenregelung abbrächen.

Im Entwurf des Einigungsvertrags hatten wir festgelegt, daß für eine Übergangszeit das alte DDR-Recht der straffreien Abtreibung innerhalb der ersten drei Monate einer Schwangerschaft in den fünf neuen Ländern erhalten bleiben solle. Aber wir hatten uns dabei auf das Wohnort-, nicht das Tatortprinzip geeinigt. Eine Schwangere aus der früheren Bundesrepublik, die zur Abtreibung in die frühere DDR reiste, sollte nicht nach dem am Tatort gültigen, sondern gemäß dem an ihrem Wohnort gültigen Recht zu beurteilen sein. Für Deutsche aus dem Gebiet der alten Bundesrepublik sollte uneingeschränkt das 1975 vom Bundesverfassungsgericht vorgegebene Indikationsrecht des Paragraphen 218 weitergelten, umgekehrt für Bewohner der ehemaligen DDR ihr bisheriges Recht. Eine entsprechende Regelung war für den Paragraphen 175 über Homosexualität vorgesehen, die Altersgrenze für den Schutz Minderjähriger lag in der DDR bei 14, in der Bundesrepublik bei 16 Jahren. So hatten wir es zwischen CDU/CSU und FDP in einem Koalitionsgespräch am 21. August beschlossen und mit unseren DDR-Verhandlungspartnern dann verabredet.

Es war schon schwierig genug gewesen, innerhalb der Union und dann mit der FDP zu einer solchen Absprache zu kommen. Ich war auch hier bei meiner Linie geblieben, die Wiedervereinigung dürfe nicht als Vehikel für die Änderung bestehenden Rechts in der Bundesrepublik ausgenutzt werden. Der Einigungsvertrag tauge nicht als Instrument, den Schutz ungeborenen Lebens zu verbessern. Dies würde uns bei den Verhandlungen überfordern. Wir müßten für eine begrenzte Zeit das in beiden Teilen Deutschlands geltende Recht fortschreiben mit dem Ziel, vom gesamtdeutschen Gesetzgeber dann neues Recht setzen zu lassen. Dafür brauchten wir den erwähnten neuen Artikel 143, der für die Ex-DDR Ausnahmen vom Grundgesetz ermöglichen mußte, denn die Fristenregelung war vom Verfassungsgericht 1975 als grundgesetzwidrig verworfen worden.

Ebenso stand eindeutig fest: die DDR-Seite war nicht bereit, ihre Fristenlösung aufzugeben und sich mit dem Beitritt dem in der Bundesrepublik geltenden Indikationsrecht zu unterwerfen. Darüber gab es nicht viel zu verhandeln. Lothar de

Maizière sagte mir schon zu Beginn der Gespräche über den Einigungsvertrag: Wenn dieser Vertrag in der Volkskammer Zustimmung finden wolle, dann nur ohne die Paragraph-218-Regelung der Bundesrepublik. Hätten wir es dennoch versucht, wäre eine Indikationsregelung mit Sicherheit in der Volkskammer abgelehnt worden. Keine der Parteien dort, weder die CDU noch die DSU noch die Liberalen oder die SPD, war damals bereit, für die Indikationslösung zu kämpfen. Ich hatte, obwohl ich entschieden für einen besseren Schutz des ungeborenen Lebens bin, diese Haltung zur Kenntnis zu nehmen.

Meine Überzeugung war seit langem, daß sich auf dem Weg zur deutschen Einheit zwischen den Menschen aus den beiden über vierzig Jahre getrennten Teilen gemeinsame Werthaltungen in Grundfragen erst allmählich entwickeln könnten. Zu lange waren wir in zu unterschiedliche Lebensordnungen geteilt gewesen. Die Menschen in der ehemaligen DDR haben fast sechzig Jahre lang – erst bei den Nazis und dann bei den Kommunisten – in Systemen gelebt, für die der Schutz des Individuums nicht im Vordergrund der Ordnung stand. Die einzelne Person war nicht, wie in der Bundesrepublik seit 1949 mit dem Grundgesetz, das maßgebende Schutzobjekt rechtlich gebundenen staatlichen Handelns. Vorrang hatte erst bei den Nazis die Volksgemeinschaft, später bei der SED das sozialistische Kollektiv. Dies mußte auch die Einstellung zum Leben formen.

Hinzu kam, daß der weitaus größere Teil der Deutschen in der DDR nicht mehr kirchlich gebunden war. Auch die Frauen-Erwerbstätigkeit war sehr viel höher als bei uns im Westen. Die Mehrzahl der Bevölkerung hat es schon als eine sozialistische Errungenschaft angesehen, daß die Voraussetzungen für die Vereinbarkeit von Beruf und Familie besser gegeben seien als in der Bundesrepublik, wenngleich auf einem materiell niedrigeren Niveau. Dazu gehörten Kinderkrippen, die Ganztags-Kindergärten, die Hausfrauen-Tage und für viele eben auch die Fristenlösung bei ungewollter

Schwangerschaft. Es bestand deshalb keine Aussicht auf Erfolg, drüben die hiesige Indikationslösung durchdrücken zu wollen. Zu meinen Arbeitsprinzipien gehört generell, Aktionen, die von vornherein völlig aussichtslos sind, gar nicht erst zu beginnen.

Im übrigen war ja die in der Bundesrepublik geltende Indikationslösung – jedenfalls so, wie sie sich im praktischen Vollzug darstellte – alles andere als unumstritten, im Gegenteil. Sie wurde seit langem von Gegnern wie von Befürwortern der Straffreiheit der Abtreibung leidenschaftlich abgelehnt und bekämpft. Der Freistaat Bayern hatte schon damals ein Normenkontrollverfahren beim Bundesverfassungsgericht anhängig gemacht, um zu einer grundsätzlichen verfassungsrechtlichen Überprüfung der tatsächlichen Indikationspraxis zu kommen.

Mit all diesen Fragen, in denen wir auch seit vielen Jahren in der Bundesrepublik vergeblich um bessere Lösungen gerungen hatten, wollte und durfte ich den Einigungsvertrag nicht belasten, wenn das Unternehmen nicht scheitern sollte. Deshalb war es wichtig, daß der Schutz ungeborenen Lebens nicht in den Vordergrund der politischen Auseinandersetzungen um den Einigungsvertrag gerückt wurde. Ich war dann auch gar nicht glücklich, als Rita Süssmuth Anfang der Sommerpause mit einem Vorschlag hervortrat, das Abtreibungsproblem beim Einigungsvertrag anzugehen – so bedenkenswert ihre Anregung auch war, menschliches Leben durch den Verzicht auf Strafandrohung und gleichzeitigen Ausbau der Angebote zu Beratung und Hilfe besser zu schützen. Mit diesem Vorstoß erhielt das Abtreibungsproblem trotz der vielen klugen Ansätze eine zentrale politische Bedeutung für die Unionsparteien, die ich in diesem Zusammenhang gerne vermieden sehen wollte. Ich habe Rita Süßmuth dies auch gesagt: Ihr Engagement provoziere die Widerstände in der Union gegen die Regelung im Einigungsvertrag und erhöhe den Druck auf mich, das DDR-Recht nicht weitergelten zu lassen, ohne daß dadurch eine Lösung zu erreichen wäre.

Prompt kamen die Schwierigkeiten. In der CDU/CSU-Bundestagsfraktion wurde mir vorgeworfen, mit dem Einigungsvertrag würde ich entgegen dem Grundgesetz künftig in einem Teil des vereinten Deutschland die Tötung freigeben. Keine Sekunde lang dürfe ich zulassen, daß in der Ex-DDR gegen das Urteil des Verfassungsgerichts verstoßen und menschliches Leben getötet werde. Ein Einigungsvertrag, der dies erlaube, dürfe nicht zustande kommen. »Ja, wie soll ich es denn machen?« wehrte ich mich vor der Fraktion, »ein Einigungsvertrag, der die Fristenlösung für die DDR abschafft, wird mangels Zustimmung der DDR nicht zustande kommen. Es kann ja wohl nicht wahr sein, daß an der Frage der Abtreibung die deutsche Einheit scheitern soll.« Komme die Einheit nicht zustande, so legte ich dar, bleibe es in der DDR auch bei der Fristenregelung. Also verschlechtere der Vertrag den Schutz ungeborenen Lebens in keinem Teil Deutschlands, weder in der damaligen Bundesrepublik noch in der damaligen DDR.

Wer statt dessen darauf setze, daß die Einheit auch ohne Einigungsvertrag durch einen Beitritt der DDR zustande kommen werde, weil die Lage für die DDR inzwischen aussichtslos geworden sei, der müsse die Verantwortung für die dadurch entstehende Verzögerung und Verschlechterung übernehmen. Im übrigen müsse ja auch darauf hingewiesen werden, daß der Schutz ungeborenen Lebens in der Bundesrepublik tatsächlich nicht befriedigend verwirklicht sei. Anderenfalls wäre ja nicht zu erklären, warum die Gegner von Abtreibungen seit Jahren Sturm liefen gegen die geltende Praxis. Und leider gehöre zur Wahrheit ja auch, daß, zumindest statistisch gesehen, der Schutz ungeborenen Lebens in der DDR weder besser noch schlechter gewährleistet sei als bei uns in der Bundesrepublik. Die Zahl der Abtreibungen pro Kopf der Bevölkerung sei in beiden Teilen Deutschlands ungefähr gleich hoch.

In einer solchen Gewissensfrage sind der Überzeugungskraft von Argumenten Grenzen gesetzt, und deswegen hatte ich immer damit gerechnet, daß einige Kollegen meiner Fraktion dem Einigungsvertrag wegen dieser Frage ihre Zustimmung am Ende nicht würden geben können. Ich habe diesen Kollegen auch meinen ausdrücklichen Respekt bekundet. Allerdings war ich entschlossen, einen Einigungsvertrag dennoch zustande zu bringen, und die große Mehrheit meiner Fraktion folgte mir auch in der Argumentation, daß der bessere Schutz ungeborenen Lebens im vereinten Deutschland nicht im Zuge des Einigungsvertrags zu regeln war, sondern später durch einen gesamtdeutschen Gesetzgeber versucht werden müßte. Der Wunsch meiner Fraktion war dabei, diese Übergangsfrist für die Beibehaltung des DDR-Rechts möglichst kurz zu halten. Im übrigen war wesentliche Voraussetzung, daß sich am Schutz ungeborenen Lebens für niemanden im geteilten Deutschland vorläufig etwas ändere, sich also auch nichts verschlechtere.

Genau dies war der Ansatz für den Streit um Wohnsitz- oder Tatortprinzip, an dem ein paar Tage lang fast der Einigungsvertrag zu scheitern drohte – ein Streit, von dem ein Teil der Kombattanten hinterher erklärte, ihn selbst nicht richtig begriffen zu haben. Jedenfalls verstand ihn in der breiteren Öffentlichkeit kaum jemand. Im Grunde war das Problem leicht zu erklären: Nur beim Wohnsitzprinzip verblieb es dabei, daß die Strafdrohungen für Deutsche in der DDR und für Deutsche in der Bundesrepublik so blieben wie bisher, so daß niemand sich der für ihn geltenden Rechtslage durch eine Reise von Leipzig nach Frankfurt oder umgekehrt entziehen konnte.

In der Koalition von CDU/CSU und FDP taten wir uns in dieser Frage erwartungsgemäß von vornherein besonders schwer. Dennoch war es in einem Koalitionsgespräch am 21. August gelungen, uns darüber zu verständigen, daß ein anderer Weg als der der befristeten Fortgeltung unterschiedlichen Rechts in beiden Teilen des sich vereinigenden Deutschland nicht gegeben sei und daß die Abgrenzung nach dem Wohnortprinzip erfolgen müsse, wenn alles so bleiben solle wie bisher. Allerdings mußten wir der FDP eine längere Übergangsfrist zugestehen, als von der Mehrheit der CDU/CSU-Fraktion gewünscht. In der FDP herrschte nämlich die Sorge, daß bei einer zu kurz bemessenen Übergangsfrist eine gemeinsame Neuregelung für den Schutz ungeborenen Lebens durch den gesamtdeutschen Gesetzgeber nicht erreicht werden könne. Und dann müsse die Fristenlösung auch im Gebiet der früheren DDR entsprechend dem Urteil des Bundesverfassungsgerichts aufgehoben werden.

Dieses Einvernehmen in der Koalition wurde nun am Freitagvormittag, an dem Krause und ich den Vertrag paraphieren wollten, in der Sitzung des FDP-Bundesausschusses in Berlin aufgekündigt. Einer Mehrheit in der FDP erschien es unerträglich, daß durch den Einigungsvertrag eine Fortgeltung der von ihr bekämpften Indikationsregelung in der Bundesrepublik vereinbart werden sollte. Wie die FDP das Problem im Einigungsvertrag konkret lösen wollte, blieb am Morgen des 24. August für mich zunächst unklar; entscheidend aber war, daß die FDP beschlossen hatte, daß der Vertrag nicht paraphiert werden sollte, ehe in dieser Frage ein neues Einvernehmen erzielt sei.

Im Gespräch über das Autotelefon riet mir der Kanzler nachdrücklich: Wenn die FDP eine solche Entscheidung getroffen habe, solle ich mich nicht darüber hinwegsetzen, »das wäre falsch, das macht keinen Sinn.« Aber wir stünden doch, versuchte ich die Paraphierung zu retten, unter einem ungeheuren Zeitdruck wegen der Fristen für die Ratifizierung des Vertrags. Wenn Krause und ich jetzt nicht mit unseren Initialen unter dem Vertragsentwurf das Ende der Verhandlungen herbeiführten, dann bestehe die Gefahr, daß weitere Forderungen sowohl aus der DDR wie aus den Bundesländern und von den Fraktionen des Bundestages kämen, die dann auch noch zu berücksichtigen seien. Werde jetzt nicht der Sack zugebunden, könne alles von vorne anfangen und am Ende der Vertrag nicht mehr zustande kommen. Es nutzte alles nichts. Der Bundeskanzler blieb dabei, es dürfe heute nicht paraphiert werden.

Nach Ankunft im Verkehrsministerium informierte ich sofort Günther Krause. Er zeigte sich wie ich enttäuscht. Er war abgespannt, ich nicht minder. Ich erläuterte ihm das Problem. Er hatte Verständnis. Wir haben uns dann darangesetzt, die wenigen noch offenen Punkte im Vertrag durchzuarbeiten, und verabredeten, uns in kleiner Runde in knapp einer Woche noch einmal zu treffen, um dann möglichst die Verhandlungen mit der Paraphierung formell abschließen zu können.

Später habe ich oft darüber nachgedacht, ob dieser 24. August vielleicht der Tag hätte werden können, an dem ganz zum Schluß der Vertrag doch noch gescheitert wäre. Jedenfalls hatte der Kanzler die Gefahr besser eingeschätzt als ich. Es ging ihm grundsätzlich, nicht etwa nur wegen der Details der Abtreibungsregelung, gegen den Strich, daß der Koalitionspartner am Ende in Sachen Einigungsvertrag auf seiten der Sozialdemokraten zu finden gewesen wäre. Also mußten wir uns in der Koalition einigen.

Natürlich haben auch meine ungunten Vorahnungen, daß mit dem Aufschieben der Paraphierung weitere Forderungen auf den Verhandlungstisch kommen würden, nicht getrogen. Zum Beispiel mußten wir dann auch noch das Nachtbackverbot für die fünf neuen Länder im Einigungsvertrag regeln. Vor allem aber kam es zu einer Reihe nervenaufreibender Verhandlungen mit den Sozialdemokraten. Diese sahen sich nun nicht nur wegen ihrer Mehrheit im Bundesrat in einer starken Position, sondern vor allem deshalb, weil sie, wie Wochen zuvor in der Wahlrechtsfrage, in einem zentralen Punkt gemeinsam mit der FDP gegen die Union standen – eine für Koalition und Regierung immer besonders unangenehme Situation.

Am Ende allerdings konnten wir den Vertrag mit Zustimmung auch der Sozialdemokraten unterzeichnen. Im Bundestag fanden wir für die Ratifizierung eine Mehrheit von über 90 Prozent, und im Bundesrat erzielten wir sogar Einstimmigkeit. Das wäre ohne die Verlängerung der Verhandlungen über den 24. August hinaus nicht erreicht worden. Deshalb habe ich bald eingesehen, daß der Aufschub der Paraphierung um eine Woche für den Vertrag wie für die Einheit ein Gewinn war, sosehr ich im Augenblick selbst betroffen war. Zunächst aber folgten weitere Koalitionsrunden und Gespräche der Koalitionsparteien und -fraktionen auch mit der SPD.

Da am 24. August völlig unklar war, welcher Weg aus dem entstandenen Dilemma führen konnte, bat ich Staatssekretär Kinkel, noch für den Abend ein Gespräch mit dem FDP-Vorsitzenden Graf Lambsdorff zustande zu bringen. Ich wollte Klarheit, wie es weitergehen sollte. Gegen 21 Uhr setzten wir uns an dem lauen Sommerabend bei Lambsdorff zu Hause auf der Terrasse zusammen. Kinkel und Frau Adam-Schwaetzer waren dazugekommen. Wie konnten wir aus der Zwangslage herauskommen? Staatssekretär Kinkel ließ erkennen, daß er meine Meinung teile, nur das Wohnortprinzip bleibe voll in dem vom Verfassungsgericht gesetzten Rahmen. Mit dem Tatortprinzip könne die Strafdrohung für Deutsche, die bisher im Geltungsbereich des Grundgesetzes lebten, durch eine Reise verändert werden.

Gemeinsam dachten wir über Auswege nach. Könnte die FDP-Fraktion, beispielsweise, in einem Entschließungsantrag bei der Ratifizierung des Einigungsvertrages ihre abweichende Meinung zum Ausdruck bringen und dennoch dem Vertrag als Ganzem zustimmen. Vor allem diskutierten wir aber über Wege, wie möglichst bald im vereinten Deutschland in einem gesamtdeutschen Bundestag ein besseres Recht zum Schutze ungeborenen Lebens zu schaffen war. Dabei wurde klar, daß die Situation für die FDP dadurch besonders schwierig geworden war, daß sie nicht einen Kompromiß mittragen konnte, bei dem sich die SPD verweigerte. In dieser Frage wollten sich die Freien Demokraten von den Sozialdemokraten nicht übertrumpfen lassen. Eine abschließende Lösung fanden wir nicht, und zunächst einmal vereinbarten wir strengstes Stillschweigen und weiteres Nachdenken. Am Sonntagabend würden wir uns bereits gemeinsam mit den Sozialdemokraten wieder treffen.

Ursprünglich hatte es zwischen den zuständigen Ressorts, dem Innen- und dem Justizministerium, in der Frage des Wohn- oder Tatortprinzips keinerlei Differenz gegeben. Wir waren gemeinsam überzeugt, daß nur das Wohnsitzprinzip voll der Verfassungslage und im übrigen dem Grundgedanken entspreche, daß alles für eine Übergangszeit bleiben solle wie bisher. Eines Tages rief mich jedoch während meiner wenigen Urlaubstage auf Sylt Justizminister Engelhard an. Ich lag gerade mit Ohrenschmerzen zu Bett. Engelhard teilte mir mit, daß er – im Gegensatz zur bisherigen Auffassung seines Ministeriums – nun auch der Meinung sei, daß nur das Tatortprinzip in Frage komme. Er wolle mir dies der guten Ordnung halber förmlich mitteilen. »Sie tun mir leid«, antwortete ich, und in diesem Satz war eingeschlossen: Sie sagen dies gegen Ihre Überzeugung. Sie wissen als Jurist genau, daß Sie nicht recht haben. Sie nehmen eine Position ein, zu der Sie Ihre Partei und Fraktion gegen Ihre Überzeugung zwingt.

Am Abend des 26. August argumentierten die Freien Demokaten unter der Anführung von Hans-Dietrich Genscher, der mit zwei Strafgesetz-Kommentaren unter dem Arm zu dem Gespräch mit den Sozialdemokraten angerückt war, daß sie sich in der Abgrenzungsfrage zwischen Tatort- und Wohnortprinzip getäuscht hätten. Es sei ihnen gesagt worden, daß sich für eine Übergangszeit gar nichts ändern solle. Nun aber hätten sie festgestellt, daß eine ausdrückliche Regelung notwendig sei, um das Wohnortprinzip auch im vereinten Deutschland als Abgrenzungskriterium zu verankern. Damit sei die Grundlage für ihre Zustimmung entfallen.

Bei der Abgrenzung zwischen verschiedenen Strafrechtsordnungen gilt im internationalen Strafrecht, also zwischen verschiedenen Staaten, das Wohnortprinzip, während beim sogenannten interlokalen Strafrecht, das die Abgrenzung zwischen unterschiedlichen Rechtsnormen innerhalb ein und desselben Staates regelt, grundsätzlich das Tatortprinzip zugrunde liegt. Daher galt bisher zwischen der selbständigen Bundesrepublik und der selbständigen DDR nach dem internationalen Strafrecht das Wohnortprinzip. Es traf also zu, daß nach der Herstellung der staatlichen Einheit Deutschlands grundsätzlich die Regeln des interlokalen Strafrechts anzuwenden waren, von denen das Wohnsitzprinzip eine Ausnahme bildete, die ausdrücklich geregelt werden mußte. Daraus leiteten die Freien Demokraten die Argumentation ab, daß nach der Wiedervereinigung die DDR in Sachen Paragraph 218 nicht weiterhin als Ausland behandelt werden könne. Deshalb müsse eben das Tatortprinzip gelten.

Ich war über diese Argumentation einigermaßen fassungslos. Natürlich bedurfte es einer ausdrücklichen Regelung, wenn das Wohnortprinzip zur Abgrenzung für die vorgesehene Übergangszeit zugrunde gelegt werden sollte. Aber unter den Fachleuten des Innen- wie des Justizministeriums war dies nie streitig gewesen, sondern als ganz selbstverständlich angesehen worden. Eine Koalitionsrunde mit solchen juristischen Fachfragen zu beschäftigen, war mir nun wirklich nicht in den Sinn gekommen. Entscheidend war das Prinzip, daß sich an der bisherigen unterschiedlichen Rechtslage für alle Deutschen in beiden Teilen zunächst einmal nichts ändern solle.

Es half alles nichts. Der FDP-Vorsitzende erklärte, bei seiner Zustimmung zum Wohnortprinzip falsch beraten gewesen zu sein, was ich auch heute noch nicht als einen freundlichen Akt gegenüber dem Justizministerium ansehen kann. Jedenfalls mußten wir zur Kenntnis nehmen, daß die FDP ihre Zustimmung zum Wohnortprinzip zurücknahm und damit in Übereinstimmung mit den Sozialdemokraten für das Tatortprinzip eintrat.

Nachdem sich in dem Gespräch der Partei- und Fraktionsvorsitzenden am Sonntagabend im Kanzleramt abzeichnete, daß das Wohnsitzprinzip bei der Übergangslösung in der Abtreibungsfrage nicht durchzusetzen sein würde, weil weder SPD noch FDP bereit waren, der notwendigen Abweichung vom Grundsatz des interlokalen Strafrechts zuzustimmen, mußten wir darauf bestehen, vor einer abschließenden Vereinbarung zunächst eine Sondersitzung der CDU/CSU-Fraktion durchzuführen. Im Hinblick auf die hohe Bedeutung, die diese Frage für viele Kollegen unserer Fraktion besaß, wäre ein Sich-Abfinden mit dem Tatortprinzip ohne vorherige Beratung in der Gesamtfraktion unverantwortlich gewesen. Wir veranlaßten also, daß noch am Mittwoch, dem 29. August, zu einer Sondersitzung ab 19 Uhr eingeladen wurde.

Zugleich verabredeten wir mit SPD und FDP eine Fortsetzung der Beratungen im Kreise der Partei- und Fraktionsvorsitzenden für die Nacht vom 29. auf den 30. August. Dabei war klar, daß wir etwa gegen Mitternacht mit den Beratungen im Kanzleramt beginnen würden. Allein diese Terminwahl macht wohl auch im nachhinein noch deutlich, unter welchem Zeitdruck und natürlich auch unter welcher nervlicher Belastung die Beratungen in dieser Abschlußphase zum Einigungsvertrag standen.

In den verbleibenden Tagen bis zur Fraktionssitzung zerbrach ich mir den Kopf darüber, wie wir uns in der CDU/CSU-Fraktion damit abzufinden vermochten, das Wohnortprinzip für die Übergangszeit – also das Festhalten daran, daß vorläufig alles so bliebe wie bisher – nicht durchsetzen zu können. Mir war klar, daß die längere Übergangsfrist von fünf Jahren, die ich der FDP zugestanden hatte, damit sie sich mit dem Wohnortprinzip abfand, jetzt nicht mehr zu halten sein würde. Deshalb suchte ich das Gespräch mit der FDP, um ihr mitzuteilen, daß wir auf keinen Fall eine längere Übergangsfrist als zwei Jahre würden ertragen können. Als auch dagegen von unserem Koalitionspartner Bedenken geäußert wurden, machte ich darauf aufmerksam, daß wir nur im Interesse der FDP bereit gewesen seien, von den ursprünglich vorgesehenen zwei Jahren auf fünf Jahre zu gehen und daß dafür jetzt die Geschäftsgrundlage entfallen sei. Im übrigen werde ja ohne die Vereinbarung des Wohnortprinzips auch in den Schutzbereich des Karlsruher Urteils von 1975 eingegriffen, so daß auch aus verfassungsrechtlichen Gründen nur eine kürzestmögliche Übergangsfrist erträglich sei.

Ehe sich die Mitglieder der CDU/CSU-Fraktion am Mittwochabend zu der Sondersitzung versammelten, mußte ich noch weiteres Unheil abwenden. Auch andere Kollegen aus Regierung und Fraktion hatten sich Gedanken gemacht, wie man in der Fraktion über die entstandenen Schwierigkeiten hinwegkommen könne. Sie dachten daran, einen Entschließungsantrag vorzubereiten, mit dem die Fraktion ihre Position zum Schutz ungeborenen Lebens darlegen konnte.

Bei der Rückkehr von einer Kundgebung in Hessen am Dienstagabend – neben allem war ja auch noch der Bundestagswahlkampf, der inzwischen begonnen hatte, zu bestreiten – fand ich gegen Mitternacht eine Unterlagenmappe vor, in der der Entwurf einer Resolution für die CDU/CSU-Fraktionssitzung enthalten war. In diesem Antrag sollte der Verzicht auf das Wohnortprinzip durch umfangreiche familienpolitische Leistungen abgefedert werden, was konsequent dem Grundgedanken entsprach, ungeborenes Leben durch staatliche Sozialleistungen wirksamer zu schützen als durch die Androhung von Strafsanktionen. In diesem Antragsentwurf war allerdings ein familienpolitisches Programm enthalten, das den Bundeshaushalt mit einer zweistelligen Milliardensumme jährlich hätte belasten können.

Weder der Finanzminister noch Regierung und Koalition insgesamt konnten ein solches Programm kurzfristig verantworten, weil die Herstellung der deutschen Einheit und die Schaffung einheitlicher Lebensverhältnisse die öffentlichen Haushalte ohnedies in einem bisher nicht gekannten Maße beanspruchen würden. Der vorliegende Resolutionsentwurf konnte also am Ende mangels Finanzierbarkeit so nicht zustande kommen, dürfte es nach meiner Überzeugung auch nicht. Im Ergebnis würde dann die Auseinandersetzung in der Fraktion mit finanzpolitischen Argumenten geführt werden. Für den Schutz ungeborenen Lebens, so mochte es sich für die besonders engagierten Kollegen darstellen, sei also nicht genügend Geld vorhanden. Damit hätten wir in einer Frage, in der wir uns gegen die Mehrheit von Opposition und FDP bei der Überleitungsregelung nicht durchsetzen konnten, plötzlich eine Frontstellung mitten durch die Fraktion der CDU/CSU.

All dies ging mir beim Überfliegen des Resolutionsentwurfs durch den Kopf – ich habe selten so geflucht. Mit diesem Antrag würde in der Fraktion genau das Gegenteil von dem erreicht werden, was beabsichtigt war. Jede Chance, im Einigungsvertrag noch eine Übergangslösung für den Schutz ungeborenen Lebens zustande zu bringen, mußte zunichte werden. Da es schon Mitternacht war, konnte ich im Augenblick nichts unternehmen. Aber gleich am anderen Morgen um sieben Uhr rief ich einen der Initiatoren an und fragte ihn, noch ehe ich Guten Morgen gesagt hatte, ob er denn völlig den Verstand verloren habe. Das Papier müsse »um Himmels willen im tiefsten Loch verschwinden«. Diejenigen nämlich, denen das Tatortprinzip erträglich gemacht werden solle, würden immer noch sagen, daß dies alles viel zu wenig sei; und die Finanzpolitiker würden protestieren, dies sei viel zu viel.

Selten in meinem Leben habe ich jemanden zu so früher Morgenstunde so unfreundlich behandelt, und ich habe mich auch später bei dem Betroffenen dafür entschuldigt. Aber die Sache war wirklich – auch noch aus heutiger Sicht – brandgefährlich. Ich habe anschließend reihum zwischen sieben und acht Uhr morgens die Kollegen angerufen. Meinen Freund und Nachfolger als Kanzleramtsminister Rudolf Seiters fragte ich, ob er von der Initiative gewußt habe. Ja, sagte er, aber er habe die Parteifreunde ersucht, ihr Anliegen vorab mit dem Finanzminister abzustimmen. Ich schimpfte, ein solches Papier könne überhaupt nicht mit dem Finanzminister abgestimmt werden, weil der niemals seine Zustimmung geben werde und auch nicht geben dürfe. Ein solches Papier hätte nie entstehen dürfen. Wenn es bekannt werde, würde es die Verhandlungen in der Fraktion ungeheuer erschweren.

Dann rief ich Theo Waigel an und fragte ihn, ob er die Vorlage kenne. Er kannte sie nicht. Als ich ihm den Inhalt beschrieb, rief auch er, die Autoren seien wohl von Sinnen. Er könne nie und nimmer solche Summen jetzt zur Verfügung stellen. Ich bat ihn, die CSU-Mitglieder unter den Initiatoren von der Initiative abzubringen; ich selbst würde mich um den CDU-Teil kümmern. Auch den Kanzler rief ich gegen acht Uhr an, der meine Meinung teilte, daß die Vorlage in der Versenkung verschwinden müsse.

Was ich selbst kaum noch zu hoffen gewagt hatte, gelang. Die Initiative wurde zurückgezogen, ja, nicht einmal erwähnt. Vielleicht hat die Heftigkeit meiner Bemühungen am frühen Morgen im Ergebnis dazu beigetragen, obwohl ich mich, wie gesagt, für den Ton dieser Anrufe bei den Betroffenen alsbald entschuldigt habe.

Jedenfalls spielte der Resolutionsentwurf in der Sitzung am Abend keine Rolle. Es wurde eine der Fraktionssitzungen, in denen mit einem ungeheuren Ernst auf hohem Niveau gerungen wurde. Die einen argumentierten, daß man lieber auf einen Einigungsvertrag verzichten solle, als etwas zu vereinbaren, was den Schutz ungeborenen Lebens, so wie er als Minimum durch das Urteil des Verfassungsgerichts von 1975 gewährleistet sei, auch nur am Rande beeinträchtigen könne. Die anderen hielten dagegen, daß der Lebensschutz auch in der Bundesrepublik dringend verbesserungsbedürftig sei und daß man an der Frage Wohn- oder Tatortprinzip den Einigungsvertrag nicht scheitern lassen dürfe. Man müsse nach vorne blicken und möglichst bald durch den gesamtdeutschen Gesetzgeber eine bessere Regelung erreichen. Wichtig sei, daß die Übergangsfrist, in der unterschiedliche rechtliche Regelungen in beiden Teilen Deutschlands noch fortbestünden, so kurz wie möglich bemessen wäre. Meine Zusage, daß wir eine längere Übergangsfrist als zwei Jahre auch in den Verhandlungen mit SPD und FDP nicht akzeptieren würden, trug wesentlich dazu bei, daß sich die Fraktion schließlich mit dem Tatortprinzip abfand.

Bei all dem leidenschaftlichen Ringen um den Paragraphen 218 kamen wir in dieser Fraktionssitzung gar nicht dazu, uns mit anderen Fragen des Einigungsvertrages zu beschäftigen, die als problematisch empfunden wurden. So wurde eine Fortsetzung der Fraktionssitzung für den kommenden Morgen, acht Uhr, beschlossen. Dazwischen lag für uns noch die Fortsetzung des Gesprächs im Kreise der Partei- und Fraktionsvorsitzenden mit SPD und FDP, zu der wir am Ende der Fraktionssitzung nach 23 Uhr ins Kanzleramt eilten.

In der Koalition hatten wir Ärger, in der CDU/CSU-Fraktion gab es Probleme, und müde waren wir nach einer anstrengenden langen Sitzung nun auch. Aber jetzt ging der Streit munter weiter, diesmal mit den Sozialdemokraten, deren Stimmen wir für den Vertrag brauchten. Und wieder spitzte sich die Lage zu. Die Nerven lagen bei einigen Beteiligten, insbesondere bei mir selbst, inzwischen ziemlich bloß. Anfangs war es Herta Däubler-Gmelin und später noch mehr Hans-Jochen Vogel, von denen ich mich, ganz gegen meine Gewohnheit, reizen ließ.

Zunächst trug ich in diesem nächtlichen Gespräch die Ergebnisse der Arbeitsgruppen vor, die wir am Sonntagabend vereinbart hatten, also beispielsweise Fragen der Stromversorgung und der Eigenbeteiligung von Kommunen an Stromversorgungsunternehmen sowie der Behandlung der Vermögen von SED und ehemaligen Blockparteien. Vogel unterbrach mich und fragte, ob ich ihm schriftliche Berichte aushändigen könne. Ich verneinte. Schließlich waren das gemeinsame Gesprächsrunden von Vertretern beider Seiten gewesen, über die jede Seite ihre eigenen Aufzeichnungen machen konnte. Aber Vogel ließ nicht locker. Immer wieder nervte er mich mit der Frage nach Papieren. Irgendwann riß mir die Geduld: »Sie können sich ja einen Sekretär halten! Ich arbeite auf meine Art.« Als Vogel wenig später etwas vortrug, revanchierte ich mich: »Geben Sie bitte dazu mal etwas Schriftliches her!« Natürlich hatte auch Vogel keine Unterlagen zur Verteilung.

Allmählich merkte ich, daß sich auf beiden Seiten des Tisches einige darüber amüsierten, wie Vogel und ich uns immer mehr aneinander rieben. Normalerweise habe ich zum SPD-Vorsitzenden persönlich ein ganz ordentliches Verhältnis. Da ich immer für eine aufmerksame Behandlung des Oppositionsführers beim Kanzler geworben hatte, bereiteten ihm nun meine Mühen ein gewisses Vergnügen. Auf der anderen Seite lehnte sich Oskar Lafontaine immer demonstrativer in seinen Sessel zurück, um jedermann auf unserer Seite zu signalisieren, wie wenig er von der Art der Reiberei hielt, mit der uns sein Vorsitzender auf die Nerven ging.

Sehr viel weiter sind wir in dieser Nacht nicht gekommen. Wir haben den Sozialdemokraten die Beratung in unserer Fraktion erläutert und darauf hingewiesen, daß wir eine längere Übergangsfrist als zwei Jahre nicht akzeptieren würden. Herta Däubler-Gmelin erwiderte, daß mit den Sozialdemokraten eine Beschränkung der Übergangsfrist auf zwei Jahre nicht zu machen sei, und sie beging den Fehler, dies am nächsten Morgen auch noch öffentlich zu erklären. In der Frage saßen nun wir, so war ich überzeugt, am längeren Hebel. Eine Übergangsregelung, also ein Abweichen der Rechtslage im beitretenden Gebiet vom Urteil des Bundesverfassungsgerichts von 1975, würde eine Änderung des Grundgesetzes – wie in Artikel 143 später beschlossen – voraussetzen, und dazu waren die Stimmen der Union notwendig. Die taktische Gefechtslage war also genau umgekehrt wie in der Frage des Tatort- bzw. Wohnortprinzips.

Ich hatte schon den Kollegen in der Fraktion, die zweifelten, ob wir die Verkürzung der Überleitungsfrist auf zwei Jahre würden durchsetzen können, geantwortet, daß wir im Falle einer Nichteinigung die Gespräche für beendet erklären, die Vertragsverhandlungen abschließen und den Vertrag paraphieren würden. Wenn wir den Vertrag paraphiert und danach unterzeichnet hätten, dann müßten die Sozialdemokraten erklären, daß sie an diesem Punkt, also an der Frage einer Überleitungsfrist von zwei oder fünf Jahren, den Einigungsvertrag scheitern lassen wollten – und dies im übrigen vor dem Hintergrund, daß wir uns in Artikel 31 des Vertrags ja gemeinsam dazu verpflichten wollten, durch den gesamtdeutschen Gesetzgeber möglichst rasch eine gemeinsame Regelung für einen besseren Schutz ungeborenen Lebens zu erreichen.

Da wir uns in der Nacht nicht einigen konnten, verabredeten wir eine Fortsetzung des Gesprächs für den Donnerstagabend. In der morgendlichen Fraktionssondersitzung wenige Stunden später um acht Uhr habe ich zu dieser Frage noch einmal Stellung genommen, zumal unter den Kollegen die öffentlichen Äußerungen von Herta Däubler-Gmelin eine große Rolle spielten. Ich sagte: »Ich bin in dieser Frage, der Morgenstunde angemessen, völlig entspannt. Wir haben eine würdige, verantwortungsvolle, große und intensive Anstrengung hier unternommen, und ich muß nun von anderen auch erwarten, wenn sie den Einigungsvertrag wollen, wenn sie nicht nur Sprechblasen produzieren, daß sie eine kleine Anstrengung ihrerseits unternehmen, zu einem rationalen Verhalten noch bereit zu sein. Die Sache ist jetzt eigentlich zu Ende. Da kann man noch über die eine oder andere Formulierung reden, ob man noch eine Protokollerklärung macht, oder was weiß ich, aber in der Sache bewegen wir uns nicht mehr.«

Donnerstagabend, 30. August: Krause war wieder in Bonn – bereit zur Paraphierung. Um 17 Uhr hatten wir uns, beide ziemlich erschöpft, in kleinerem Kreis im Innenministerium getroffen, um die Verhandlungen über den Einigungsvertrag endgültig abzuschließen. Ich bat Krause gegen 19.30 Uhr um eine Unterbrechung, weil ich wieder zu den Beratungen der Partei- und Fraktionsvorsitzenden ins Kanzleramt mußte. Die Mitglieder beider Delegationen nutzten die Zeit, um letzte Hand an Formulierungen zu legen, insbesondere auch in der Frage der Behandlung der Stasi-Akten. Ich selbst versprach, so rasch wie möglich zurück zu sein, und hatte gegenüber Günther Krause ein schlechtes Gewissen. Immerhin sollte der Vertrag am nächsten Tag bereits mittags in Ost-Berlin unterzeichnet werden, und zuvor mußte er noch paraphiert und eine Beschlußfassung beider Kabinette herbeigeführt werden. Aber Krause seinerseits hatte oft genug die Verhandlungen unterbrechen lassen müssen, und so machte er mir meine unangenehme Situation leicht.

Im Kanzleramt war die Dramatik der Stunde mit Händen zu greifen. Es mußte jetzt zur Entscheidung kommen, und die Möglichkeit eines Ausweichens oder Vertagens gab es nicht mehr. Für die Sozialdemokraten hatte Frau Däubler-Gmelin noch einmal unmittelbar zuvor öffentlich erklärt, sie würden nie und nimmer einer Übergangsfrist von nur zwei Jahren zustimmen. Umgekehrt hatten wir von CDU und CSU in dieser Frage keinen Spielraum. Helmut Kohl warb um Verständnis für unsere Schwierigkeiten. Es sei schon schwer genug gewesen, die CDU/CSU-Fraktion in der Sondersitzung dazu zu bewegen, das Tatortprinzip zu ertragen. Aber die Union habe sich bewegt, und nun müßten sich andere auch bewegen. Verständigung könne nicht heißen, daß immer nur eine Seite über den Tisch gezogen werde.

Die Sozialdemokraten blieben bei ihrem Widerstand. Die Freien Demokraten hielten sich zurück. Nun begannen wir, darüber zu reden, ob ein Ausweg über eine Formulierung in Artikel 31 des Vertrags gefunden werden könne. Dies war der Versuch, festzulegen, daß und möglichst auch schon wie der gesamtdeutsche Gesetzgeber möglichst bald eine bessere Regelung für den Schutz ungeborenen Lebens schaffen solle. Außerdem verlangte Hans-Jochen Vogel eine schriftliche Garantie, daß für ein neues Abtreibungsrecht im gesamtdeutschen Bundestag der Fraktionszwang aufgehoben werde. Dies mußten wir ablehnen. Per Grundgesetz gibt es keinen Fraktionszwang. Also konnten wir uns auch nicht schriftlich dazu verpflichten, ihn aufzuheben.

Die Uneinigkeit bezüglich der Übergangsfrist blieb. Ich drängte den Kanzler, an dessen rechter Seite ich bei den Gesprächen immer saß, auf keinen Fall nachzugeben. Wenn wir erpreßt werden sollten, dann ergebe dieses Gespräch keinen Sinn mehr. Er solle jetzt Schluß machen. Wir würden den Vertrag dann eben ohne Einigung mit der SPD über die Abtreibung unterschreiben und im Parlament einbringen. Die SPD würde sich nicht getrauen, ihn deshalb scheitern zu lassen.

Ich hatte Oskar Lafontaine am Konferenztisch immer wieder beobachtet und war mir sicher, daß er den Vertrag an dieser Frage nicht mehr auflaufen lassen würde. Schon durch seine Körpersprache signalisierte er, wie sehr ihm das Gezerre um den Paragraphen 218 auf die Nerven ging. Und auch der Chef seiner Staatskanzlei, Kopp, hatte mir gegenüber angedeutet, daß Lafontaine den Vertrag nicht mehr scheitern lassen wolle. Im Grunde war das, so meine Überzeugung, inzwischen in der SPD eine interne Auseinandersetzung. Nachdem beim Staatsvertrag über die Währungs- und Wirtschaftsunion Lafontaine die Last Vogel zugeschoben hatte, für eine Einigung mit der Regierung beim Zustandekommen des Vertrags zu sorgen, wollte nun Vogel dieses Mal den hartnäckigen Verfechter sozialdemokratischer Positionen spielen und Lafontaine die Last zuschieben, den Konsens zu tragen. Jedenfalls war ich sicher, daß der Vertrag an dieser Frage nicht mehr scheitern würde. Im übrigen wollte ich auch zurück zu Krause in das Innenministerium, um die Verhandlungen abzuschließen und zu paraphieren.

Zwei Jahre Übergangsfrist, bekräftigte der Kanzler, das sei unser letztes Wort. Die Sozialdemokraten baten um eine Unterbrechung der Sitzung und zogen sich gegen 21 Uhr zu Beratungen in einen Nebenraum zurück. Die Freien Demokraten blieben mit uns im Kleinen Kabinettsaal des Kanzleramts zusammen, aber sie standen innerlich auf seiten der SPD. Wir wußten das, und es war bitter für uns. Wir fragten sie, ob sie im äußersten Fall des Scheiterns fest auf unserer Seite bleiben würden, und sie taten sich schwer, sich ausdrücklich festzulegen. Man solle lieber den äußersten Fall vermeiden, das müsse doch zu machen sein.

Die internen Beratungen der Sozialdemokraten dauerten und dauerten. Nach einer Weile erhob sich Hans-Dietrich Genscher. Er wolle mal mit den Genossen reden. Der Kanzler sah dem Davoneilenden mit Unbehagen nach. Auch Genscher kam nicht zurück. Helmut Kohl wurde ärgerlich. Wenn wir das nun anfingen, wandte er sich an Lambsdorff, daß hier von der FDP Separatverhandlungen mit der SPD geführt würden, dann werde das Weiterungen nach sich ziehen. Lambsdorff verstand. Er stand auf und holte Genscher zurück. Von Separatverhandlungen könne keine Rede sein, versicherte der Außenminister. Er habe lediglich den Versuch unternommen, zu einem Einlenken zu raten. Die Sozialdemokraten würden gleich an den gemeinsamen Beratungstisch zurückkehren.

Es dauerte noch einige Minuten, dann kehrten sie zurück. Vogel verlas eine Erklärung, die er offensichtlich zumindest in Stichworten schriftlich konzipiert hatte. Darin wurde das Beratungsergebnis zu all den Punkten, die seit Sonntagabend eine Rolle gespielt hatten, noch einmal festgehalten, auch die Formulierung zu Artikel 31 des Einigungsvertrags, auf die sich Herta Däubler-Gmelin und ich inzwischen geeinigt hatten. Danach folgte die entscheidende Erklärung, daß im Lichte dieses Verhandlungsergebnisses die SPD sich mit einer Begrenzung der Übergangsfrist auf zwei Jahre einverstanden erkläre.

Letzte Hürde

Die Regelung der Eigentumsfrage

Niemand also wollte auf der Zielgeraden den Einigungsvertrag noch scheitern lassen. Meine Zuversicht hatte sich bestätigt. Wie intensiv wir um ein Einvernehmen gerungen hatten, mag etwa dadurch unterstrichen werden, daß wir den Begriff »vorgeburtliches Leben« – nach Meinung aller nicht gerade ein besonders schönes Ergebnis der Bemühungen um die deutsche Sprache – in den Artikel 31 einfügten, weil die Sozialdemokraten unseren Begriff vom »ungeborenen« Leben nicht akzeptieren wollten und wir umgekehrt nicht den der SPD vom »werdenden« Leben. Wir hatten auch in der Frage, was nach Ablauf der zwei Jahre geschehen würde, wenn eine bessere Regelung durch den gesamtdeutschen Gesetzgeber nicht zustande zu bringen wäre, einen Kompromiß erzielt: Dann wäre zwar ein Abweichen vom Grundgesetz nicht mehr durch den Vertrag gedeckt; umgekehrt wurde aber kein Automatismus für ein Inkrafttreten der Indikationslösung unseres Strafrechts festgelegt. Die unterschiedlichen Erwartungen wie in einem solchen Falle das Verfassungsgericht entscheiden würde, haben im Grunde diesen Formel-Kompromiß ermöglicht. Dabei gingen wir allerdings davon aus, daß es auf diese Frage letztlich nicht ankommen werde, weil wir im neuen gesamtdeutschen Bundestag innerhalb von zwei Jahren eine Neuregelung erreichen müßten.

Es war geschafft. Ich eilte ins Innenministerium zurück, wo ich gegen Mitternacht wieder eintraf. Krause und ich haben die Formulierung zu Artikel 31, wie mit den Sozialdemokraten verabredet, in den Vertragstext übernommen und auch die inzwischen – insbesondere zwischen Staatssekretär Neusel und dem Beauftragten für die Behandlung der Stasi-Akten Joachim Gauck – verabredete Neuregelung eingefügt. Dann mußten die Vertragsexemplare noch geschrieben werden, ehe wir sie um 2.14 Uhr in den Morgenstunden des 31. August paraphieren konnten. Die Öffentlichkeit war durch die Uhrzeit faktisch davon ausgeschlossen. Aber das war ja kein Nachteil, weil bereits für den Mittag die Vertragsunterzeichnung vorgesehen war. Wir tranken noch ein Glas Sekt und gingen übermüdet zu Bett. Am nächsten Morgen stimmte das Bundeskabinett in einer Sondersitzung dem paraphierten Text zu, ebenso der Ministerrat der DDR.

Um 9.30 Uhr ging es in einer Luftwaffen-Boeing 707 nach Berlin. Ich hatte alle Helfer bei den Vertragsverhandlungen eingeladen, auch die Mitarbeiter und Mitarbeiterinnen, die für Kaffee und Verpflegung sorgten, und die Mitarbeiter unserer Druckerei, die zentnerweise Papier verarbeitet hatten. In der Druckerei war, wie in vielen anderen Bereichen, in den entscheidenden Tagen und Wochen rund um die Uhr gearbeitet worden. Mehrfach waren die Druckmaschinen wegen Überbeanspruchung ausgefallen, die Menschen nie. Überhaupt war die Hingabe, mit der ungezählte Mitarbeiter aus hohen wie niederen Besoldungsgruppen am und für den Einigungsvertrag gearbeitet hatten, eines der ruhmreichen Kapitel des öffentlichen Dienstes.

Um die Unterzeichnungszeremonie hatte es intern einiges Hin und Her gegeben. Von seiten der DDR, insbesondere von Ministerpräsident Lothar de Maizière, kam der Wunsch, daß der Einigungsvertrag durch die beiden Regierungschefs unterzeichnet werden solle. Helmut Kohl hatte dazu wenig Neigung. Er fürchtete, daß eine Wiederholung des Zeremoniells von der Unterzeichnung des Staatsvertrags über die Währungs-, Wirtschafts- und Sozialunion, die ja im alten Kabinettsaal im Palais Schaumburg in Anwesenheit der beiden Regierungschefs feierlich stattgefunden hatte, nicht als besonders originell empfunden würde. Vor allem aber plädierte er dafür, daß diejenigen unterzeichnen sollten, die auch die Arbeit geleistet hätten, also Günther Krause und ich. Daraufhin einigten wir uns, die Vertragsunterzeichnung im Kronpinzenpalais in Ost-Berlin durchzuführen. Während sich für die Zeremonie beim Staatsvertrag die Spitzen der Republik versammelt hatten, waren wir nun auf den Gedanken gekommen, alle Mitarbeiter zur feierlichen Unterzeichnung mitzunehmen. Dies wurde dann auf dem Hin- und Rückflug wie bei der Zeremonie und dem anschließenden Empfang ein menschlich ungewöhnlich intensives Erlebnis. Alle empfanden sich als Teilhaber an einem großen Gemeinschaftswerk. Entsprechend gelöst war die Stimmung.

Als ich das Kronprinzenpalais in Ost-Berlin »Unter den Linden« betrat, dachte ich daran, daß ich knapp zwei Jahre zuvor dort zum letzten Mal gewesen war, um als Chef des Kanzleramtes mit dem damaligen Außenminister Fischer zusammenzutreffen. Damals hatten wir insbesondere verabredet, Verhandlungen über den Abbau der Elbverschmutzung aufzunehmen, ohne uns in der jahrzehntelangen Streitfrage des Grenzverlaufs an der Elbe einigen zu können. So schnell änderten sich die Zeiten.

In einer Ansprache würdigte Ministerpräsident de Maizière den Vertrag als eines der bedeutendsten Vertragswerke in der deutschen Nachkriegsgeschichte. Es handle sich um ein »gründlich ausgehandeltes, in konstruktivem Geist gestaltetes Werk, das den Beitritt und die damit zusammenhängenden Fragen in einer ausgewogenen Balance hält«. Es sei darin berücksichtigt, was die Menschen in der DDR für »wichtig und richtig« gehalten haben.

Dies sei ein »Tag der Freude für alle Deutschen«, sagte ich. Es herrschten »Freude und Zuversicht darüber, daß die staatliche Einheit nicht nur kommt, sondern daß sie auch in geordneten Bahnen verläuft«. Der Einigungsvertrag sei die Grundlage, um ein einheitliches Rechtsgebiet und einheitliche Lebensverhältnisse in ganz Deutschland zu schaffen.

Um 13.15 Uhr am 31. August 1990 unterzeichneten Günther Krause und ich den Vertrag zwischen der Bundesrepublik Deutschland und der Deutschen Demokratischen Republik über die Herstellung der Einheit Deutschlands.

Die Freude und Erleichterung war bei allen Beteiligten unübersehbar. Es zeigte sich, daß alle Mitglieder beider Delegationen, auch die Vertreter der Opposition in der Volkskammer der DDR wie im Bundestag und Bundesrat, sich als Teile einer Mannschaft empfanden. Es hatte sich gelohnt, bis zur letzten Minute auch um die Zustimmung der Sozialdemokraten zu ringen. So wurde an diesem Tag in Deutschland nicht nur Einigkeit in der Unterzeichnung eines Vertrages zwischen beiden Regierungen, sondern auch in der Zustimmung fast über alle politischen Lager hinweg erreicht. Die Ratifizierung in den Parlamenten war eigentlich nur noch eine Formsache, obwohl uns auch da noch eine Reihe von schwierigen Diskussionen erwartete – so wie uns schon damals klar war, daß die Diskussionen über die im Vertrag geregelten Gegenstände uns auch noch lange nach Ratifizierung des Vertrags und nach dem Beitritt der DDR im vereinten Deutschland beschäftigen würden.

Daß uns am Ende in der Unionsfraktion der Streit um die Regelung von Eigentumsfragen noch mehr Probleme bereiten würde als die Suche nach einer Lösung für den Schwangerschaftsabbruch, hat mich wirklich überrascht. Allerdings habe ich von Anfang an damit gerechnet, daß uns der Versuch, nach über vierzig Jahren totalitärem Sozialismus in Eigentumsfragen Gerechtigkeit wiederherzustellen, erhebliche Schwierigkeiten bereiten würde. Schon den Verhandlungsführern beim Staatsvertrag über die Währungs-, Wirtschafts- und Sozialunion war es ja nicht gelungen, in diesen Fragen Einvernehmen zu erzielen.

Dies hatte zu der gemeinsamen Regierungserklärung vom 15. Juni 1990 geführt, die versuchte, einen vorläufigen Schlußstrich unter die Zeit beispielloser Entrechtung im einst sowjetisch besetzten Teil Deutschlands zu ziehen. Grundtenor der

Regelung war, daß generell den ursprünglichen Eigentümern wieder zu ihrem Recht verholfen werden sollte, soweit dies noch möglich war. Die große Ausnahme davon bildeten die zum Teil »Bodenreform« genannten Enteignungsmaßnahmen der Jahre 1945 bis 1949, die aufgrund dringender Interventionen der Sowjetunion, aber auch nach dem Willen der Regierung de Maizière auf keinen Fall rückgängig gemacht werden sollten. Um diese Frage hatte es nicht nur zwischen den Verhandlungsführern beider Regierungen, sondern auch innerhalb der Bonner Koalition heftige Auseinandersetzungen gegeben. Insbesondere die Sprecher der FDP kämpften im Frühsommer 1990 mit Vehemenz dafür, auch die Enteignungsmaßnahmen vor 1949 rückgängig zu machen. Am Ende war in der gemeinsamen Regierungserklärung vom 15. Juni dann der Satz herausgekommen, daß »die abschließende Entscheidung über etwaige staatliche Ausgleichsleistungen« einem künftigen gesamtdeutschen Parlament überlassen bleibe. Auch um diesen Satz war bis zuletzt gerungen worden, und er hat es in der Tat in sich. Der Bundesfinanzminister sitzt damit auf einem Pulverfaß, denn es geht um viele Milliarden D-Mark. Mir hat er zu verdanken, wenn es nicht noch teurer wird.

Das kam so: Während die Staatssekretäre Klaus Kinkel und Günther Krause letzte Hand an die gemeinsame Regierungserklärung legten, hielt ich mich in der irischen Hauptstadt Dublin zu einer Konferenz der EG-Innenminister auf. Meine Mitarbeiter übermittelten mir den unterschriftsreifen Text für die gemeinsame Erklärung per Telefax. Was ich da entdeckte, versetzte mich in höchste Alarmbereitschaft. Ich rief sofort Staatssekretär Neusel an: »Stimmen Sie dem Text unter keinen Umständen zu!« In dem Entwurf war nämlich von »Entschädigungen« die Rede. Dies werde, so warnte ich Neusel, immer als eine Leistung interpretiert werden, die über dem liege, was wir als Lastenausgleich in der alten Bundesrepublik geleistet hätten.

Zur Erinnerung: Die Lastenausgleichsgesetzgebung von 1952, in der Ausführung ziemlich kompliziert, ist in ihrem

Grundgedanken ganz einfach. Wer sein Eigentum ganz oder teilweise über den Krieg und die Nachkriegszeit, also vor allem über Flucht und Vertreibung, hinwegretten konnte, der trat einen Teil seines Vermögens in Form von Abgaben an einen Fonds zugunsten derer ab, die alles verloren hatten. Zu den Grundsätzen dieses Systems gehörte, daß frühere Eigentumsrechte, insbesondere in den Vertreibungsgebieten, ja nicht wiederhergestellt werden konnten, sondern zumindest vorläufig durch Geld abgegolten wurden. Die Abgaben wurden aus den Erträgen der Vermögen geleistet, nicht aus der Substanz. In diesen Lastenausgleichsfonds zahlten auch Bund und Länder Zuschüsse.

Wenn wir dieses System mit seinen Leistungen rückwirkend für die frühere DDR einführten – und das ist ja wahrscheinlich die Untergrenze dessen, was die von den Enteignungsmaßnahmen der Jahre 1945 bis 1949 betroffenen Menschen erwarten –, dann brauchten wir dazu Mittel in einer Größenordnung von acht Milliarden DM. Da niemand in den neunziger Jahren die Absicht haben kann, noch einmal Lastenausgleichsabgaben auf vorhandene Vermögen in den Ländern der alten Bundesrepublik einzuführen, müssen diese Mittel aus den öffentlichen Haushalten aufgebracht werden. Acht Milliarden D-Mark sind für mich schon eine aufregende Größenordnung, zumal irgendwann bei den Menschen in den elf alten Bundesländern die Reaktion kommen könnte, daß sie nicht immer neue und weitere Leistungen zugunsten des beigetretenen Gebiets erbringen wollen.

Nach meiner Überzeugung werden wir um eine Einbeziehung der neuen fünf Bundesländer in die Leistungen nach dem Lastenausgleichsgesetz nicht herumkommen, und ich halte dies auch für richtig. Aber meine Erwartung geht dahin, daß wesentlich höhere Leistungen als die des Lastenausgleichs am Ende nicht möglich sein werden. Deshalb habe ich im Juni 1990 mit Nachdruck darauf bestanden, daß in den Text der gemeinsamen Regierungserklärung nicht der Begriff »Entschädigung« aufgenommen wurde, mit dem wohl höhere Erwartungen verbunden gewesen wären, sondern der Begriff »Ausgleichsleistungen«. Damit blieb jedenfalls eine Bezugnahme und Begrenzung auf den Lastenausgleich möglich.

Beim Einigungsvertrag waren wir von vornherein davon ausgegangen, daß wir lediglich die in der gemeinsamen Regierungserklärung getroffenen Vereinbarungen noch einmal festschreiben wollten, wobei es aus der Sicht der DDR auch darum ging, dieser Vereinbarung einen höheren Grad rechtlicher Verbindlichkeit zu geben. Eine wichtige Ausnahme haben wir dann doch gemacht, indem wir ein Gesetz zur Förderung von Investitionen in den Einigungsvertrag aufgenommen haben. Weil wir erkannten, daß die Verfügbarkeit von Grund und Boden eine der wichtigsten Voraussetzungen sein würde, um einen nachhaltigen Investitionsprozeß im Beitrittsgebiet zu erreichen, suchten wir einen Weg, den Streit über Eigentumsansprüche für den Fall von Investitionsentscheidungen abzublocken. Nach der Regelung dieses Gesetzes werden etwaige Eigentumsansprüche dann auf den Entschädigungsweg verwiesen, wenn die zuständige Gemeinde oder der Landkreis dem Erwerber eines Grundstücks bescheinigt, daß er es zu investiven Zwecken erworben hat. Mit dem Gesetz soll also der Grundsatz Vorrang für Investitionen und Schaffung von Arbeitsplätzen vor der Wiederherstellung von Eigentumsrechten verwirklicht werden.

Wenn die Mechanismen dieses Gesetzes nicht so gegriffen haben, wie wir uns das damals vorstellten, so gibt es nach meiner Überzeugung zwei Gründe dafür: Zum einen fehlt es den Gemeinden und Landkreisen an Verwaltungskraft, und vor allem fürchten die für die Erteilung dieser Investitionsbescheinigungen Zuständigen offensichtlich häufig, daß sie möglicherweise für eine nicht richtig ausgestellte Bescheinigung doch noch von früheren Eigentümern in Haftung genommen werden könnten. Zum anderen dürfen wir auch nicht übersehen, daß die starke Position, die das Gesetz zur Förderung von Investitionen den Gemeinden über die Zuständigkeit für die Investitionsbescheinigungen einräumt, auch zu Schwierigkeiten für eine zügige Industrie- und Gewerbeansiedlung führen kann. Durch das sogenannte Kommunalvermögensgesetz vom 6. Juli 1990 erhielten die Gemeinden den Anspruch auf unentgeltliche Übereignung ehemals volkseigener Unternehmen unter der Voraussetzung, daß der Betrieb »kommunalen Aufgaben oder kommunalen Dienstleistungen« dient.

Hier öffnet sich eine Schwachstelle, die im Zusammenwirken von Treuhandstelle und Gemeindeverwaltung zu einer Investitionsverhinderungs-Bürokratie pervertieren kann. Dann nämlich, wenn die lokale Treuhandbehörde meint, das einstige Volksvermögen einem westdeutschen Interessenten – aus welchen persönlichen oder nicht persönlichen Motiven auch immer – vorenthalten zu müssen und gemeinsam mit der Gemeinde den Antrag ablehnt. Die vom Gesetz vorgeschriebene Verwendung des Betriebes oder des Grundstückes für kommunale Zwecke läßt sich gemeinsam mit der Treuhand leicht fingieren. Da es vor Ort, wie die *Frankfurter Allgemeine Zeitung* feststellte, die Neigung gibt, »Betriebsstätten mit gut gelegenem Grundbesitz lieber der heimatlichen Gemeinde als dem privaten Investor zuzuweisen«, können auf diese Weise dringend erwünschte arbeitsplatzschaffende Investitionen verhindert werden. Die Treuhand muß also ihren lokalen Außenstellen genau auf die Finger sehen, sollen in den neuen Amtsstuben keine alten Barrieren gegen den Aufschwung errichtet werden.

Das Bundesverfassungsgericht hat am 23. April 1991 den Verzicht auf die Korrektur der zwischen 1945 und 1949 in der ehemaligen Sowjetischen Besatzungszone vorgenommenen Enteignungen als mit dem Grundgesetz vereinbar bestätigt.

In der Endphase vor dem Abschluß des Einigungsvertrags verlangten die Sozialdemokraten, auch nach 1949 enteignetes Vermögen nicht mehr zurückzugeben, sondern die alten Eigentümer auf Entschädigungsansprüche zu verweisen. Mit dieser Forderung gingen sie weit über das hinaus, was unter

Mühen in der gemeinsamen Regierungserklärung vom 15. Juni – damals mit Zustimmung der Sozialdemokraten – vereinbart worden war. Sie brachten damit zunächst Günther Krause als Verhandlungsführer für die DDR in Verlegenheit, denn natürlich war diese Position bei vielen Menschen in der DDR populär, zumal viele der enteigneten Anspruchsberechtigten ihren Wohnsitz längst in der Bundesrepublik Deutschland hatten, ihre Interessen also nicht vorrangig von Günther Krause bei den Verhandlungen vertreten werden mußten. Was also blieb Krause anderes übrig, als sich die Vorschläge der Sozialdemokraten zu eigen zu machen.

Aber natürlich konnte die Eigentumsgarantie des Grundgesetzartikels 14 für den Fall der Wiedervereinigung nicht außer Kraft gesetzt werden. Deshalb mußten wir uns gegen den generellen Verzicht auf Wiederherstellung des Eigentums wehren – jedenfalls soweit nicht überwiegende Gründe die Wiederherstellung alten Eigentums, wie nach unserer Überzeugung in den Jahren 1945 bis 1949, unmöglich machten. Der damalige Staatssekretär und heutige Bundesjustizminister Klaus Kinkel, der in diesen Fragen federführend war und auch die Verhandlungen mit Günther Krause zur Vorbereitung der gemeinsamen Regierungserklärung vom 15. Juni 1990 geführt hatte, sagte am 22. August im Ausschuß »Deutsche Einheit«: »An diesem Grundsatz (des Vorrangs von Natural-Restitution bei Eigentum vor Entschädigung) sollten und müssen wir, wenn es irgendwie geht, festhalten, weil wir sonst in einen erheblichen Schlingerkurs kommen, der politisch, vor allem aber rechtlich wohl schwer durchzuhalten ist. Dieser Grundsatz der Restitution kommt, wie ich meine, unserer grundrechtlichen Wertordnung am nächsten.«

In der Sitzung der CDU/CSU-Bundestagsfraktion am Morgen des 30. August und danach auch in den weiteren Debatten bis hin zur Ratifizierung des Einigungsvertrags im Bundestag kam der Widerstand dann wieder aus der genau entgegengesetzten Richtung. Zahlreiche Kollegen fanden den generellen Verzicht auf die Wiederherstellung alter Eigentumsrechte in bezug auf Maßnahmen der Jahre 1945 bis 1949 völlig unerträglich. Auch ich hielt diese Regelung immer für unbefriedigend und gestand dies in der Fraktionssitzung den zahlreichen Opponenten freimütig zu. Aber ich sah zu keinem Zeitpunkt – weder vor dem 15. Juni noch im Zusammenhang mit dem Einigungsvertrag – eine Chance, zu einer anderen Vereinbarung zu kommen – aus außenpolitischen Gründen nicht und nicht wegen der Haltung aller relevanten politischen Gruppen in der DDR. Rechtsbrüche aus den zurückliegenden 45 Jahren so zu bewältigen und wiedergutzumachen, daß Gegenwart und Zukunft nicht allzusehr Schaden leiden, daß altes Unrecht nicht zu neuem Unrecht wird, das war und bleibt eine gigantische Herausforderung.

Natürlich waren auch nicht alle Enteignungsmaßnahmen vor 1949 direkt von den Sowjets verfügt worden; aber darauf konnte es nicht ankommen, weil ja letztlich die Sowjetunion zumindest bis zur Gründung der DDR 1949 die letzte Verantwortung für alles trug, was in der Sowjetisch Besetzten Zone geschah. Die sogenannte Bodenreform hatte damals den gesamten landwirtschaftlichen Grundbesitz, soweit Betriebe mehr als 100 Hektar umfaßten, betroffen, mit allen Bauten, mit totem und lebendem Inventar. Die konfiszierte Fläche wurde zunächst auf kleinbäuerliche Betriebe aufgeteilt. Später kollektivierten die Kommunisten dann die gesamte landwirtschaftliche Produktion.

Das Unrecht begann schon in der willkürlichen Abgrenzung. Wer 101 Hektar besaß, wurde enteignet, wer 99 Hektar sein Eigen nannte, kam jedenfalls zunächst davon. Darüber hinaus gibt es im einzelnen noch viel tragischere Fälle. Kollegen aus der Fraktion berichteten von Menschen, die unter den Nazis ihren Grundbesitz verloren und ihn dann nach dem Einmarsch amerikanischer oder britischer Truppen wieder zurückbekommen hatten. Dann kamen die Sowjets in die betreffenden Gebiete, die der sowjetischen Besatzungszone zugeschlagen wurden, und beschlagnahmten den eben zurückgewährten Grundbesitz erneut. Oft waren es auch Denunzianten, die zum eigenen Vorteil die Enteignung durch die Besatzungsmacht veranlaßten.

Gegen all diese Einzelfälle fiel es schwer zu argumentieren, außer damit, daß anders die Einheit oder zumindest der Einigungsvertrag nicht zu haben seien. Für die Haltung der Regierung der DDR mußte man auch berücksichtigen, daß Betroffene im Zusammenhang dieser Fragen natürlich nicht nur diejenigen waren, die vor über vierzig Jahren ihr Eigentum verloren hatten; betroffen waren eben auch jene Menschen in der DDR, die vor Jahren und Jahrzehnten in gutem Glauben und im Vertrauen auf die Beständigkeit des Rechtsaktes Eigentums- bzw. Nutzungsrechte an früher enteigneten Grundstücken erworben hatten. Viele der Menschen in der DDR hatten im Laufe der Jahrzehnte auf einem solchen Grundstück sich ein Wochenendhaus, die berühmte »Datscha«, erstellt und in diese Nische privaten Freizeitverhaltens vieles an wirtschaftlicher und an Lebenskraft investiert. Ihnen dieses Refugium und den Ertrag jahrelanger Bemühungen wieder zu entziehen, hätte den Prozeß der Vereinigung, jedenfalls aus der Sicht der für die DDR Verantwortlichen, von vornherein mit ungeheuren zusätzlichen sozialen Spannungen belastet.

In der Fraktionssitzung wie später in den weiteren Debatten bis zur Ratifizierung des Einigungsvertrags argumentierte ich nicht nur mit dem Hinweis, daß anders eine Vereinbarung mit den Vier Mächten wie mit der DDR nicht zustande zu bringen sei. Ich wies vor allem darauf hin, daß der letzte Satz der gemeinsamen Regierungserklärung, der künftige staatliche Ausgleichsleistungen erwähnte, ja einen nicht unerheblichen Gestaltungsspielraum für die Zukunft offenlasse. Der gesamtdeutsche Gesetzgeber muß, wie das Verfassungsgericht im April 1991 ebenfalls bestätigte, eine entsprechende Regelung treffen.

Schon damals wies ich darauf hin, daß unter Ausgleichsleistungen nicht nur finanzielle Beträge verstanden werden könnten, sondern daß es für mich auch vorstellbar sei, daß man in geeigneten Fällen den früheren Eigentümern jetzt

Vorkaufsrechte auf das ganze oder auf Teile des früheren Grundvermögens einräumen könnte. Auch diese Möglichkeit des Rückerwerbs ehemaligen Eigentums hat das Gericht festgestellt. In der Tat wird in vielen Fällen gerade das Engagement des früheren Eigentümers Anlaß für wertvolle Investitionen sein, die zu einem beschleunigten wirtschaftlichen Aufbau in den fünf neuen Bundesländern beitragen können. Auf all diese Möglichkeiten habe ich bei der 2. und 3. Lesung des Ratifizierungsgesetzes zum Einigungsvertrag im Bundestag hingewiesen, und am Ende gelang es, die Zahl derjenigen, die wegen dieser Frage den Einigungsvertrag ablehnten, doch begrenzt zu halten. Immerhin erklärten über 60 Kollegen bei der Ratifizierung des Einigungsvertrages zu Protokoll, daß der künftige Gesetzgeber bei den Ausgleichsleistungen dieses für sie im Einigungsvertrag nicht befriedigend geregelte Problem besser lösen müsse.

Mit dem Versuch, für die ungeheuer vielschichtigen Eigentumsprobleme Lösungen zu finden, wurden wir also aus zwei Richtungen bekämpft. Den einen ging die Wiederherstellung alter Eigentumsrechte zu weit, weil sie Nachteile für den notwendigen Investitionsprozeß im Gebiet der ehemaligen DDR befürchteten; den anderen ging er nicht weit genug, weil alte Eigentumsrechte nicht ausreichend geschützt wurden. Beide Betrachtungsweisen haben jeweils viel für sich, und beide beschäftigen uns auch weiterhin. Die Klagen früherer Eigentümer hat das Verfassungsgericht allerdings, wie erwähnt, am 23. April 1991 als unbegründet abgewiesen.

Der erste Angriff gegen den Einigungsvertrag beim Verfassungsgericht in Karlsruhe kam allerdings aus anderer Richtung. Schon in den Fraktionssitzungen am 29. und 30. August hatte der Kollege Czaja gegen den Einigungsvertrag dahingehend argumentiert, daß insbesondere mit der Streichung des Artikels 23 die Anerkennung der Oder-Neiße-Grenze verbunden sei, was – zumindest ohne Abstimmung in den betroffenen Gebieten – grundgesetzwidrig sei. Im übrigen könnten in einem Vertrag mit einem anderen Staat – was die DDR zu diesem Zeitpunkt ja noch war – Grundgesetzänderungen nicht vereinbart werden.

Ich habe Herbert Czaja entgegnet, daß ich für seine persönliche Auffassung bezüglich der Oder-Neiße-Grenze vollen Respekt hätte, daß ich aber mit der großen Mehrheit der CDU/CSU-Fraktion und des Deutschen Bundestages der Überzeugung sei, daß die Anerkennung der Oder-Neiße-Grenze eine der notwendigen Bedingungen sei, um die deutsche Einheit so weit wie möglich zu vollenden. Deshalb müsse diese Grenzanerkennung jetzt akzeptiert werden. Im übrigen habe darüber der Bundestag nach leidenschaftlichen Debatten in der CDU/CSU-Fraktion bereits im Juni entschieden, so daß man diese Frage nicht erneut im Zusammenhang mit dem Einigungsvertrag aufgreifen könne.

Über das Wochenende am 8./9. September wurde bekannt, daß Czaja mit einigen weiteren Kollegen gegen den Einigungsvertrag wegen der Grenzfrage das Verfassungsgericht angerufen und den Erlaß einer einstweiligen Anordnung beantragt hatte, mit der dem Bundestag die Ratifizierung des Einigungsvertrags untersagt werden sollte. In einer erregten Debatte im Vorstand der CDU/CSU-Fraktion am 10. September im Reichstag zu Berlin nahm ich Czaja gegen die bitteren Vorwürfe einer Reihe von Kollegen in Schutz. Es sei das Recht eines jeden Kollegen, in einer Frage von so grundsätzlicher Bedeutung seinem Gewissen folgend auch die äußerste Möglichkeit einer Anrufung des Verfassungsgerichts zu nutzen. Ich sei fest davon überzeugt, daß der Klage Czajas in Karlsruhe kein Erfolg beschieden sein werde, aber ich würde respektieren, daß er und seine Kollegen diesen Weg zu beschreiten sich verpflichtet fühlten. Allerdings erwartete ich, daß bei einer für die Kläger negativen Entscheidung des Bundesverfassungsgerichts sich diese dann auch auf den Boden des Vertrags und seiner verfassungsrechtlichen Unbedenklichkeit stellen würden.

Das Verfassungsgericht hat, wie von mir nicht anders erwartet, den Antrag Czajas abgelehnt. Letztlich bestätigte sich, daß wir mit dem Ergebnis unserer Politik im Jahre 1990 dem Ziel der Einheit der Deutschen näher kamen als auf jede andere Weise und damit dem Wiedervereinigungsgebot des Grundgesetzes entsprachen. Ich hatte an dieser verfassungsrechtlichen Beurteilung bei allen Schwierigkeiten und Komplikationen von Beginn der Verhandlungen an niemals einen ernsthaften Zweifel. Daß die bestätigende Entscheidung des Verfassungsgerichts ausgerechnet an meinem 48. Geburtstag erging, kam mir gleichsam wie ein zusätzliches Geburtstagsgeschenk vor und überdies als eine Entschädigung dafür, daß an diesem Tag durch die bis in die späten Abendstunden dauernden Beratungen im Parlamentsausschuß »Deutsche Einheit« jede Geburtstagsfeier entfallen mußte. Meine Hoffnung, daß der Kollege Czaja sich nun in der Lage sehen würde, dem Vertrag in 2. und 3. Lesung im Bundestag zuzustimmen, hat sich allerdings nicht erfüllt.

Erblast

Die Bewältigung der Stasi-Vergangenheit

Schon früh im Jahre 1990, als ich begann, darüber nachzudenken, wie sich die Entwicklung zur staatlichen Einheit vollziehen werde, habe ich die Erwartung geäußert, daß wir an den politisch-moralischen Folgen von über vierzig Jahren totalitärem Sozialismus im vereinten Deutschland womöglich noch länger tragen würden als an der Beseitigung der wirtschaftlichen, sozialen oder ökologischen Folgen. So dramatisch die Beschädigung der Umwelt, die mangelhafte Infrastruktur, die Zerrüttung von Wirtschaft und Finanzen, die mangelnde Konkurrenzfähigkeit fast aller Betriebe der früheren DDR und vieles mehr auch ist – in der Erwartung, daß wir an den politisch-moralischen Folgen der SED-Hinterlassenschaft noch länger tragen werden, habe ich mich nicht getäuscht. An zwölf Jahren Hitler-Deutschland tragen wir im fünften Jahrzehnt nach dem totalen Zusammenbruch dieses Regimes noch immer, und wir werden so lange an dieser Vergangenheit tragen, so lange überhaupt noch Menschen aus jener Zeit leben. Wie lange wird Deutschland an über vierzig Jahren totalitärem Sozialismus zu tragen haben?

Wenn das Zusammenwachsen der beiden Teile gelingen soll, müssen wir lernen, ehrlich miteinander umzugehen. Die Wahrheit muß akzeptiert werden. Diese Wahrheit ist immer komplizierter, als sie sich in der notwendigen Schwarzweiß-Malerei politischer Auseinandersetzungen erschließt.

Zu dieser Wahrheit gehört beispielsweise, daß diejenigen, die die DDR – oder die Sowjetische Besatzungszone – nicht rechtzeitig vor dem Mauerbau am 13. August 1961 verlassen hatten, sich in diesem Teil Deutschlands ohne eine Alternative auf absehbare Zeit und für ihre Lebensplanung einrichten mußten – von den wenigen Ausnahmen abgesehen, die unter Lebensgefahr einen Fluchtversuch riskierten oder die den Weg über die offene Opposition, Gefängnishaft als politisch Verfolgte und Freikauf durch die Bundesregierung gingen. Der Freikauf von Menschen und damit die Zusammenarbeit von politisch Verantwortlichen aus der Bundesrepublik Deutschland mit denjenigen, die Menschen aus politischen Gründen unter zum Teil unsagbaren Bedingungen in Haft hielten, gehört zu dieser Wahrheit wie die Tatsache, daß das allermeiste der erheblichen finanziellen Transfers für diese Geschäfte über die Kirchen, insbesondere über die evangelische Kirche, abgewickelt wurde.

Zur Wahrheit gehört ebenfalls, daß jemand wie ich, der als Chef des Bundeskanzleramtes viereinhalb Jahre Verantwortung für die Entwicklung der deutsch-deutschen Beziehungen trug, sich um möglichst konstruktive Zusammenarbeit mit der Regierung der DDR und mit den dort dafür Zuständigen bemühte – also etwa auch mit Schalck-Golodkowski, der in den Jahren meiner Zuständigkeit für alle wichtigen Vereinbarungen der persönliche Beauftragte Erich Honeckers war. Bei dieser Zusammenarbeit bemühten wir uns, die Gegensätze im Grundsätzlichen zurückzustellen, und konzentrierten uns auf die Gebiete, auf denen wir die jeweiligen Interessen zur Deckung bringen konnten, um Fortschritte für beide Seiten, aus unserer Sicht vor allem für die Menschen im geteilten Deutschland, zu erreichen.

So ist es, auch unter Aufbringung wirtschaftlicher und finanzieller Leistungen in Milliardenhöhe, gelungen, den innerdeutschen Reiseverkehr in den achtziger Jahren in einem Ausmaß zu entwickeln, wie es wenige Jahre zuvor noch für unmöglich gehalten worden wäre. Während, um nur ein Beispiel zu nennen, bis 1984 aus der DDR unterhalb des Rentenalters jährlich höchstens 10000 bis 20000 Deutsche in den Westen reisen konnten, wurden ab 1985 diese Zahlen auf bis zu zwei Millionen jährlich gesteigert. Zusammen mit den Rentner-Reisen ergab sich etwa 1988, daß ungefähr jeder dritte Deutsche aus der DDR in diesem Jahr einmal im Westen war. Was mit dieser Entwicklung für den Zusammenhalt der Deutschen nach über vierzig Jahren Teilung erreicht wurde und was dies auch für die konkrete Entwicklung ab dem Herbst 1989 in der DDR bedeutete, dies wird sicherlich mit größerem zeitlichen Abstand noch objektiver zu untersuchen sein.

Aber zur Wahrheit gehört auch, daß wir im Westen oft kaum noch erkennen ließen, daß uns der Unterschied zwischen einer demokratisch gewählten Regierung und der nicht vorhandenen Legitimität von Honecker und seinen Führungsgenossen bewußt war. Wer etwa erlebte, wie sich bei Leipziger Messen die Ministerpräsidenten bundesdeutscher Länder die Türklinke zu Gesprächen mit Honecker in die Hand gaben, der konnte an der Selbstachtung unserer freiheitlichen Demokratie Zweifel bekommen.

Die Ereignisse und der Wirbel um den Besuch Honeckers im Herbst 1987 bestärkte solche Zweifel noch. Damit meine ich nicht, daß der Generalsekretär im Kanzleramt mit dem einem Regierungschef nun einmal zustehenden Zeremoniell empfangen wurde. Helmut Kohl hat sich bei Honeckers Besuch am wenigsten etwas vergeben, wie nicht zuletzt seine Tischrede beim Bankett in der Godesberger Redoute, die auch im DDR-Fernsehen *live* übertragen werden mußte, beweist. Aber an die Art, wie ein nicht unerheblicher Teil der Elite aus Politik, Wirtschaft und Gesellschaft vor Honecker in diesen Tagen katzbuckelte, sollte sich erinnern, wer heute aus dem Westen sich allzuschnell ein Urteil über Politiker oder auch Kirchenführer aus der DDR wegen deren tatsächlichem oder vermeintlichem Verhalten in der Zeit des totalitären Sozialismus anmaßt. Denn zur Wahrheit gehört eben auch, daß in einem solchen System flächendeckender Bespitzelung, in seiner Dauerhaftigkeit aufgrund der weltpolitischen Lage scheinbar aussichtslos verfestigt, ein Großteil der Menschen versuchte, aus seinem Leben für sich das Beste zu machen, ohne sich allzusehr in persönliche Schuld zu verstricken. Jeder von uns im Westen hätte sich wohl im Zweifel nicht anders verhalten, wenn er in diesen vierzig Jahren in der DDR hätte leben müssen.

Ich habe aus solchen Erwägungen heraus öffentlich dafür geworben, nicht die Vergangenheit von vierzig Jahren DDR in allen Einzelheiten aufarbeiten zu wollen, sondern sich auf die schweren Fälle von wirklicher Schuld zu konzentrieren und im übrigen eher großzügig als selbstgerecht zu sein. So habe ich schon bald als der für den Verfassungsschutz zuständige Innenminister darüber gesprochen, daß die weit über zwei Millionen SED-Mitglieder im Falle der Wiedervereinigung nicht grundsätzlich von der Teilhabe am öffentlichen Leben – auch am öffentlichen Dienst – ausgeschlossen bleiben dürften.

Wie schwer es aber auf diesem Felde ist, Sachverhalte einigermaßen emotionsfrei zu diskutieren, zeigt das Beispiel der Debatte über eine Amnestie für die aus der DDR gegenüber der Bundesrepublik Deutschland ausgeübte Spionagetätigkeit. Die Sicherheitsbehörden warben frühzeitig um eine solche Straffreiheit für die in der Bundesrepublik tätigen »Kundschafter« des SED-Spionagedienstes. Sie versprachen sich davon vor allem eine Chance, daß diese Agenten ihre Dienste nicht anderen Nachrichtendiensten anboten, nachdem sie für die DDR nicht mehr tätig sein konnten.

Als Innenminister habe ich diese Argumente geteilt. Vor allem aber schien es mir richtig, in dieser Frage Selbstgerechtigkeit zu vermeiden. Aufgrund der Zugehörigkeit zu den beiden weltpolitischen Lagern in Zeiten des Ost-West-Konflikts übten die beiden deutschen Staaten gegeneinander nachrichtendienstliche Tätigkeit aus. Natürlich lassen sich die Nachrichtendienste der Bundesrepublik Deutschland in nichts mit dem unsäglichen Unterdrückungs- und Bespitzelungssystem der Stasi vergleichen. Unsere Nachrichtendienste arbeiten aufgrund klarer gesetzlicher Grundlagen mit eindeutigen rechtlichen Beschränkungen und unter parlamentarischer Kontrolle. Ihre Tätigkeit beschränkt sich auch auf die Beschaffung von Informationen – alles Tatbestände, von denen die Staatssicherheit in der DDR weit entfernt war. Auch umfassen die Apparate in der Bundesrepublik nur Bruchteile dessen, was die DDR aufwendete – allerdings war die DDR auch in der Spionagetätigkeit entsprechend erfolgreich. Trotz all dieser fundamentalen Unterschiede stand am Ende doch fest, daß von beiden Staaten gegeneinander nachrichtendienstliche Tätigkeit ausgeübt wurde.

Außer jedem Zweifel stand, daß solche Tätigkeit für die Bundesrepublik Deutschland nicht strafbar sein würde. Ich habe es immer als der Logik entsprechend empfunden, daß dann auch die umgekehrte Tätigkeit für die DDR, soweit sie nicht über die reine Informationsbeschaffung hinausging, im vereinten Deutschland nicht mehr strafrechtlich verfolgt werden sollte. Der Justizminister war derselben Auffassung, vielleicht auch deshalb, weil die Strafrechtsexperten darüber nachdachten, unter welchen Voraussetzungen denn im vereinten Deutschland ein Verhalten, das im Rahmen der Ordnung für die frühere DDR ausgeübt worden war, angesichts des Grundsatzes von der gesetzlichen Bestimmtheit der Strafe *(nulla poena sine lege)* strafrechtlich verfolgt werden konnte.

DDR-Innenminister Michael Diestel hatte mir schon bei seinem ersten Besuch in Bonn offiziell mitgeteilt, daß die DDR nicht mehr gegen uns spioniere. Ich habe die Erklärung entgegengenommen und namens des für DDR-Aufklärung zuständigen Bundesnachrichtendienstes – der mir als Innenminister unterstellte Verfassungsschutz hat ja keine offensiven Aufklärungsaufgaben – mitgeteilt, daß auch die Bundesrepublik ihre nachrichtendienstliche Tätigkeit in der DDR einstelle.

Diestel warb für eine Straffreiheitserklärung für die Agenten, und ich machte mich gemeinsam mit dem Justizminister an die notwendige Überzeugungsarbeit. – Vor dem Ausschuß

»Deutsche Einheit« des Bundestages habe ich beispielsweise später erklärt: »Ich kann mir nicht vorstellen, daß wir im vereinten Deutschland die jeweiligen Agenten gegenseitig ins Gefängnis stecken. Was ich mir auch nicht vorstellen kann, ist, daß wir die Mitarbeiter der DDR ins Gefängnis stecken und das umgekehrt nicht tun.« Es handle sich um »teilungsbedingte Straftaten, die außer Verfolgung gestellt werden müssen«.

Das Justizministerium erarbeitete einen Gesetzentwurf »über Straffreiheit bei Straftaten des Landesverrats und der Gefährdung der äußeren Sicherheit«. In der Begründung hieß es: »Die Regelung erfaßt die für die Deutsche Demokratische Republik ... typischen Taten der hauptberuflichen und nebenberuflichen Angehörigen der Hauptabteilung Aufklärung des Ministeriums für Staatssicherheit ... und ihre Agenten.« Danach sollten Deutsche mit Wohnsitz in der DDR, die gegen die Bundesrepublik Deutschland spioniert hatten, von Strafe befreit sein, sofern es sich ausschließlich um Spionage gehandelt habe.

Auch Bundesbürgern, die sich mit dem MfS eingelassen hatten, wurde die Hand gereicht. Sie hatten zwar die Rechtsordnung ihres Heimatstaates verletzt, für sie mußten also andere Bedingungen gelten. Aber auch ihnen wurde in dem Gesetzentwurf Straffreiheit angeboten, wenn sie sich offenbarten und ihre Straftat nicht mit mehr als drei Jahren Gefängnis bedroht gewesen wäre. Auf diese Weise wollten wir sicherstellen, daß wir die Betroffenen wenigstens kennenlernten und gegebenenfalls aus Vertrauensstellungen etwa im Bereich der Bundesregierung entfernen konnten. Aber ein Schlußstrich wäre gezogen worden.

Um Mißverständnisse zu vermeiden, sei darauf hingewiesen, daß ein Agent wie Tiedge nicht unter diese Amnestie gefallen wäre, weil ihm zu Last zu legen ist, daß ein von ihm enttarnter Mitarbeiter westdeutscher Geheimdienste in der Haft zu Tode gekommen ist, und weil er wohl auch eine Strafe von mehr als drei Jahren Gefängnis zu erwarten hätte, wenn er in der Bundesrepublik Deutschland vor Gericht gestellt werden sollte.

Aus der Amnestie wurde nichts. Die Widerstände in der Bevölkerung in beiden Teilen Deutschlands und auch in den Parlamenten waren zu stark. Das Vorhaben erhielt (nicht von seinen Autoren) den Namen »Stasi-Amnestie«, und damit war eigentlich sein Scheitern schon besiegelt. Nicht zum ersten Mal erlebte ich in der Entwicklung der politischen Diskussion, daß die Einführung eines Kampfbegriffes, der haften bleibt, für die Erfolgschancen eines sachlich begründeten Unternehmens »tödlich« sein kann. Mit dem Begriff »Stasi-Amnestie«, den insbesondere der Bonner Oppositionsführer Vogel zu meinem Ärger mit Nachdruck in die politische Diskussion einführte, verbanden vor allem die Menschen in der DDR die Vermutung, es solle nun die ganze Bespitzelungs- und Unterdrückungstätigkeit des Staatssicherheitsapparates straffrei gestellt werden. Diese Vermutung war für die Menschen schlechthin unerträglich. Es gelang uns, so sehr wir uns auch mühten, nicht, anstelle des Begriffes »Stasi-Amnestie« eine andere Kurzbezeichnung für das Gesetzesvorhaben im öffentlichen Sprachgebrauch durchzusetzen.

Hinzu kam, daß die Sozialdemokraten erklärten, sie würden einer Amnestie für Agenten nur zustimmen, wenn damit eine Amnestie für Sitzblockaden und ähnliches im Westen aus der Zeit der Kontroversen um die Nachrüstung mit Mittelstreckenraketen verbunden wäre. Wenn ich von teilungsbedingten Straftaten spreche, für die Straffreiheit gewährt werden müsse, dann seien auch die im Zusammenhang mit den leidenschaftlichen Auseinandersetzungen um den Vollzug des NATO-Doppelbeschlusses in der ersten Hälfte der achtziger Jahre begangenen Straftaten teilungsbedingt im Sinne des Ost-West-Konfliktes gewesen und von einer Amnestie zu erfassen.

Schließlich wehrte sich Vogel gegen die Aufnahme eines Straffreiheitsgesetzes für Agenten in den Einigungsvertrag mit dem Argument, daß für dieses Gesetz weder eine Zweidrittel-Mehrheit noch die Zustimmung der Sozialdemokraten im Bundesrat – wo sie die Mehrheit hatten – notwendig sei. Die Bonner Koalition könne ja, wenn sie denn unbedingt wolle, ein solches Gesetz separat mit ihrer Mehrheit im Bundestag verabschieden.

Schweren Herzens mußte ich also das Gesetzesvorhaben aus dem Einigungsvertrag herauslassen, getreu meiner Grundhaltung, den Vertrag von Regelungen freizuhalten, die nicht notwendig im Vertrag geregelt werden mußten und die der jeweils anderen Seite eine Annahme außerordentlich erschwert hätten.

Die Bundesregierung hat dann den Gesetzentwurf des Bundesjustizministers unabhängig vom Einigungsvertrag im Parlament eingebracht. Aber angesichts der nicht zu beseitigenden Mißverständnisse in der öffentlichen Diskussion, daß es sich um eine Generalamnestie für alle staatliche Tätigkeit handeln solle, und mit Blick auf den damit verbundenen heftigen Widerstand in weiten Bereichen der Öffentlichkeit beider Teile Deutschlands schwand die Neigung auch in der Koalition, diesen Gesetzentwurf gegen den Widerstand der Opposition zu verabschieden. Ob der erneute Versuch des Justizministers, in der laufenden Legislaturperiode ein solches Gesetz zustande zu bringen, erfolgreicher sein wird, muß bezweifelt werden.

Das Beispiel der steckengebliebenen Spionage-Amnestie soll zeigen, wie vermint das Gelände bei der politischen Aufarbeitung der Vergangenheit ist. Schwerer als dieses Beispiel noch wiegt das Problem der Stasi-Akten. Die Staatssicherheit der DDR hat uns aus ihrer in einem allumfassenden Mißtrauen begründeten unglaublichen Bespitzelungstätigkeit mit rund 100 000 hauptamtlichen und mehreren hunderttausend informellen Mitarbeitern nach meinem derzeitigen Kenntnisstand riesige Aktenberge hinterlassen, weit über 100 Kilometer. Auch eine unglaublich intensive Überwachung des Fernsprechverkehrs in der Bundesrepublik ist in diesen Akten aufgezeichnet. Schlimmer noch wird das Ganze dadurch, daß diese Aktenberge offenbar in der Endphase des SED-Regimes, auch und gerade während der Regierungszeit Modrow, flüchtig gesäubert wurden, um Spuren zu verwischen, vielleicht auch, um falsche Fährten zu legen.

Die Fantasie reicht nicht aus, sich auszumalen, was sich aus solchen Aktenbeständen nicht nur an Aufklärungspotential für politisches, auch strafrechtliches Fehlverhalten erschließt, sondern was damit auch an Denunziantentum und Verletzung von Persönlichkeitsrechten getrieben werden kann. Niemand wird auf die Idee kommen, daß solche unsäglichen Schnüffelakten immer nur die Wahrheit enthalten; aber keiner wird am Ende in der Lage sein, zwischen Wahrheit und Unwahrheit immer sauber zu entscheiden. Und niemand wird die Gefahr übersehen dürfen, daß eben im Zweifel dem Akteninhalt doch eher geglaubt wird als dem Dementi eines durch die Akten Belasteten. So kann am Ende die Krake Staatssicherheit mit der Hinterlassenschaft dieser Akten ihre verwerfliche Tätigkeit weiter ausüben.

Aus solchen Gründen war ich von vornherein für einen möglichst restriktiven Um- und Zugang zu den Stasi-Akten. Manchmal habe ich darüber nachgedacht, ob man sie nicht unbesehen alle vernichten könnte. Umgekehrt wurde vor allem in der Volkskammer massiv das Verlangen laut, die Opfer müßten in ausreichendem Umfang Zugang zu den Akten haben. Außerdem müsse anhand der Akten die Vergangenheit der SED und der DDR politisch-historisch aufgearbeitet werden. Ich bin bis heute nicht sicher, ob dieses Verlangen nach einem möglichst weitgehenden Zugang zu den Akten den wirklichen Interessen der Menschen in der früheren DDR entsprach und entspricht. Sehr viele waren wohl Opfer und Täter zugleich, und wer wollte schon wirklich genau wissen, was über ihn alles in den Akten enthalten war.

Aber so laufen öffentliche Diskussionsprozesse nun einmal nicht ab. Nach der friedlichen Revolution in der DDR, als das Unsägliche über die Wirklichkeit im SED-Staat im einzelnen bekannt wurde, war klar, daß der Ruf nach Aufklärung und

Vergeltung öffentlich zumindest am Anfang sehr viel nachhaltiger vertreten wurde als die Mahnung zu einem besonnenen Umgang mit den Akten. Ebenso klar war, daß gerade diejenigen Bürgerrechtsbewegungen, die besondere Verdienste um den Wandel in der DDR erworben hatten, tendenziell am meisten für einen möglichst offenen Umgang mit den Akten plädierten.

Krause und ich wollten im Einigungsvertrag eine restriktive Nutzung der Stasi-Akten festlegen. Sie sollten der Verfügungsgewalt des Bundesarchivs unter strenger Aufsicht des Datenschutzbeauftragten überstellt werden. Die Regelung sollte vorläufig sein, der gesamtdeutsche Gesetzgeber dann über den weiteren Umgang mit dieser brisanten Hinterlassenschaft befinden. Ich bin nach wie vor überzeugt: dies war ein guter Ansatz. Mit den Akten wäre verantwortlich und sorgsam umgegangen worden. Doch es gab Mißverständnisse.

Aus der Zuständigkeit des Bundesarchivs in Koblenz leiteten die Menschen den Irrtum ab, die Akten sollten nach Koblenz überführt werden. Unaufhaltsam verbreitete sich der Verdacht, nach Selbstauflösung der DDR durch den Beitritt zur Bundesrepublik wollten wir den Menschen drüben auch diesen Teil ihres Lebens nehmen. Es kam in der Volkskammer, womöglich auch in manchen Teilen der Bevölkerung die Stimmung auf: Wenn uns auch sonst nichts mehr bleibt, dann sollen uns wenigstens diese Piesackereien durch die Stasi gehören. Die Akten gehören uns, die kommen hier nicht weg!

Das war aber gar nicht geplant. Die Akten hätten nicht nach Koblenz ausgelagert werden sollen. Das Bundesarchiv hätte die Akten nach der Einheit innerhalb des früheren DDR-Gebiets unter Verschluß genommen, zusammengetragen aus den Bezirken in Berlin, um die Kontrolle um so sicherer zu machen. Mißbrauch wäre eher ausgeschlossen gewesen. In der Volkskammer aber herrschte die Ansicht vor, die Westdeutschen wollen die Akten auslagern, wollen sie ihren Nachrichtendiensten zugänglich machen, wollen, sozusagen, auch mit diesem Wissen Herrschaft über uns Ostdeutsche ausüben.

Ich habe mich bemüht, die Mißverständnisse auszuräumen. Ich bat Staatssekretär Neusel, das Gespräch mit dem Beauftragten der Volkskammer für die Stasi-Akten, Gauck, zu suchen. In der Bonner Koalition hatten wir uns bereits darauf verständigt, daß Gauck auch nach der Vereinigung Aktenbeauftragter bleiben solle. Neusel verhandelte dann Ende August mit Gauck, von dem wir wußten, daß ihm viel Vertrauen entgegengebracht wurde. Gauck war auch einsichtig: Die von uns angestrebte Regelung hätte dem Datenschutz und der Datensicherheit gedient. In der Volkskammer aber drang er nicht durch.

Die Volkskammer hat, zurückhaltend formuliert, nicht nur weise Beschlüsse gefaßt. Sie ist bei ihrer Sorge um die Verfügung über die Akten den Bedingungen eines verläßlichen Datenschutzes nicht immer gerecht geworden. Die Volkskammer befand sogar, Zugang zu den Akten oder Anspruch auf Information sollten nur DDR-Bürger, nicht Bundesbürger haben. Dies ging nun gar nicht. Denn nach grober Schätzung waren etwa zwei Millionen Bundesbürger in den Stasi-Akten erfaßt, also potentielle Opfer. Sie mußten sich in einer Regelung auch wiederfinden können. Die Befriedung im vereinten Deutschland muß für alle dieselbe sein.

Ein Volkskammer-Gesetz vom 24. August 1990 über die Sicherung und Nutzung der Stasi-Daten, durch Beschlüsse am 30. August 1990 noch einmal bekräftigt, zähle ich bei allem Respekt vor den Motiven der Abgeordneten nicht zu den ganz weisen Beschlüssen. Auch der Vorsitzende des Bundestags-Innenausschusses, der SPD-Abgeordnete Hans Gottfried Bernrath, verwies darauf, daß die Volkskammer Regelungen verabschiedet habe, »die sehr viel schlechter als das sind, was wir hier als Übergangsregelung anbieten«.

Die Schwächen lagen auf der Hand: Statt zusammengefaßter zentraler Lagerung der Akten, wie die Sicherheit es verlangt hätte, war die Archivierung an sechs verschiedenen Stellen der DDR vorgesehen. Es sollte nicht nur einen alleinverantwortlichen Beauftragten der Volkskammer geben, sondern dazu noch fünf Bevollmächtigte der neuen Länder. Der Ausschuß-Vorsitzende Bernrath merkte dazu an, die fünf Bevollmächtigten würden »in den Ländern unter der Interessenlage der dort jeweils politisch durchsetzungskräftigeren Fraktionen« unterschiedliche Praktiken im Umgang mit den Akten entwickeln, »während wir nach unserem Vorschlag eine einheitliche Praxis bekommen«. Inakzeptabel erschien auch die Bestimmung des Volkskammergesetzes, betroffenen Bürgern solle die Auskunft über ihre eigenen Stasi-Akten verweigert werden können, »wenn Interessen anderer Staaten« dem entgegenstünden. Sollte hier die Sowjetunion geschont werden? Nach unserem Selbstverständnis durfte das nicht stehen bleiben.

Krause und ich waren einer Meinung: Das Gesetz konnte so nicht in den Einigungsvertrag übernommen werden. Neusel und Gauck arbeiteten noch in der Nacht vom 30. auf den 31. August, vor Paraphierung des Einigungsvertrages, während ich im Kanzleramt saß, jene Regelung aus, die wir dann abgezeichnet haben: Die von der Stasi gewonnenen personenbezogenen Informationen beträfen eine Vielzahl von Bürgern aus ganz Deutschland. Das Aufbewahren, Nutzen und Sichern dieser Unterlagen bedürfe einer umfassenden gesetzlichen Regelung durch den gesamtdeutschen Gesetzgeber. Ein in der Ausübung seines Amtes unabhängiger Sonderbeauftragter der Bundesregierung, benannt durch die DDR, solle für die sichere Verwahrung und den Schutz vor unbefugtem Zugriff zuständig sein. Dem Sonderbeauftragten zur Seite gestellt werde ein fünfköpfiger Beirat der Bundesregierung, in dem die Mehrheit der Mitglieder, also mindestens drei, aus dem Gebiet der ehemaligen DDR stammen sollen. Das Bundesarchiv und der Bundesbeauftragte für den Datenschutz würden zur Unterstützung des Sonderbeauftragten eingesetzt. Die Dateien und Unterlagen seien gesperrt, ihre Löschung unzulässig; sie seien im ehemaligen Gebiet der DDR zu lagern. Die personenbezogenen Daten dürften nur für folgende Zwecke genutzt werden: für Rehabilitierung und Wiedergutmachung, für die Überprüfung parlamentarischer Mandatsträger mit deren Zustimmung, für die Weiterverwendung und die Einstellung von Personen im öffentlichen Dienst, für die Verfolgung von Straftaten der Stasi.

Das Volkskammer-Gesetz wurde durch den Einigungsvertrag aufgehoben. Im Ausschuß »Deutsche Einheit« wurde dargelegt, es habe zwar »auf die Sensibilität einiger in der DDR« Rücksicht genommen, gewährleiste aber nicht ausreichend den notwendigen behutsamen Umgang mit diesen Daten. Aber damit war noch kein Ende. Auch nach Unterzeichnung des Einigungsvertrages blieben erhebliche Irritationen in der DDR, insbesondere in Kreisen der Träger der Revolution, vielfach bedingt durch nicht ausreichende oder nicht zutreffende Informationen. Der gerade erst unterzeichnete Einigungsvertrag solle, so das Verlangen in der Volkskammer, wieder im Sinne des Volkskammergesetzes vom 24. August geändert werden, die Ratifizierung des Vertrages stehe andernfalls in Frage. Der Bonner Oppositionsführer Vogel warnte, »daß hier in letzter Minute noch eine ganz hohe Hürde entsteht.«

Ich hielte es, führte ich am 6. September im Ausschuß »Deutsche Einheit« aus, »nicht für einen sachlich guten Weg, den Vertrag in dem Sinne zu ändern«. Dies wäre nicht zu verantworten, auch nicht für eine Übergangszeit. Staatssekretär Neusel und der Stasi-Sonderbeauftragte Gauck setzten sich noch einmal zusammen und handelten eine ergänzende Regelung aus, die zunächst in einem Briefwechsel zwischen den beiden Regierungen festgeschrieben werden sollte, schließlich aber in eine Vereinbarung zwischen beiden Staaten zur Durchführung und Auslegung des Einigungsvertrages aufgenommen wurde. Diese Zusatzvereinbarung vom 18. September 1990 kam auf Wunsch der DDR zustande, nachdem die Volkskammer auch und gerade noch nach Unterzeichnung des Einigungsvertrages ein umfangreiches Gesetzgebungsprogramm – etwa das von vielen als wesentlicher Beitrag zur Vollendung der friedlichen Revolution geforderte Rehabilitierungsgesetz – bewältigen zu müssen glaubte.

Im Einigungsvertrag war festgelegt worden, daß nach Unterzeichnung des Vertrages erlassenes DDR-Recht nur dann über den 3. Oktober hinaus in Kraft blieb, wenn dies zwischen den Vertragspartnern noch besonders vereinbart wurde. Vor diesem Hintergrund übermittelte mir Günther Krause am 11. September 1990 ein umfängliches Paket von soeben verabschiedeten Gesetzen und Verordnungen der DDR, über die noch eine entsprechende Vereinbarung geschlossen werden sollte. In den folgenden Tagen kamen laufend noch weitere Vorschriften hinzu. Innerhalb kürzester Fristen mußten hierüber – soweit das seriöserweise überhaupt möglich war und wir nicht manche der DDR-Vorschriften zurückstellen mußten, weil sie in der zur Verfügung stehenden Zeit nicht ausreichend geprüft werden konnten – erneut die fachlichen Abstimmungen mit den anderen Ressorts und mit den Bundesländern durchgeführt und die Texte für die Zusatzvereinbarung vorbereitet werden.

So kam es, daß Krause und ich am 17. September 1990 noch einmal praktisch in der gleichen großen Verhandlungsrunde, die sich bereits beim Einigungsvertrag bewährt hatte, in Bonn zusammenkamen und erneut bis in die Nacht hinein an den Vereinbarungen feilten. Das Ergebnis lag schon am nächsten Morgen bei den Kabinetten in Bonn und Berlin zur Billigung vor. Die Zusatzvereinbarung wurde sodann am Nachmittag des 18. September von Günther Krause während einer Wahlkampfreise in den Süden der DDR und von mir in Bonn unterzeichnet und bereits am selben Abend in die parlamentarischen Beratungen im Ausschuß »Deutsche Einheit« zum Einigungsvertrag eingeführt.

In bezug auf die Stasi-Akten hatte sich die Zusatzvereinbarung vom 18. September 1990 an zwei Zielsetzungen zu orientieren: Es sollte die Chance erhalten bleiben, für Zwecke etwa der Rehabilitierung Zugang zu diesen unsäglichen Akten zu haben. Es sollte zugleich so gut wie irgend möglich verhindert werden – ganz würde es ohnehin nicht gelingen –, daß mit diesen Akten immenser Schaden angerichtet und der Anspruch auf Datenschutz gröblichst verletzt würde.

In der Zusatzvereinbarung wurde also an den gesamtdeutschen Gesetzgeber die Erwartung gerichtet, sich an den Grundsätzen des Volkskammergesetzes vom 24. August zu orientieren, die politische, historische und juristische Aufarbeitung der Tätigkeit der Stasi zu gewährleisten, den Betroffenen ein Auskunftsrecht – unter Wahrung der schutzwürdigen Interessen Dritter – einzuräumen, die nachrichtendienstliche Nutzung der Daten, abgesehen von der unumgänglichen Mitwirkung bei der Aufklärung und Verfolgung von Straftaten, auszuschließen. Der Sonderbeauftragte erhielt den Auftrag, eine Benutzerordnung zu erlassen. Es blieb bei der Institution von Landesbeauftragten, die den Sonderbeauftragten des Bundes jedoch lediglich zu beraten und zu unterstützen haben. Die Akten sollten nicht zentral zusammengefaßt werden. Aber es wurde wenigstens eine zentrale Verwaltung vereinbart. Verwahrung, Archivierung und Nutzung der Unterlagen kann zentral und regional erfolgen – ein Weg, der gerade noch verantwortbar ist. Übrigens regelte die Zusatzvereinbarung auch noch – es war die letzte günstige Gelegenheit für die Politiker der DDR –, welche Übergangsgelder die aussscheidenden Abgeordneten der sich auflösenden Volkskammer sowie die Minister und Staatssekretäre des bei Beitritt ja ebenfalls verschwindenden DDR-Ministerrats erhalten.

Trotz aller Schutzvorkehrungen, die ich mir noch ein Stück besser gewünscht hätte, werden den Bürger des vereinten Deutschland wohl noch manche Prüfungen aus der Hinterlassenschaft der Stasi nicht erspart bleiben. Die Bürger müssen versuchen, sich dagegen zu immunisieren. Es sind, wie erwähnt, zahllose Telefongespräche zwischen Bonn und West-Berlin, vornehmlich im Bereich von Politik und Verwaltung, von der Stasi mitgeschnitten worden. Von vielen Abhörprotokollen gibt es Kopien in den Händen von Leuten, die Unheil stiften oder sich schlicht bereichern wollen. In der ersten Jahreshälfte 1990 wurden solche Kopien dem Verfassungsschutz und dem Bundesnachrichtendienst zugespielt. Ich entschied spontan, das Zeug zu vernichten. Wir haben dann ein Gesetz verabschiedet, das Veröffentlichungen aus solch rechtswidrig abgehörten Telefonaten unter Strafe stellt. Es sollte verächtlich gemacht werden, wer sich im nachhinein der Stasi bedient. Mit welcher Reife die Deutschen mit diesem Problem umgehen, kann der Gesetzgeber nur vorprägen, nicht entscheiden. Hier tragen auch die Medien Verantwortung.

Die endgültige Regelung des Umgangs mit Stasi-Akten mußte also auch dem gesamtdeutschen Gesetzgeber überlassen bleiben. Ausschlaggebend dafür war nicht in erster Linie der Zeitdruck bei den Verhandlungen, sondern die Einsicht, daß in solch schwierigen Fragen Lösungen reifen müssen und daß mit einigem zeitlichen Abstand eine verantwortlichere Sicht der Problematik insgesamt möglich wird. Ob sich diese Erwartung erfüllt, bleibt abzuwarten.

Ähnlich sind wir auch in den Bereichen vorgegangen, in denen es um die materielle Wiedergutmachung von Unrecht ging, das der SED-Staat politisch Verfolgten zugefügt hat. Niemand kann überrascht sein, daß in der Volkskammer eine ganz breite Überzeugung herrschte, daß das vereinte Deutschland möglichst umfassend Entschädigung für alle Nachteile politischer Verfolgung durch den SED-Apparat zu leisten habe. Niemand kann aber auch vernünftigerweise überrascht sein, daß der Handlungsspielraum des vereinten Deutschland dafür sehr viel geringer ist, als die Volkskammer bei ihren Beschlüssen und Erwartungen zugrunde gelegt hat. Wer das Ausmaß der wirtschaftlichen, sozialen und ökologischen Schäden, die der Sozialismus in der früheren DDR hinterlassen hat, auch nur annähernd erahnt, gewinnt eine Vorstellung, welch gewaltige Anstrengungen notwendig sind, um in kurzer Zeit wenigstens die drängendsten zu beheben. Das muß ja alles sehr rasch geschehen, weil die Menschen in den neuen Bundesländern schon viel zu lange darauf gewartet haben, so leben zu können wie wir im Westen, und nun nicht noch einmal für Jahre oder Jahrzehnte Geduld aufbringen wollen.

Vor diesem Hintergrund habe ich immer und immer wieder gemahnt, sich bei dem Ausmaß der Probleme und bei den

Die Bewältigung der Stasi-Vergangenheit 281

kurzen zeitlichen Dimensionen, die zu ihrer zumindest notdürftigen Lösung nur zur Verfügung stehen, nicht in erster Linie auf die Bewältigung der Vergangenheit, sondern auf die Gewinnung von Gegenwart und Zukunft zu konzentrieren. Jedenfalls haben wir uns in den abschließenden Beratungen im Ausschuß »Deutsche Einheit« auch mit der Opposition verständigt, daß wir diese Frage im gesamtdeutschen Bundestag alsbald gemeinsam aufgreifen wollten.

Es blieben, trotz der einhelligen Zustimmung zum Einigungsvertrag bei seiner Unterzeichnung am 31. August, noch intensive Beratungen im Plenum des Bundestags wie im Ausschuß »Deutsche Einheit«. Ich nutzte die Einbringung des Vertrags in der 1. Lesung des Ratifizierungsgesetzes zu einer nachdenklichen Darlegung der dem Vertrag zugrundeliegenden Problematik. In der abschließenden Debatte zur 2. und 3. Lesung, die mit der Aussprache über eine Regierungserklärung des Außenministers verbunden war, fügte es sich, daß ich nach dem SPD-Kanzlerkandidaten Oskar Lafontaine zu Wort kam. Er hatte alle seine Einwendungen gegen die Politik der schnellen Vollendung der Einheit Deutschlands, die Grundlage seiner Wahlkampfstrategie bis zum 2. Dezember waren, noch einmal im Bundestag vorgetragen und dabei fast vergessen, daß auch er und seine Partei dem Vertrag in Bundestag und Bundesrat zustimmen würden. So bot er mir die Chance zu einer polemischen Replik, in der ich neben allen grundsätzlichen Unterschieden unserer politischen Konzeption auch noch einmal auf seine Kampagne gegen die Übersiedler von Anfang des Jahres zurückkam. Auf die Gelegenheit hatte ich lange gewartet, und nun schien mir der Augenblick günstig, die Kontinuität unserer entschlossenen Politik für die Einheit in einen nachdrücklichen Gegensatz zu Lafontaines Strategie zu stellen.

Wie auch immer: In der Woche vom 17. September wurde der Einigungsvertrag in der Volkskammer mit einer Mehrheit von über 80 Prozent, im Bundestag von über 90 Prozent und im Bundesrat sogar einstimmig ratifiziert. Nun blieb nur noch, die Feiern zur Vollendung der Einheit am 3. Oktober vorzubereiten, wofür ich als Innenminister ebenfalls zuständig war. Ein paar Tage lang gab es noch Aufregung, ob vor dem Staatsakt in der Berliner Philharmonie auch ein ökumenischer Gottesdienst stattfinden sollte, wogegen es aus dem evangelischen Lager in der DDR teilweise Widerstand gab. In dieser Auseinandersetzung wurde für mich wieder deutlich, mit welch unterschiedlichen Erfahrungen wir aus beiden Teilen in das vereinte Deutschland gegangen sind. Während für uns die Unabhängigkeit der Kirchen in der Bundesrepublik eine ganz selbstverständliche Erfahrung ist, und deshalb von keiner Seite Einwendungen gegen eine unbefangene Partnerschaft von Staat und Kirche erhoben werden, ist dies in der DDR ganz anders gewesen. So mußten wir auch die Sorge mancher verstehen, die Kirchen könnten ihre Unschuld schon wieder gegenüber einem Staat gefährden, nachdem sie doch so viel Mühe hatten, ihrem Auftrag in vierzig Jahren totalitärem Sozialismus gerecht zu werden.

Am Ende wurden auch diese Bedenken überwunden, und ich denke, daß der Gottesdienst in der Ost-Berliner Marienkirche selbst jene überzeugt hat, die vorher skeptisch waren. Auch der Staatsakt in der Philharmonie verlief ungetrübt, obwohl der Zwischenfall, daß ein Geistesgestörter ans Rednerpult gelangte, auch zeigte, daß noch so aufwendige Sicherheitsvorkehrungen auf eine fast lächerliche Art manchmal überwunden werden können. Da alles gut ging, tat auch dieser Vorfall der Freude keinen Abbruch.

Um Mitternacht zuvor war die Einheit in jenen unglaublichen Minuten vor dem Reichstag mit vielen hunderttausend Menschen vollzogen worden, Minuten, die allen, die sie miterlebten, unvergeßlich bleiben werden. Es war eine ruhige, bewegte Freude mit einem Meer von Fahnen und Fackeln, ohne jeden falschen und lauten Überschwang. Wer jemals zweifelte, ob die Deutschen ihre Einheit noch wollten, konnte in jenen Minuten eines Besseren belehrt werden. Und wer Zweifel hat, ob die Deutschen der größeren Verantwortung, die mit dieser Einheit verbunden ist, gerecht werden, konnte in diesen Minuten Hoffnung schöpfen. Disziplinierter, verantwortungsbewußter war wohl selten eine so große Menschenmenge.

Als ich mit Günther Krause nach Mitternacht von der schlichten Zeremonie die Stufen zum Reichstag hinaufstieg, drehten wir uns noch einmal um, schauten auf diese freudig bewegte und zugleich friedliche Menschenmenge, faßten uns bei den Händen, und ich sagte: »Für diesen Augenblick haben wir in den letzten Monaten wenig geschlafen und viel gearbeitet.«

Historische Chance

Deutsche Einheit und europäische Friedensordnung

In den wenigen Monaten seit dem Inkrafttreten des Gesetzes zum Einigungsvertrag am 29. September und seit der Vollendung der staatlichen Einheit am 3. Oktober 1990 um 0.00 Uhr haben sich die erwarteten dramatischen Entwicklungen und Veränderungen in Deutschland ergeben. Mir, der ich durch meine Verletzung wenige Tage danach für Monate auf eine passive und distanzierte Beobachterrolle beschränkt wurde, ist die Veränderung vieler Standpunkte und Positionen vielleicht noch mehr aufgefallen als den in der Hektik des Alltags Handelnden. Drei Beispiele sollen dies verdeutlichen:
– Während die Ratifizierung des Einigungsvertrags im September 1990 noch fast daran zu scheitern drohte, daß die Wiederherstellung alter Eigentumsansprüche nicht umfassend genug geregelt war, bedurfte es im März 1991 schon des vollen Einsatzes der für Verfassungsfragen zuständigen Justiz- und Innenminister, um bei allem – soweit vertretbar – Vorrang für Investitionen den Grundsatz des Eigentumsschutzes als Grundlage einer privatrechtlich strukturierten sozialen Marktwirtschaft zu retten.
– Während beim Einigungsvertrag der Innenminister – wie geschildert – in seiner Position, nicht auf einen Schritt einen Großteil der Rechtsordnung der Bundesrepublik Deutschland im Beitrittsgebiet in Kraft zu setzen, am Ende ganz alleine stand und nachgeben mußte, mehren sich heute die Erwartungen und Forderungen von Monat zu Monat, die für einen raschen Aufschwung im Beitrittsgebiet zu

komplizierten Rechtsvorschriften in den fünf neuen Ländern für eine begrenzte Übergangszeit auszusetzen.
— Während 1990 die elf alten Länder zu einer vollen Beteiligung der neuen Länder an der Verteilung des Umsatzsteueraufkommens auch bei Gefahr des Scheiterns der Verhandlungen zum Einigungsvertrag nicht bereit waren, haben am 28. Februar 1991 alle Ministerpräsidenten im Bundeskanzleramt einer sofortigen vollen Aufteilung des Umsatzsteueraufkommens zugestimmt.

Diese Veränderungen spiegeln die Geschwindigkeit wider, mit der die wirtschaftlichen, sozialen, ökologischen Folgewirkungen von vierzig Jahren totalitärem Sozialismus offenbar werden. Jetzt wird zum Beispiel sichtbar – was Sachverständige immer wußten –, daß nämlich in der alten DDR eine auf 20 bis 30 Prozent geschätzte versteckte Arbeitslosigkeit herrschte; aber sie war eben versteckt, während heute die Probleme offen zutage liegen. So steigt der Finanzbedarf für die Sanierung der alten DDR, den zu beziffern die Bundesregierung 1990 trotz aller entsprechenden Forderungen der Opposition immer als unmöglich abgelehnt hat, in Größenordnungen, die den Fonds »Deutsche Einheit« weit übersteigen.

Die entscheidende Ursache für die Entwicklung scheint mir zu sein, daß mit der Wiedervereinigung im Gebiet der ehemaligen DDR praktisch vier Jahrzehnte übersprungen werden müssen. Vierzig Jahre hatten sich die beiden Teile aufgrund der ganz gegensätzlichen Rahmenbedingungen völlig auseinanderentwickelt. Nun soll die Angleichung in einem Schritt, gleichsam über Nacht, erreicht werden. Die Maßstäbe und Instrumente, mit denen die Probleme in dem Gebiet der früheren DDR gelöst werden müssen, sind die der reichen und perfektionistisch gewordenen Bundesrepublik. Und die Erwartungen und Ansprüche der Menschen sind ebenfalls am Bild der wohlhabenden Bundesrepublik orientiert. Ansprüche und Ungeduld der Menschen wachsen schneller als jede noch so große Hilfe und Aufbauarbeit. Vierzig Jahre sind nicht von heute auf morgen ungeschehen zu machen, aber die Menschen wollen nach vierzig Jahren voller Entbehrungen nicht noch einmal lange warten. – Wer will es ihnen verdenken?

Auf all dem lastet das Erbe der politischen Vergangenheit im totalitären Sozialismus, wie die Auseinandersetzungen um Stasi-Akten oder alte Seilschaften ebenso zeigen wie die bitteren Erfahrungen eines Lothar de Maizière. Die Sensibilität für die Wirklichkeit in vierzig Jahren SED/DDR tritt zurück hinter der Instrumentalisierung dieser Vergangenheit für Zwecke parteipolitischer Auseinandersetzungen.

Während die Deutschen in 16 Bundesländern gerade begannen, mit diesen Erfahrungen konfrontiert zu werden, mußten sie durch die Ereignisse am Golf zusätzlich den Schock erleiden, daß das Wort von der größeren Verantwortung der größer und souverän gewordenen Bundesrepublik Deutschland keine Leerformel geblieben ist.

War also alles falsch oder überhastet? Ich glaube: nein. Die Entwicklung in der Sowjetunion hat uns gezeigt, daß es nur eine kurze Zeitspanne gab, in der die Einheit in Frieden und Freiheit tatsächlich möglich war. Wir haben diese Chance genutzt. Schon heute wäre an ein Zustandekommen des Zwei-plus-Vier-Vertrages nicht mehr zu denken. Wer 1990 gezögert hätte, hätte die Chance der Einheit verspielt – vielleicht für immer.

Der Zeitdruck war nicht nur außenpolitisch vorgegeben. Nicht nur die Übersiedlerwelle um die Jahreswende 1989/90 hat gezeigt, wie wenig Zeit die Deutschen selbst sich für eine Vereinigung geben wollten. Geduld ist eine Tugend, die nach einer so langen Teilung und bei einem solchen Gefälle zwischen den beiden Teilen mit Fug und Recht nicht erwartet werden kann. Wenn Wassermassen unterschiedlicher Höhe, bislang durch einen Damm getrennt, auf einmal zusammenkommen, vermischen sie sich nicht langsam, sondern ganz schnell und unter erheblichen Wellenbewegungen. Nicht anders ist es im vereinten Deutschland.

All diese Wellenbewegungen im Detail vorherzusehen und vorherzusagen, war niemandem möglich. Wahrscheinlich hätte es auch die Menschen überfordert, wenn man es vorhergesagt hätte. Die Menschen werden mit Problemen, mit denen sie tatsächlich konfrontiert sind, immer sehr viel besser fertig als mit solchen, die ihnen bloß für die Zukunft vorhergesagt werden. Ich habe am Beginn dieser so aufregenden Entwicklung der letzten anderthalb Jahre oft daran gedacht, daß vielleicht das Spannendste sein würde, wie eine Wohlstandsgesellschaft in der Art der Bundesrepublik Deutschland des Jahres 1990 mit Veränderungen fertig werden würde, die normalerweise in der Geschichte nur in der Folge von Kriegen oder blutigen Revolutionen zustande kamen, die aber glücklicherweise dieses Mal ganz friedlich und unblutig erreicht wurden. Die Spannung in dieser Frage bleibt; aber meine Zuversicht, daß wir Deutsche es schaffen werden, ist gegenüber dem 3. Oktober 1990 noch gewachsen.

Die Einheit ist vollzogen, sie ist irreversibel, und die Einheitlichkeit der Lebensverhältnisse in ganz Deutschland wird erreicht werden – so sehr der Weg bis dahin auch noch mit Schwierigkeiten, Ängsten, Auseinandersetzungen gepflastert sein wird.

Einen anderen Weg zur Einheit gab es nicht. Und wer sich noch vor Augen führt, daß mit der deutschen Einheit auch die Teilung Europas ebenso definitiv überwunden ist wie der Ost-West-Konflikt in der Form von vierzig Jahren Nachkriegszeit, der wird den Preis für diese Einheit nicht für so hoch erachten.

Den Einigungsvertrag haben wir – so seine Präambel – in dem Bestreben geschlossen, durch die deutsche Einheit einen Beitrag zur Einigung Europas und zum Aufbau einer europäischen Friedensordnung zu leisten. Dem sind wir bislang gerecht geworden. Daran gilt es weiterzuarbeiten. Unsere eine Welt und diese Menschheit sind nicht weniger unvollkommen geworden als zuvor. – Aber die letzten 18 Monate geben uns Mut, bei allen Problemen weiterzuarbeiten und visionäre Ziele nicht aus dem Auge zu verlieren. In diesem Sinne ist die Geschichte, wie die Deutschen ihre Einheit wiedergewannen, eine Hoffnung für die Zukunft nicht nur der Deutschen.

Zeittafel

Auf dem Weg zur Deutschen Einheit

11.9.1989   Um Mitternacht öffnet die ungarische Regierung für alle nach Ungarn geflüchteten Bewohner der DDR ihre Grenze nach Österreich, die bis dahin von Tausenden illegal überschritten worden war.

30.9.1989   Bundesaußenminister Hans-Dietrich Genscher und der Chef des Bundeskanzleramts, Bundesminister Rudolf Seiters, verkünden den 6000 Flüchtlingen in der Deutschen Botschaft von Prag die Ausreiseerlaubnis.
Auch die etwa 800 DDR-Flüchtlinge in Warschau dürfen ausreisen.

6.10.1989   Festveranstaltung des Zentralkomitees der SED, des Staatsrats der DDR, des Ministerrats und des Nationalrats der Nationalen Front der DDR am Vortag des 40. Jahrestages der Gründung der DDR in Ost-Berlin. Bei dieser Gelegenheit erklärt der Generalsekretär der SED und Staatsratsvorsitzende der DDR Erich Honecker, daß die DDR die Schwelle zum Jahr 2000 mit der Gewißheit überschreiten werde, daß »dem Sozialismus die Zukunft gehört«; Grußansprache des Generalsekretärs der KPdSU und Vorsitzenden des Obersten Sowjets der UdSSR Michail Gorbatschow.

7.10.1989   Militärparade zum 40. Jahrestag in Ost-Berlin.
Umfassender Gedankenaustausch zwischen Erich Honecker und Michail Gorbatschow. Anschließend äußert sich Gorbatschow öffentlich vor Pressevertretern zur Notwendigkeit und Dringlichkeit von Reformen und Veränderungen in der DDR (»Wer zu spät kommt, den bestraft das Leben«).

Gründung einer »Sozialdemokratischen Partei in der DDR« (SDP).

9.10.1989 Rund 70000 Menschen demonstrieren in Leipzig nach dem traditionellen Friedensgebet für demokratische Erneuerung, ohne daß die Sicherheitskräfte eingreifen. An den Leipziger »Montags-Demonstrationen« nehmen dann Woche für Woche Hunderttausende von Menschen teil. Gefordert wird u. a.: »Presse- und Reisefreiheit«, und das Bekenntnis wird ausgesprochen: »Wir bleiben hier!«

18.10.1989 Erich Honecker wird während der 9. Tagung des Zentralkomitees der SED von seinen Funktionen als Generalsekretär des ZK der SED, als Vorsitzender des Staatsrats und des Nationalen Verteidigungsrates entbunden und gibt zusätzlich alle übrigen Funktionen in Partei und Staat auf; Politbüromitglied Egon Krenz wird neuer SED-Generalsekretär.

4.11.1989 Auf einer von Kultur- und Kunstschaffenden veranstalteten Groß-Kundgebung in Ost-Berlin fordern fast eine Million Menschen Reformen, besonders Meinungs- und Versammlungsfreiheit, freie Wahlen, Abschaffung des Machtmonopols der SED, Rücktritt der Regierung Stoph und Zulassung von Oppositionsgruppen. Redner sind u. a. Stefan Heym und Christa Wolf. Leipzig wird zur »Heldenstadt der DDR« erklärt.

6.11.1989 Größte Leipziger »Montags-Demonstration« mit über 500000 Menschen. Sprechchöre: »Deutschland, einig Vaterland!«

8.11.1989 Das Politbüro der SED tritt geschlossen zurück. Dem neuen Politbüro gehören Vertreter des Reformflügels an. Egon Krenz wird vom Zentralkomitee der SED einstimmig als Generalsekretär bestätigt.

9.11.1989 Die Berliner Mauer und die innerdeutsche Grenze werden nach Mißverständnissen im Politbüro geöffnet. Millionen überschreiten in diesen Tagen die Grenze.

10.11.1989 Kundgebung vor dem Berliner Rathaus Schöneberg (Redner Helmut Kohl, der einen Staatsbesuch in Polen unterbricht; Hans-Dietrich Genscher, Walter Momper und Willy Brandt).

13.11.1989 Hans Modrow, bisher Erster Sekretär der SED-Bezirksleitung Dresden, wird von der Volkskammer zum Vorsitzenden des Ministerrats gewählt.
Aufhebung der Sperrzone im Grenzgebiet der DDR zur Bundesrepublik Deutschland.

17.11.1989 Regierungserklärung des Ministerratsvorsitzenden Modrow (»Vertragsgemeinschaft« beider deutscher Staaten statt »Verantwortungsgemeinschaft«).

28.11.1989 Vorstellung des Zehn-Punkte-Programms zur Überwindung der Teilung Deutschlands und Europas durch Bundeskanzler Kohl während der zweiten Beratung des Haushaltsgesetzes 1990 im Deutschen Bundestag.

1.12.1989 Verfassungsänderung in der DDR: Streichung der führenden Rolle der SED.

4.12.1989 Austritt der CDU und der Liberal-Demokratischen Partei Deutschlands (LDPD) aus dem »Demokratischen Block«.

6.12.1989 Rücktritt von Egon Krenz als Vorsitzender des Staatsrats und Vorsitzender des Nationalen Verteidigungsrates.

7.12.1989 Beginn der Gespräche am Runden Tisch. Empfehlung: Wahlen zur Volkskammer am 6. Mai 1990.

9.12.1989 Treffen der Staats- und Regierungschefs der Europäischen Gemeinschaften in Straßburg: Grundsatzerklärung, in der das Recht der Deutschen auf Einheit durch freie Selbstbestimmung anerkannt wird.

12.12.1989 Vereinbarung der Bildung eines Regionalausschusses für die Berliner Region bei einem Gespräch zwischen Ministerpräsident Hans Modrow, dem Regierenden Bürgermeister von Berlin Walter Momper, dem Ost-Berliner Oberbürgermeister Erhard Krack und dem Leiter der Ständigen Vertretung der Bundesrepublik Deutschland bei der DDR Franz Bertele.

14.12.1989 Vereinbarung der Bildung einer gemeinsamen Umweltkommission (Bundesumweltminister Klaus Töpfer/ DDR-Umweltminister Hans Reichelt).
Vereinbarung der Bildung einer gemeinsamen Wirtschaftskommission und des Abschlusses eines Kooperationsabkommens (Bundeswirtschaftsminister Helmut Haussmann/DDR-Wirtschaftsministerin Christa Luft).
Beschluß des Ministerrats der DDR, das Amt für Nationale Sicherheit (bis 17. November 1989 Ministerium für Staatssicherheit) bis zum 20. Juni 1990 aufzulösen.

16.12.1989 Ein Sonderparteitag der Ost-CDU spricht sich für soziale Marktwirtschaft und für die deutsche Einheit aus.
Lothar de Maizière wird zum Parteivorsitzenden gewählt.
Umbenennung der SED in SED-PDS (Sozialistische Einheitspartei Deutschlands – Partei des Demokratischen Sozialismus).

19.12.1989 Bei einem Treffen von Bundeskanzler Kohl und Ministerpräsident Modrow in Dresden wird Übereinstimmung darüber erzielt, daß die beiden deutschen Staaten eine Vertragsgemeinschaft bilden sollen.
Bundeskanzler Kohl spricht vor der Frauenkirche zu den Dresdnern. Die Menschen rufen nach Einheit.

21.12.1989 Verabschiedung der »Verordnung über Reisen von Bürgern der Bundesrepublik Deutschland und Personen mit ständigem Wohnsitz in Berlin (West) in und durch die DDR« und der »Anordnung über die Erfüllung der Meldepflicht« durch den Ministerrat der DDR; Inkrafttreten jeweils am 24. Dezember 1989 (= Aufhebung der Visumpflicht).

22.12.1989 Eröffnung eines Übergangs am Brandenburger Tor für Fußgänger (durch Bundeskanzler Kohl, Ministerpräsident Modrow, den Regierenden Bürgermeister von Berlin Momper und den Ost-Berliner Oberbürgermeister Krack).
Konstituierende Sitzung des Regionalausschusses Berlin.

21.1.1990 Gründung der Deutschen Sozialen Union (DSU) in Leipzig.

23.1.1990 Erste Beratung der Gemeinsamen Wirtschaftskommission Bundesrepublik Deutschland – DDR.

28.1.1990 Einigung zwischen Ministerpräsident Modrow und dem Runden Tisch auf ein Vier-Punkte-Programm; dieses beinhaltet u.a. die Vorverlegung der Volkskammerwahlen auf den 18. März 1990; für die Kommunalwahlen bleibt es beim 6. Mai 1990.

30.1.1990 Treffen von Ministerpräsident Modrow und dem sowjetischen Staats- und Parteichef Gorbatschow in Moskau; im Vorfeld hatte Gorbatschow geäußert, daß die Sowjetunion prinzipiell nichts gegen eine Vereinigung der beiden deutschen Staaten einzuwenden habe.

1.2.1990 Ministerpräsident Modrow legt in Ost-Berlin einen Plan für den Weg zur Einheit Deutschlands vor »Für Deutschland, einig Vaterland«. Danach soll sich die Vereinigung Deutschlands in vier Schritten vollziehen.

4.2.1990 Streichung des Präfixes SED aus dem Namen der SED-PDS.

5.2.1990 Vereinbarung des Wahlbündnisses »Allianz für Deutschland« (CDU, DSU und Demokratischer Aufbruch).

6.2.1990 Zusammenschluß von »Demokratie Jetzt«, »Neues Forum« und »Initiative Frieden und Menschenrechte« zum »Bündnis '90«.

7.2.1990 Die Bundesregierung bildet einen Kabinettsausschuß »Deutsche Einheit« unter Vorsitz des Bundeskanzlers. Konstituierende Sitzung und Einrichtung von sechs Arbeitsgruppen.
- Schaffung einer Währungsunion, Finanzfragen (Federführung: Bundesminister der Finanzen);
- Entwicklung der Wirtschaftsreform, Energie und Umwelt, Infrastruktur in der DDR (Federführung: Bundesminister für Wirtschaft);
- Angleichung der Arbeits- und Sozialordnung sowie der Bildung und Ausbildung (Federführung: Bundesminister für Arbeit und Sozialordnung);
- Rechtsfragen, insbesondere Rechtsangleichung (Federführung: Bundesminister der Justiz);
- Staatsstrukturen und öffentliche Ordnung (Federführung: Bundesminister des Innern);
- außen- und sicherheitspolitische Zusammenhänge (Federführung: Bundesminister des Auswärtigen).

10.2.1990 Besuch von Bundeskanzler Kohl mit Außenminister Genscher in Moskau.
Gespräch mit Präsident Gorbatschow: Michail Gorbatschow erklärt, daß »die Deutschen selbst die Frage der Einheit der deutschen Nation lösen und selbst ihre Wahl treffen müssen, in welchen Staatsformen, zu welchen Zeitpunkten, mit welchem Tempo und zu welchen Bedingungen sie diese Einheit realisieren werden«. Die Lösung der deutschen Fragen müsse nach übereinstimmender Meinung der Gesprächspartner »eingebettet sein in die gesamteuropäische Architektur und den Gesamtprozeß der West-Ost-Beziehungen«.

13.2.1990 Besuch von Ministerpräsident Modrow in Bonn; Bundeskanzler Kohl unterstreicht das Angebot, sofortige Verhandlungen über eine Währungs- und Wirtschaftsgemeinschaft aufzunehmen.
Treffen der Außenminister der Bundesrepublik Deutschland, der DDR, Frankreichs, Großbritanniens, der Sowjetunion und der Vereinigten Staaten von Amerika in Ottawa am Rande der Konferenz »Offener Himmel«; Kommuniqué, aus dem hervorgeht, daß sie sich gemein-

sam treffen wollen, um die »äußeren« Aspekte der Herstellung der deutschen Einheit einschließlich der Fragen der Sicherheit der Nachbarstaaten zu besprechen« (Erklärung zur Aufnahme der »Zwei-plus-Vier-Gespräche«).

15.2.1990 Besprechung des Bundeskanzlers mit den Regierungschefs der Länder u. a. über die Beteiligung der Länder an den Verhandlungen mit der DDR.

19.2.1990 Erklärung von Ministerpräsident Hans Modrow vor dem Runden Tisch zu den Gesprächen mit der Bundesregierung.
Die Teilnehmer des Runden Tisches lehnen einen Beitritt gemäß Artikel 23 des Grundgesetzes sowie eine NATO-Mitgliedschaft des künftigen Deutschland ab.

21.2.1990 Bundesinnenminister Wolfgang Schäuble führt in Washington ein Gespräch mit US-Außenminister James Baker; Schäuble erklärt, daß nach einer Vereinigung der Bundesrepublik Deutschland mit der DDR die nach Artikel 23 des Grundgesetzes gegebene Möglichkeit zum Beitritt aufgehoben werden solle.
Erleichterungen im Transitverkehr von und nach West-Berlin:
– Einführung vereinfachter Zählkarten;
– Verzicht auf das Abstempeln der Pässe;
– Verzicht auf Kontrolle der Kfz-Papiere.

22.2.1990 Konstituierung der Wahlkommission für die Volkskammerwahl.

23.2.1990 Erste Tagung der Umweltkommission von Bundesrepublik Deutschland und DDR.

1.3.1990 Sitzung der Arbeitsgruppe »Staatsstrukturen und öffentliche Ordnung« im Bundesministerium des Innern unter Beteiligung der Chefs der Staats- und Senatskanzleien der Länder.
Bericht von Bundesinnenminister Schäuble. Vorlage eines Diskussionspapiers zur Deutschen Einheit.

2. 3. 1990 Besprechung der Chefs von Bundeskanzleramt und der Staats- und Senatskanzleien der Länder: ausführliche Erörterung der Beteiligung der Länder an den Verhandlungen.

5. 3. 1990 Erster Bericht der Arbeitsgruppe des Bundesministeriums des Innern »Staatsstrukturen und öffentliche Ordnung«.

6. 3. 1990 Verabschiedung des Kommunalwahlgesetzes durch die Volkskammer. Vereinbarung gemeinsamer Verwaltungseinrichtungen von Ost- und West-Berlin.

9. 3. 1990 Erste Sitzung der Kulturkommission von Bundesrepublik Deutschland und DDR (Leitung der Delegation der Bundesrepublik Deutschland durch die Bundesministerin für innerdeutsche Beziehungen Dorothee Wilms und die Vorsitzende der Kultusministerkonferenz).

12. 3. 1990 16. und letzte Sitzung des Runden Tisches in der DDR.

15. 3. 1990 Sondersitzung der Innenministerkonferenz in Hiltrup; Thema u. a.: polizeiliche Zusammenarbeit mit der DDR.

17. 3. 1990 Treffen der Außenminister der Staaten des Warschauer Vertrages in Prag: Die Außenminister erkennen das Recht beider deutscher Staaten auf Einheit an; sie kommen überein, daß die Wiedervereinigung eine Angelegenheit des deutschen Volkes sei, jedoch wegen ihrer Folgen für Europa in den Prozeß der europäischen Einigung eingebunden werden müsse.

18. 3. 1990 Erste freie Volkskammer-Wahl in der DDR. Aus ihr geht die Allianz für Deutschland (CDU, DSU, DA) als deutlicher Sieger hervor. Wahlergebnis: CDU 40,8%, DSU 6,3%, Demokratischer Aufbruch (DA) 0,9%, SPD 21,9%, PDS 16,4%, Bund Freier Demokraten (BFD) 5,3%, Bündnis 90 2,9%, Demokratische Bauernpartei Deutschlands (DBD) 2,2%, Grüne Partei + Unabhängiger Frauenverband 2%, Sonstige 1,4%.

20.3.1990 Die Bundesregierung einigt sich darauf, daß eine Währungs-, Wirtschafts- und Sozialunion mit der DDR bis zum Sommer dieses Jahres erreicht werden soll.

5.4.1990 Konstituierende Sitzung der Volkskammer: Wahl von Sabine Bergmann-Pohl (CDU) zur Präsidentin der Volkskammer. Der Vorsitzende der CDU (Ost) Lothar de Maizière wird mit der Regierungsbildung beauftragt.
Die Präambel der DDR-Verfassung wird gestrichen.

6.4.1990 Erste Ressortbesprechung zur Vorbereitung eines »Gesetzes über die Einführung von Bundesrecht in der DDR (1. Überleitungsgesetz)«. Dabei wird ausgegangen von der positiven Benennung
– derjenigen Regelungen, die notwendigerweise im Rahmen der staatlichen Vereinigung berücksichtigt werden müssen (Kategorie 1),
– der später zu regelnden Materien (Kategorie 2).
Beschränkung des Umfangs des überzuleitenden Rechts auf das zur Herstellung der staatlichen Einheit zwingend Notwendige.

12.4.1990 Koalitionsvereinbarung zwischen den Fraktionen der CDU, der DSU, dem Demokratischen Aufbruch (DA), den Liberalen, der Deutschen Forum Partei (DFP), dem Bund Freier Demokraten (BFD), der FDP und der SPD.
Lothar de Maizière wird zum Ministerpräsidenten der DDR gewählt. In ihrer Regierungserklärung bekennt sich die neue demokratisch legitimierte Regierung der DDR zum Ziel der Herstellung der staatlichen Einheit Deutschlands auf dem durch Artikel 23 des Grundgesetzes vorgezeichneten Weg.

16.4.1990 Der sowjetische Botschafter in Ost-Berlin Wjatscheslaw Kotschemassow übermittelt dem DDR-Ministerpräsidenten ein inoffizielles Schreiben der sowjetischen Führung, in dem sie Bedenken gegen einen schnellen Beitritt nach Artikel 23 des Grundgesetzes anmeldet.

18.4.1990 Aufnahme von Gesprächen zwischen Bundesinnenminister Wolfgang Schäuble und DDR-Innenminister Peter-Michael Diestel (zu dieser Zeit DSU); Ziele u. a.: möglichst schneller Wegfall der Kontrollen an der innerdeutschen Grenze und Einstellung der nachrichtendienstlichen Tätigkeit.
Veröffentlichung des Verfassungsentwurfs des Runden Tisches in Ost-Berlin.

19.4.1990 Regierungserklärung von Ministerpräsident Lothar de Maizière. Bekenntnis zur Einheit Deutschlands.

21.4.1990 Die EG-Außenminister stimmen in Dublin einem Dreistufenplan zur Eingliederung der DDR in die Europäische Gemeinschaft zu.

24.4.1990 Beratung des Bundesaußenministers Genscher und des DDR-Außenministers Markus Meckel über die für den 5. Mai vorgesehenen »Zwei-plus-Vier«-Gespräche.
Treffen zwischen Bundeskanzler Kohl und Ministerpräsident de Maizière in Bonn über die am Vortag von der Bundesregierung unterbreiteten Vorschläge für eine Währungsunion und über Fragen eines Staatsvertrages zwischen beiden Staaten in Deutschland.
Übergabe des Arbeitspapiers für die Gespräche mit der DDR für einen Vertrag über die Schaffung einer Währungsunion, Wirtschafts- und Sozialgemeinschaft zwischen der Bundesrepublik Deutschland und der Deutschen Demokratischen Republik durch Bundeskanzler Kohl an Ministerpräsident de Maizière.

25.4.1990 Expertentreffen in Ost-Berlin zur Währungs-, Wirtschafts- und Sozialunion unter Leitung des Bundesbankdirektors Hans Tietmeyer und des Parlamentarischen Staatssekretärs beim Ministerpräsidenten der DDR Günther Krause.

26.4.1990 Gespräch des Chefs des Bundeskanzleramtes Rudolf Seiters mit Ministerpräsident Lothar de Maizière zur Vorbereitung der offiziellen Verhandlungen zur Währungs-, Wirtschafts- und Sozialunion.

Der DDR-Minister für Regionale und Kommunale Angelegenheiten Manfred Preiß teilt mit, daß die DDR-Regierung in den neu zu gründenden Ländern der DDR bis Anfang November 1990 Landtagswahlen plane.
Die Mehrheit der Volkskammerabgeordneten lehnt eine neue Verfassung ab.

27. 4. 1990 Erstes Gespräch von Bundesinnenminister Schäuble mit Minister Preiß.
Aufnahme der offiziellen Gespräche über die Herstellung einer Währungs-, Wirtschafts- und Sozialunion; Verhandlungsführer sind Bundesbankdirektor Hans Tietmeyer und Staatssekretär Günther Krause.

28. 4. 1990 Ende des Treffens der Staats- und Regierungschefs der EG-Mitgliedstaaten in Dublin. Die Vereinigung Deutschlands wird als »positiver Faktor« für den europäischen Einigungsprozeß befürwortet.

30. 4. 1990 Erstes offizielles Gespräch zwischen Bundestagspräsidentin Rita Süssmuth und Volkskammerpräsidentin Sabine Bergmann-Pohl: Sie vereinbaren u. a. einen gemeinsamen Parlamentsausschuß zur deutschen Einheit.

1. 5. 1990 Einigung der Expertenkommissionen in Bonn über die wesentlichen Punkte der Währungsumstellung der Mark der DDR auf D-Mark.

3. 5. 1990 Als Termin für die Wiederentstehung der fünf Länder in der DDR nennt Ministerpräsident Lothar de Maizière den 1. Januar 1991.

5. 5. 1990 Aufnahme der Zwei-plus-Vier-Gespräche in Bonn entsprechend der »Erklärung von Ottawa« der vier Außenminister der Siegermächte vom 13. Februar 1990.

6. 5. 1990 Erste freie Kommunalwahlen in der DDR.

8. 5. 1990 Die EG-Außenminister bekunden in Brüssel ihre Absicht, die bestehende Visumpflicht für DDR-Bürger bei Reisen in EG-Staaten bis zum 1. Juli 1990 aufzuheben.

Die EG und die DDR unterzeichnen in Brüssel ein Handels- und Kooperationsabkommen.

9. 5. 1990 Bundesjustizminister Hans A. Engelhard und DDR-Justizminister Kurt Wünsche vereinbaren einen Fünf-Punkte-Plan zur Zusammenarbeit; auf einem Symposium des Bundesrates über »Gesetzliche Wege zur Deutschen Einheit« hatte Minister Wünsche am Vortag den Vorrang des bundesdeutschen Rechts anerkannt.
Auflösung des DDR-Gewerkschaftsdachverbandes Freier Deutscher Gewerkschaftsbund (Beschluß der Vorsitzenden der 20 Einzelgewerkschaften).

10. 5. 1990 Einsetzung des Ausschusses »Deutsche Einheit« durch den Deutschen Bundestag auf Antrag aller Fraktionen.
Vereinbarung zwischen Ministerpräsident de Maizière und dem Regierenden Bürgermeister Momper, daß ab Juli an den innerstädtischen Grenzen Berlins die Kontrollen wegfallen sollen.

12. 5. 1990 Abschluß der Expertengespräche zum Vertrag über die Schaffung einer Währungs-, Wirtschafts- und Sozialunion (Staatsvertrag) in Bonn.

14. 5. 1990 Treffen von Bundeskanzler Kohl und Ministerpräsident de Maizière in Ost-Berlin.
Bundesfinanzminister Theo Waigel und DDR-Finanzminister Walter Romberg beraten in Ost-Berlin über die Haushaltslage der DDR, den Umfang bundesdeutscher Hilfe und die Eigenleistungen durch die DDR.

15. 5. 1990 Nach einer Koalitionsberatung über den Staatsvertrag erklärt Bundeskanzler Helmut Kohl, die Fraktionen von CDU/CSU und FDP strebten gesamtdeutsche Wahlen noch 1990, spätestens aber am 13. Januar 1991 an.
Ministerpräsident Lothar de Maizière sagt dazu, für ihn sei der Termin gesamtdeutscher Wahlen »heute kein Thema«. Staatssekretär Eberhard Stief (Ministerium des Innern) bestätigt, daß in der DDR am 2. Dezember Landtagswahlen stattfinden sollen.

16. 5. 1990 Besprechung des Bundeskanzlers mit den Regierungschefs der Länder:
- Bericht über den Stand der Verhandlungen über einen Staatsvertrag mit der DDR;
- Diskussion über die Beteiligung von Bund, Ländern und Gemeinden der Bundesrepublik Deutschland an den DDR-Finanzlasten;
- Beschluß zur Einrichtung des Fonds »Deutsche Einheit«.

Ministerpräsident de Maizière besucht das Europaparlament in Straßburg und trifft dort mit Bundeskanzler Kohl zu einem Gespräch zusammen.

17. 5. 1990 Abschluß der Verhandlungen zum Staatsvertrag über die Schaffung einer Währungs-, Wirtschafts- und Sozialunion.
Wegfall der Paßpflicht im innerdeutschen Reiseverkehr.
Erste Lesung der Volkskammer zu einem Gesetzentwurf zur Änderung der Verfassung, Verabschiedung der Kommunalverfassung.

18. 5. 1990 Unterzeichnung des Vertrages über die Schaffung einer Währungs-, Wirtschafts- und Sozialunion durch die Minister Waigel und Romberg in Bonn in Anwesenheit von Bundeskanzler Kohl und Ministerpräsident de Maizière.
Helmut Kohl spricht von der »Geburtsstunde des freien und einigen Deutschlands«.

21. 5. 1990 Sondertagung der Volkskammer zum Staatsvertrag (Erste Lesung).

22. 5. 1990 Erste Lesung des Staatsvertrages im Bundesrat.

23. 5. 1990 Erste gemeinsame Sitzung der Ausschüsse für »Deutsche Einheit« des Bundestages und der Volkskammer unter Vorsitz von Bundestagspräsidentin Rita Süssmuth und Volkskammerpräsidentin Sabine Bergmann-Pohl in Bonn.
Sondersitzung des Deutschen Bundestages zum Staatsvertrag (Erste Lesung).

25. 5. 1990 Aufzeichnung »Grundstrukturen eines Staatsvertrages zur Herstellung der deutschen Einheit« durch das Bundesministerium des Innern.

28. 5. 1990 Bundeskanzler Kohl und Ministerpräsident de Maizière einigen sich bei einem Gespräch anläßlich der ersten gemeinsamen Sitzung der CDU/CSU-Bundestagsfraktionen mit den Volkskammerfraktionen von CDU/DA und DSU im Berliner Reichstag auf Zusatzvereinbarungen zum Staatsvertrag.

29. 5. 1990 Treffen von Bundesinnenminister Wolfgang Schäuble in Ost-Berlin mit dem Staatssekretär Günther Krause. Übergabe des Papiers »Grundstrukturen eines Staatsvertrages zur Herstellung der deutschen Einheit« an Staatssekretär Krause.
Übergabe eines Papiers »Einheit Deutschlands« durch Krause an Schäuble.

31. 5. 1990 Beschluß der Volkskammer zur Überprüfung, treuhänderischen Verwaltung sowie Vorbereitung eines gesetzlichen Verfahrens für die zukünftige Verwendung des Vermögens der Parteien und Massenorganisationen.

8. 6. 1990 Bundesinnenminister Schäuble und Kanzleramtschef Rudolf Seiters treffen in Ost-Berlin zu einem Gespräch mit dem Minister im Amt des Ministerpräsidenten Klaus Reichenbach und Staatssekretär Günther Krause über Fragen des Staatsvertrages zur Herstellung der Deutschen Einheit zwischen der Bundesrepublik Deutschland und der DDR zusammen.

14. 6. 1990 Grundsatzrede von Bundesinnenminister Schäuble zum Thema »Recht sichert die Freiheit: Der Weg zur staatlichen und rechtlichen Einheit Deutschlands« auf dem rechtspolitischen Kongreß der Konrad-Adenauer-Stiftung in Berlin.

15. 6. 1990 Gemeinsame Erklärung der Regierungen der Bundesrepublik Deutschland und der Deutschen Demokratischen Republik zur Regelung offener Vermögensfragen.

17.6.1990 Gemeinsame Gedenkstunde der Volkskammer und des Deutschen Bundestages im Berliner Schauspielhaus anläßlich des Volksaufstandes in der DDR vom 17. Juni 1953.
Auf der 15. Tagung der Volkskammer wird ein Antrag der DSU-Fraktion, den sofortigen Beitritt der DDR nach Artikel 23 des Grundgesetzes zu beschließen, an den Verfassungs- und Rechtsausschuß überwiesen.

19.6.1990 Unterzeichnung des Schengener Abkommens durch Regierungsvertreter der Bundesrepublik Deutschland, Frankreichs und der Benelux-Staaten.
Ziel des Abkommens ist ein vollständiger Abbau der Personenkontrollen und eine Reduzierung der Kontrollen des Warenverkehrs an den gemeinsamen Binnengrenzen. Die Vertragsparteien stellen fest, daß sich die völkerrechtliche Bindungswirkung des noch zu ratifizierenden Übereinkommens nach der Vereinigung der beiden deutschen Staaten auch auf das Gebiet der DDR erstrecken wird.

20.6.1990 Die Ausschüsse »Deutsche Einheit« des Deutschen Bundestages und der DDR-Volkskammer verständigen sich in Ost-Berlin auf einer gemeinsamen Sitzung unter der Leitung von Bundestagspräsidentin Rita Süssmuth und Volkskammerpräsidentin Sabine Bergmann-Pohl auf eine gleichlautende Erklärung zur deutsch-polnischen Grenze.

21.6.1990 Zustimmung von Bundestag und Volkskammer zum Staatsvertrag über die Währungs-, Wirtschafts- und Sozialunion nach abschließender Beratung in diesen parlamentarischen Gremien.
Gleichlautende Entschließung von Bundestag und Volkskammer über die endgültige Anerkennung der Oder-Neiße-Grenze.

22.6.1990 Zustimmung des Bundesrats zum Staatsvertrag.
Zweite Verhandlungsrunde im Rahmen der Zwei-plus-Vier-Gespräche in Ost-Berlin.

23. 6. 1990 Übergabe eines Diskussionspapiers mit Elementen einer zur Herstellung der deutschen Einheit zu treffenden Regelung und eines Papiers zu Voraussetzungen und Folgen des Beitritts gemäß Artikel 23 des Grundgesetzes durch Bundesminister Schäuble an Staatssekretär Krause am Rande des Kanzlerfestes in Bonn.

25. 6. 1990 Sitzung des Kabinettsausschusses »Deutsche Einheit«; er stellt Einvernehmen darüber her, daß die notwendigen Elemente für eine Überleitungsgesetzgebung in einem Staatsvertrag vereinbart werden können, und er bestätigt die Federführung des Bundesministers des Innern für die Verhandlungen mit der DDR.

27. 6. 1990 Bundesregierung und DDR-Ministerrat billigen das gegenseitige Abkommen über die Aufhebung der Personenkontrollen an der innerdeutschen Grenze zum 1. Juli 1990.

28. 6. 1990 Gespräch des Bundeskanzlers Kohl mit Ministerpräsident de Maizière und Spitzenvertretern von Wirtschaft und Gewerkschaften in der Bundesrepublik Deutschland über die Rahmenbedingungen für wirtschaftliche Investitionen in der DDR in Bonn.

29. 6. 1990 Verleihung der Ehrenbürgerwürde von Gesamt-Berlin an den Bundespräsidenten – Bekenntnis des Bundespräsidenten zu Berlin als Hauptstadt und Regierungssitz.

30. 6. 1990 Fernsehansprache von Ministerpräsident Lothar de Maizière zum Inkrafttreten der Währungs-, Wirtschafts- und Sozialunion.

1. 7. 1990 Inkrafttreten des Vertrages über die Währungs-, Wirtschafts- und Sozialunion. Die D-Mark ist alleiniges Zahlungsmittel in beiden deutschen Staaten.
Fernsehansprache von Bundeskanzler Helmut Kohl zum Inkrafttreten des Staatsvertrages.
Unterzeichnung der Vereinbarung über die Aufhebung der Grenzkontrollen durch Bundesinnenminister Schäuble und DDR-Innenminister Diestel an der inner-

deutschen Grenzübergangsstelle zwischen Neustadt bei Coburg und Hönbach in Thüringen.
Wegfall der Grenz- und Zollkontrollen in Deutschland.

2.7.1990 Unterzeichnung des Wahlvertrages durch Bundesinnenminister Schäuble und Staatssekretär Krause in Ost-Berlin.

5.7.1990 Besprechung von Kanzleramtschef Seiters mit den Chefs der Staats- und Senatskanzleien und Bundesinnenminister Schäuble vor der ersten Verhandlungsrunde zum Einigungsvertrag.

6.7.1990 Erste Verhandlungsrunde zum Einigungsvertrag mit der DDR in Ost-Berlin; Grundlage: Diskussionspapier (kein eigener Vertragsentwurf) sowie ein von der DDR übergebenes Papier »Katalog der vorläufigen Verhandlungsthemen zum Vertrag über die Herstellung der Einheit Deutschlands (Einigungsvertrag)«. Einvernehmen über Themenkatalog und Zeitplan.
»Londoner Erklärung über eine gewandelte Nordatlantische Allianz« der an der Sitzung des Nordatlantikrates in London teilnehmenden Staats- und Regierungschefs: »Mit der Vereinigung Deutschlands wird auch die Teilung Europas überwunden«.

16.7.1990 Staatsbesuch in der Sowjetunion von Bundeskanzler Kohl, Außenminister Genscher und Finanzminister Waigel.
Mit Präsident Gorbatschow wird im Kaukasus Einigung darüber erzielt, daß das geeinte Deutschland Mitglied der NATO bleiben kann.

17.7.1990 Dritte Verhandlungsrunde im Rahmen der Zwei-plus-Vier-Gespräche in Paris, an der auch der polnische Außenminister Krzystof Skubiszewski teilnimmt. Im Abschlußdokument einigen sich die Teilnehmer auf fünf Prinzipien über den endgültigen Charakter der deutsch-polnischen Grenze.

22. 7. 1990 Änderung des Parteiengesetzes der DDR: Zulassung von Fusionen von Parteien in der DDR mit Parteien in der Bundesrepublik Deutschland.
Verabschiedung des Ländereinführungsgesetzes auf der 27. Tagung der Volkskammer (Bildung der fünf neuen Länder zum 14. Oktober 1990).

26. 7. 1990 Gespräch zwischen Bundesinnenminister Schäuble und den Partei- und Fraktionsvorsitzenden über Fragen des Einigungsprozesses.
Gemeinsame Sitzung der Ausschüsse »Deutsche Einheit« des Deutschen Bundestages und der Volkskammer in Bonn: Einigung, daß die ersten gesamtdeutschen Wahlen am 2. Dezember 1990 in einem einheitlichen Wahlgebiet nach einem einheitlichen Wahlrecht stattfinden sollen.

30. 7. 1990 Bundesinnenminister Schäuble und Staatssekretär Krause einigen sich in Ost-Berlin auf ein Rahmenkonzept zu einem gesamtdeutschen Wahlvertrag und bereiten die zweite Verhandlungsrunde vor.
Der Bundesinnenminister unterrichtet Bundeskanzler Kohl und Ministerpräsident de Maizière insbesondere über den Wahlvertrag.

31. 7. 1990 Treffen zwischen Ministerpräsident de Maizière und Staatssekretär Krause mit Bundeskanzler Kohl an dessen Urlaubsort am österreichischen Wolfgangsee.

3. 8. 1990 Vorschlag des Ministerpräsidenten de Maizière, den Beitritt und die ersten gesamtdeutschen Wahlen schon am 14. Oktober zu vollziehen.

5. 8. 1990 Der saarländische Ministerpräsident und SPD-Kanzlerkandidat Oskar Lafontaine spricht sich gegen eine Grundgesetz-Änderung aus, die eine Verkürzung der Wahlperiode ermöglichen würde.

6. 8. 1990 Fertigstellung des ersten Entwurfs des Einigungsvertrages entsprechend dem Ergebnis der zweiten Verhandlungsrunde.

8.8.1990 Mehrheitliche Zustimmung der Volkskammer-Abgeordneten zu einem Antrag der CDU/DA-Fraktion, wonach die Verfassungsorgane der Bundesrepublik Deutschland gebeten werden, »die Möglichkeit zu eröffnen, die Wahlen zum gesamtdeutschen Parlament in Verbindung mit dem Beitritt der DDR zur Bundesrepublik Deutschland am 14. Oktober 1990 durchzuführen«.
Der Wahlvertrag scheitert in der Volkskammer an der erforderlichen Zweidrittel-Mehrheit.

9.8.1990 Sondersitzung der Volkskammer:
– Ablehnung des Antrags der DSU vom 17. Juni 1990 auf sofortigen Beitritt.
– Ablehnung des Antrags der SPD, die »Ansicht« zu bekunden, den Beitritt zum 15. September 1990 zu erklären.
Verschiebung der abschließenden Lesung des Wahlvertrages auf den 23. August 1990.
Besprechung zwischen dem Bundeskanzler, dem Chef des Bundeskanzleramts, dem Bundesinnenminister, dem Ministerpräsidenten de Maizière und Staatssekretär Krause: unter anderem Unterrichtung über die Entscheidung der Bundesregierung, dem Bundespräsidenten als Wahltermin den 2. Dezember 1990 vorzuschlagen, nachdem eine Zweidrittel-Mehrheit für eine Verkürzung der Wahlperiode nicht erreichbar ist.

11.8.1990 Zusammenschluß der FDP und der drei ostdeutschen liberalen Parteien (Bund Freier Demokraten, Freie Demokratische Partei der DDR und Deutsche Forumpartei) in Hannover zur »Freien Demokratischen Partei – Die Liberalen«.

13.8.1990 Gemeinsame Veranstaltung des Senats von Berlin und des Ost-Berliner Magistrats aus Anlaß des 29. Jahrestages der Errichtung der Berliner Mauer in Berlin.

15.8.1990 Ministerpräsident Lothar de Maizière entläßt Finanzminister Romberg (SPD) und Landwirtschaftsminister Pollack (parteilos); Rücktritt von Wirtschaftsminister Pohl (CDU) und Justizminister Wünsche (LDP).

19.8.1990 Die SPD verläßt die Regierung der DDR und zieht alle ihre Minister und Staatssekretäre ab. Ministerpräsident de Maizière verzichtet auf die Berufung von Nachfolgern und übernimmt selbst das Amt des Außenministers.

20.8.1990 Dritte Verhandlungsrunde zum Einigungsvertrag in Bonn (bis 24. August 1990).

22.8.1990 Zustimmung der Volkskammer mit der erforderlichen Zweidrittel-Mehrheit zum Wahlvertrag.

23.8.1990 Verabschiedung des Wahlgesetzes in einer Sondersitzung des Deutschen Bundestages.
Beschluß der Volkskammer über den Beitritt der DDR zur Bundesrepublik Deutschland.

24.8.1990 Abschluß der dritten Verhandlungsrunde mit einem in wesentlichen Punkten bereits abgestimmten Vertragsentwurf. Offen sind insbesondere noch folgende grundlegende Punkte: Regelung des Schwangerschaftsabbruchs, Behandlung der Stasi-Akten.
Zustimmung des Bundesrates zum Wahlvertrag mit großer Mehrheit.

28.8.1990 Besprechung von Bundesinnenminister Wolfgang Schäuble mit Staatssekretär Klaus Kinkel (Bundesjustizministerium), dem FDP-Abgeordneten Hans H. Gattermann, dem Chef der Staatskanzlei Nordrhein-Westfalen Wolfgang Clement, dem saarländischen Justizstaatssekretär Roland Rixecker und der stellvertretenden SPD-Vorsitzenden Herta Däubler-Gmelin wegen der Forderungen der SPD zum Einigungsvertrag (Eigentumsfragen, Parteivermögen, Stasi-Akten, Länderfinanzen).
Auf einer Besprechung des Bundesministers der Finanzen mit den Länderfinanzministern wird eine weitgehende Einigung über Finanzfragen erzielt:
Die neuen Länder erhalten 85 statt 80% aus dem Fonds »Deutsche Einheit« sowie einen von 1991 bis 1994 jährlich steigenden Anteil von 55 bis zuletzt 70% des Länderanteils an der Umsatzsteuer.

29. 8. 1990 Besprechung des Bundeskanzlers mit den Regierungschefs der Länder, u. a. zu folgenden Themen:
– Treuhandanstalt;
– Feiertag 3. Oktober;
– Stimmenverteilung im Bundesrat;
– öffentlicher Dienst und Clearingstelle.

30. 8. 1990 Vierte und abschließende Verhandlungsrunde zum Einigungsvertrag in Bonn:

    ca. 16.30 Uhr Besprechung mit den Chefs der Staats- und Senatskanzleien.

    ca. 17.00 Uhr Sitzung der Delegationen.

    20.00 bis 23.00 Uhr Unterbrechung für ein letztes klärendes Gespräch des Bundeskanzlers mit den Partei- und Fraktionsvorsitzenden zum Einigungsvertrag unter Beteiligung des Bundesinnenministers.

    ca. 23.00 Uhr Wiederbeginn der Sitzung.

31. 8. 1990 02.08 Uhr Paraphierung des Einigungsvertrages durch Bundesinnenminister Schäuble und Staatssekretär Krause im Bundesinnenministerium in Bonn.

    09.00 Uhr Billigung des paraphierten Vertrages durch die Kabinette in Bonn und Berlin.

    13.15 Uhr Unterzeichnung des Vertrages im Kronprinzenpalais in Ost-Berlin durch Bundesinnenminister Schäuble und Staatssekretär Krause.

5. 9. 1990 Erste Lesung des Einigungsvertrages im Bundestag.

6. 9. 1990 Erste Lesung des Einigungsvertrages in der Volkskammer (in Anwesenheit des Bundespräsidenten Richard von Weizsäcker).

7. 9. 1990 Sondersitzung des Bundesrates (Erster Durchgang des Einigungsvertrages).

10.9.1990 Besprechung zwischen Vertretern des Bundesministeriums des Innern und der DDR in Ost-Berlin zur Vorbereitung einer Ergänzungsvereinbarung zum Einigungsvertrag.
Übermittlung eines ersten Entwurfs einer Ergänzungsvereinbarung zum Einigungsvertrag an die Ressorts.

11.9.1990 Erste Lesung im Europäischen Parlament über die Vorschläge für eine Richtlinie und eine Verordnung betreffend die vorläufigen Maßnahmen, die nach der deutschen Einigung und vor der Genehmigung der Übergangsmaßnahmen angewendet werden sollen.

12.9.1990 Das Kabinett berät über die Gegenäußerung zur Stellungnahme des Bundesrates und billigt den ersten Entwurf einer Ergänzungsvereinbarung zum Einigungsvertrag.
Abschluß der Zwei-plus-Vier-Gespräche in Moskau. Unterzeichnung des Vertrages über die abschließende Regelung in bezug auf Deutschland.
Erklärung von Bundeskanzler Kohl zum Abschluß der Zwei-plus-Vier-Gespräche und zur Fortentwicklung der deutsch-sowjetischen Beziehungen in der Kabinettssitzung.
Gemeinsamer Brief des Bundesaußenministers Hans-Dietrich Genscher und des amtierenden Außenministers der DDR, Lothar de Maizière, an die Außenminister der Sowjetunion, Frankreichs, Großbritanniens und der Vereinigten Staaten im Zusammenhang mit der Unterzeichnung des Vertrages für die abschließende Regelung in bezug auf Deutschland, unter anderem zu den Regelungen in der Gemeinsamen Erklärung vom 15. Juni 1990 und im Einigungsvertrag zum Problem der Enteignungen auf besatzungsrechtlicher und besatzungshoheitlicher Grundlage (1945–1949).

18.9.1990 Billigung der Ergänzungsvereinbarung durch das Bundeskabinett im Umlaufverfahren und durch den Ministerrat der DDR. Nachmittags Unterzeichnung der Ergänzungsvereinbarung (Vereinbarung zwischen der Bundesrepublik Deutschland und der Deutschen Demokratischen

Republik zur Durchführung und Auslegung des Einigungsvertrages) in Bonn und Berlin durch Bundesinnenminister Schäuble und Staatssekretär Krause.
Einstimmige Abweisung einer von acht Bundestagsabgeordneten der CDU/CSU eingereichten Klage gegen den Einigungsvertrag (Organstreit betreffend die Rechtsstellung der Abgeordneten des Bundestages im Blick auf das Zustandekommen und die parlamentarische Behandlung des Einigungsvertrages) durch das Bundesverfassungsgericht.

19. 9. 1990 Abschließende Beratung des Einigungsvertrages im Ausschuß »Deutsche Einheit« des Deutschen Bundestages.

20. 9. 1990 Zweite und Dritte Lesung des Einigungsvertrages im Bundestag (Zustimmung zum Vertrag mit 442 Ja-Stimmen von 492 abgegebenen Stimmen, 47 Nein-Stimmen, 3 Enthaltungen); abschließende Beratung des Einigungsvertrages in der Volkskammer (Zustimmung mit 299 Ja-Stimmen von 380 abgegebenen Stimmen, 80 Nein-Stimmen, 1 Enthaltung).

21. 9. 1990 Abschließende Beratung des Einigungsvertrages im Bundesrat (einstimmige Zustimmung).

23. 9. 1990 Ratifikation des Einigungsvertrages durch den Bundespräsidenten.

24. 9. 1990 Vereinbarung des Austritts der DDR aus dem Warschauer Pakt mit Wirkung zum 3. Oktober 1990.

27. 9. 1990 Zusammenschluß der SPD-West und der SPD-Ost in Berlin.

28. 9. 1990 Verkündung von Einigungsvertrag mit Ergänzungsvereinbarung und Zustimmungsgesetz im Bundesgesetzblatt (Teil II, S. 885).
Verordnung der Bundesregierung über die Überleitung des Rechts der Europäischen Gemeinschaften auf das in Artikel 3 des Einigungsvertrages genannte Gebiet (EG-Recht-Überleitungsverordnung).

29.9.1990 Inkrafttreten von Einigungsvertrag, Ergänzungsvereinbarung und Zustimmungsgesetz hierzu;
Notenaustausch mit der DDR über das Vorliegen der innerstaatlichen Voraussetzungen für das Inkrafttreten.
Entscheidung des Bundesverfassungsgerichts zum Wahlgesetz, in der das Gericht eine jeweils auf das Gebiet eines der beiden deutschen Staaten bezogene Fünf-Prozent-Sperrklausel für zulässig erklärt und zusätzlich die Möglichkeit der Listenvereinigung für Parteien und andere politische Vereinigungen mit Sitz im Gebiet der DDR für notwendig hält. Die mit der DDR vereinbarten Regelungen werden wegen Verstoßes gegen den Grundsatz der Wahlgleichheit teilweise für verfassungswidrig erklärt.

1.10.1990 KSZE-Außenminister-Konferenz in New York. Suspendierung der Vorbehaltsrechte in bezug auf Berlin und Deutschland als Ganzes bis zum Inkrafttreten des Vertrages über die abschließende Regelung in bezug auf Deutschland.

2.10.1990 Letzte Sitzung der »Alliierten Kommandatura Berlin«.
Zusammenschluß der CDU-West mit der CDU-Ost in Hamburg.
Verkündung des Einigungsvertrages im Gesetzblatt der DDR (Teil I, S. 1988).
Einstellung der Tätigkeit der Ständigen Vertretung der Bundesrepublik Deutschland in Ost-Berlin.

    21.00 Uhr Festakt der Regierung der DDR im Schauspielhaus in Berlin. Ansprache von Ministerpräsident Lothar de Maizière.
Kurt Masur dirigiert die 9. Symphonie von Beethoven.
Fernsehansprachen von Bundeskanzler Kohl und Ministerpräsident de Maizière.

3.10.1990 0.00 Uhr Wirksamwerden des Beitritts der Deutschen Demokratischen Republik zum Geltungsbereich des Grundgesetzes gemäß Artikel 23 des Grundgesetzes.

Zeremonie des Aufziehens der »Fahne der Deutschen Einheit« vor dem Reichstag.

9.00 Uhr Ökumenischer Gottesdienst in der Berliner Marienkirche.

11.00 Uhr Staatsakt in der Berliner Philharmonie mit Reden des Bundespräsidenten Richard von Weizsäcker, der Bundestagspräsidentin Rita Süssmuth, des Bundesratspräsidenten und Regierenden Bürgermeisters von Berlin Walter Momper und der ehemaligen Präsidentin der Volkskammer Sabine Bergmann-Pohl.

Botschaft des Bundeskanzlers zum Tag der Deutschen Einheit an alle Regierungen der Welt.
Inkrafttreten des Gesetzes zur Überleitung von Bundesrecht nach Berlin (West) (Sechstes Überleitungsgesetz) vom 25. September 1990.
Ernennung von fünf Politikern aus der ehemaligen DDR zu Bundesministern für besondere Aufgaben: Sabine Bergmann-Pohl (ehemalige Volkskammerpräsidentin, CDU), Lothar de Maizière (ehemaliger Ministerpräsident, CDU), Günther Krause (ehemaliger Parlamentarischer Staatssekretär beim Ministerpräsidenten, CDU), Rainer Ortleb (Stellvertretender FDP-Vorsitzender) und Hansjoachim Walther (Vorsitzender der DSU).

4.10.1990 Erste Sitzung des um 144 Abgeordnete der ehemaligen DDR-Volkskammer erweiterten gesamtdeutschen Bundestages im Reichstagsgebäude in Berlin; Vereidigung der fünf neuen Bundesminister.
Übernahme der Streitkräfte des beigetretenen Teils Deutschlands durch Bundesverteidigungsminister Gerhard Stoltenberg in Strausberg bei Berlin.

14.10.1990 Landtagswahlen in den fünf neuen Ländern Brandenburg, Mecklenburg-Vorpommern, Sachsen, Sachsen-Anhalt, Thüringen.

2.12.1990 Erste gesamtdeutsche Bundestagswahl.
Wahlen zum Berliner Abgeordnetenhaus.

20.12.1990 Konstituierende Sitzung des deutschen Bundestages im Berliner Reichstagsgebäude.

17. 1. 1991 Wahl von Helmut Kohl zum Bundeskanzler.

18. 1. 1991 Vereidigung der Bundesminister der Koalitionsregierung von CDU, CSU und FDP im deutschen Bundestag.

Personenverzeichnis

Adam-Schwaetzer, Irmgard 201, 238
Adenauer, Konrad 185
Albrecht, Ernst 72f., 77

Badura, Peter 92, 106
Baker, James 59f., 63, 294f., 299
Bangemann, Martin 115
Becher, Johannes R. 130
Beethoven, Ludwig van 312
Bergmann-Pohl, Sabine 297, 299, 301, 303, 313
Bernrath, Hans Gottfried 275f.
Bertele, Franz 292
Blüm, Norbert 53, 74, 97, 154, 294
Bohl, Friedrich 94
Bötsch, Wolfgang 76f.
Brandt, Willi 291

Carstens, Karl 164
Churchill, Sir Winston 24
Clement, Wolfgang 117, 119, 128, 160, 166, 170, 172f., 189f., 194–196, 215–217, 308
Czaja, Herbert 262–264

Daniels, Hans 133
Däubler-Gmelin, Herta 64, 97, 112, 211f., 245–248, 250, 308

Diepgen, Eberhard 38, 47
Diestel, Peter-Michael 49, 144f., 269, 298, 304
Dregger, Alfred 94, 212
Dumas, Roland 294, 299

Ebeling, Hans-Wilhelm 45, 47f.
Engelhard, Hans A. 53, 92, 239, 269, 272, 284, 294, 300
Eppelmann, Rainer 45, 144
Erhard, Ludwig 149

Fischer, Oskar 253
Forck, Gottfried 146

Gattermann, Hans H. 308
Gauck, Joachim 252, 275–277
Geisler, Hans 45
Geißler, Heiner 22f.
Genscher, Hans-Dietrich 8, 29, 53, 63f., 74f., 81, 104f., 120f., 200, 212, 239, 249f., 281, 289, 291, 294, 298, 305, 310
Gorbatschow, Michail 8, 15, 18, 27, 29, 133, 289, 293f., 305
Gysi, Gregor 15f.

Haussmann, Helmut 53, 99, 292, 294
Haydn, Joseph 130

Härdtl, Wighard 12, 186
Heym, Stefan 290
Hirsch, Martin 175
Hoffmann von Fallersleben, August Heinrich 130
Honecker, Erich 15f., 33, 266f., 289f.
Hurd, Douglas 294, 299

Kinkel, Klaus 92–94, 104f., 238, 255, 259, 308
Kirchner, Martin 42f.
Klemm, Peter 122, 157, 183
Kohl, Helmut 7–9, 11, 18, 20–22, 24, 28–30, 38, 40f., 43–45, 47, 50–53, 59, 63f., 70f., 73f., 76f., 92f., 97, 99, 107, 112, 114, 123, 134–136, 147, 158f., 161–166, 186, 203, 210–212, 215, 223–227, 229f., 236f., 244, 246, 248f., 252, 267, 291–294, 298, 300f., 304–307, 309f., 312, 314
Kopp, Reinhold 117, 119, 166, 190, 225, 249
Kotschemassow, Wjatscheslaw 297
Köhler, Horst 97
Krack, Erhard 292f.
Krause, Günther 13f., 43, 83, 89, 93, 95, 99–101, 104f., 107–111, 118, 123, 134–141, 143–150, 154–161, 168–171, 181f., 186f., 196, 200, 206, 210, 214, 219, 222f., 230, 236f., 247, 249, 251, 253–255, 259, 274, 276, 278, 283, 298f., 302, 304–307, 309f., 313
Krenz, Egon 15, 33, 290f.
Kroppenstedt, Franz 54

Lafontaine, Oskar 22, 50f., 66–69, 72, 78, 100, 109f., 112, 117, 157, 162, 165, 184, 186, 188, 196, 211f., 221, 225, 246, 249, 281, 306
Lambsdorff, Otto Graf 64, 92, 97, 104, 189, 212, 238, 249f.
Luft, Christa 32, 292

Maizière, Lothar de 14, 16, 25, 30–43, 45, 49, 55, 83, 89f., 99, 104f., 107, 112, 118, 123–135, 137f., 140–149, 155, 158–164, 166–168, 170, 173, 180, 186–188, 191, 199, 215, 227, 230–232, 252f., 255, 286, 292, 297–301, 304, 306f., 310, 312f.
Maizière, Thomas de 38
Masur, Kurt 312
Mazowiecki, Tadeusz 63
Meckel, Markus 55f., 293, 298
Merkel, Angela 45
Mischnick, Wolfgang 64, 75, 212
Modrow, Hans 9, 15f., 21f., 25, 27–30, 36, 39, 41, 43, 53, 273, 291–295
Momper, Walter 217, 292f., 300, 313
Mühlfenzl, Rudolf 199

Neusel, Hans-Heinrich 54, 144f., 167, 252, 255, 275–277

Ortleb, Rainer 313

Palm, Guntram 180
Pohl, Gerhard 187, 307
Pollack, Peter 159, 187, 307
Pöhl, Karl-Otto 97
Preiß, Manfred 299

Rau, Johannes 211, 215
Reichelt, Hans 292
Reichenbach, Klaus 43, 107f., 123, 144–147, 159, 302
Rey, Josef 94
Rixecker, Roland 308
Romberg, Walter 100f., 159, 300f., 307
Rottenburg, Irmgard von 93
Rühe, Volker 40, 42, 94

Schnapauff, Klaus-Dieter 53
Schalck-Golodkowski, Alexander 266
Schäuble, Ingeborg 10f., 48
Schewardnadse, Eduard 294, 297
Schiffer, Eduard 54
Schnur, Wolfgang 45, 51
Scholz, Rupert 21
Schröder, Richard 143, 172f., 195f., 217
Schumacher, Karl 47
Seiters, Rudolf 21, 40, 42, 53, 107, 114, 119, 144, 147, 190, 212, 243, 267, 289, 295, 298, 302, 305, 307
Skubiszewski, Krzysztof 305
Späth, Lothar 73, 180
Stief, Eberhard 300
Stolpe, Manfred 32f., 38
Stoltenberg, Gerhard 201, 313

Stoph, Willi 290
Süssmuth, Rita 114, 233, 299, 301, 303, 313

Teltschik, Horst 21
Thierse, Wolfgang 143, 187
Tiedge, Hans-Joachim 270
Tietmeyer, Hans 97–101, 104, 206, 298f.
Töpfer, Klaus 53, 292
Trojan, Carlo 115

Vogel, Hans-Jochen 78, 97, 112, 165, 203, 210–214, 216–218, 225–227, 245f., 248–250, 271, 277
Voscherau, Henning 115f.

Waigel, Theo 48, 53, 97, 100f., 121f., 154, 178, 180, 182f., 194, 201, 212, 242f., 255, 294, 300f., 302
Wallmann, Walter 40f.
Walther, Hansjoachim 313
Weizsäcker, Richard von 9, 133, 164, 187, 211, 304, 309, 311, 313
Wolf, Christa 290
Wünsche, Kurt 187, 300, 307
Würzen, Dieter von 227

Zimmermann, Friedrich 186
Zimmermann, Udo 48

Ein publizistisches Ereignis von historischem Rang

Geschichte der Bundesrepublik Deutschland

in fünf Bänden

herausgegeben von
Karl Dietrich Bracher · Theodor Eschenburg
Joachim C. Fest · Eberhard Jäckel

Dieses Standardwerk zur Geschichte der Bundesrepublik Deutschland ist die umfassende und vollständige Darstellung der Zeit von 1945–1982 in chronologischer Folge, herausgegeben und geschrieben von namhaften Wissenschaftlern und Publizisten. Herausgeber und Autoren knüpfen an die große Tradition der deutschen Geschichtsschreibung an. Sie haben unveröffentlichtes und bisher nicht zugängliches Quellenmaterial ausgewertet und interpretiert. Das Werk genügt wissenschaftlichen Ansprüchen und ist dennoch verständlich geschrieben. Der Leser erhält eine faszinierende Darstellung der politischen, kulturellen, wissenschaftlichen, technischen und sozialen Entwicklung der Bundesrepublik Deutschland.

Die Bände sind aufwendig ausgestattet mit Fotos, Karikaturen, Abbildungen von Kunstwerken, Grafiken und Karten. Tabellen, statistische Übersichten, Zeittafeln, Bibliographien, Namen- und Sachregister erhöhen den Informationswert.

Deutsche Verlags-Anstalt · Stuttgart
F. A. Brockhaus · Mannheim